熱い

船本洲治

FUNAMOTO Shuji

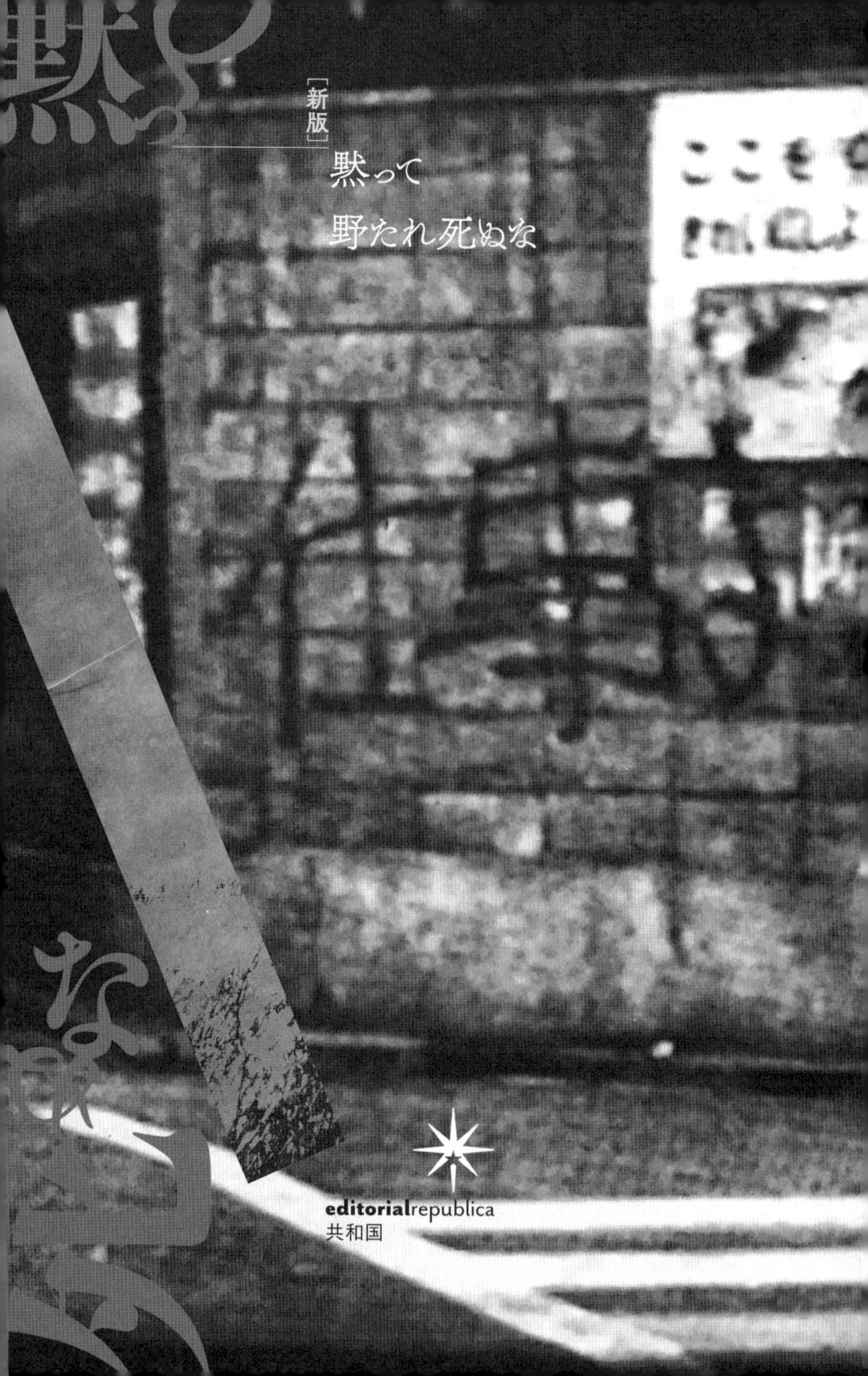

［新版］

黙って野たれ死ぬな

editorialrepublica
共和国

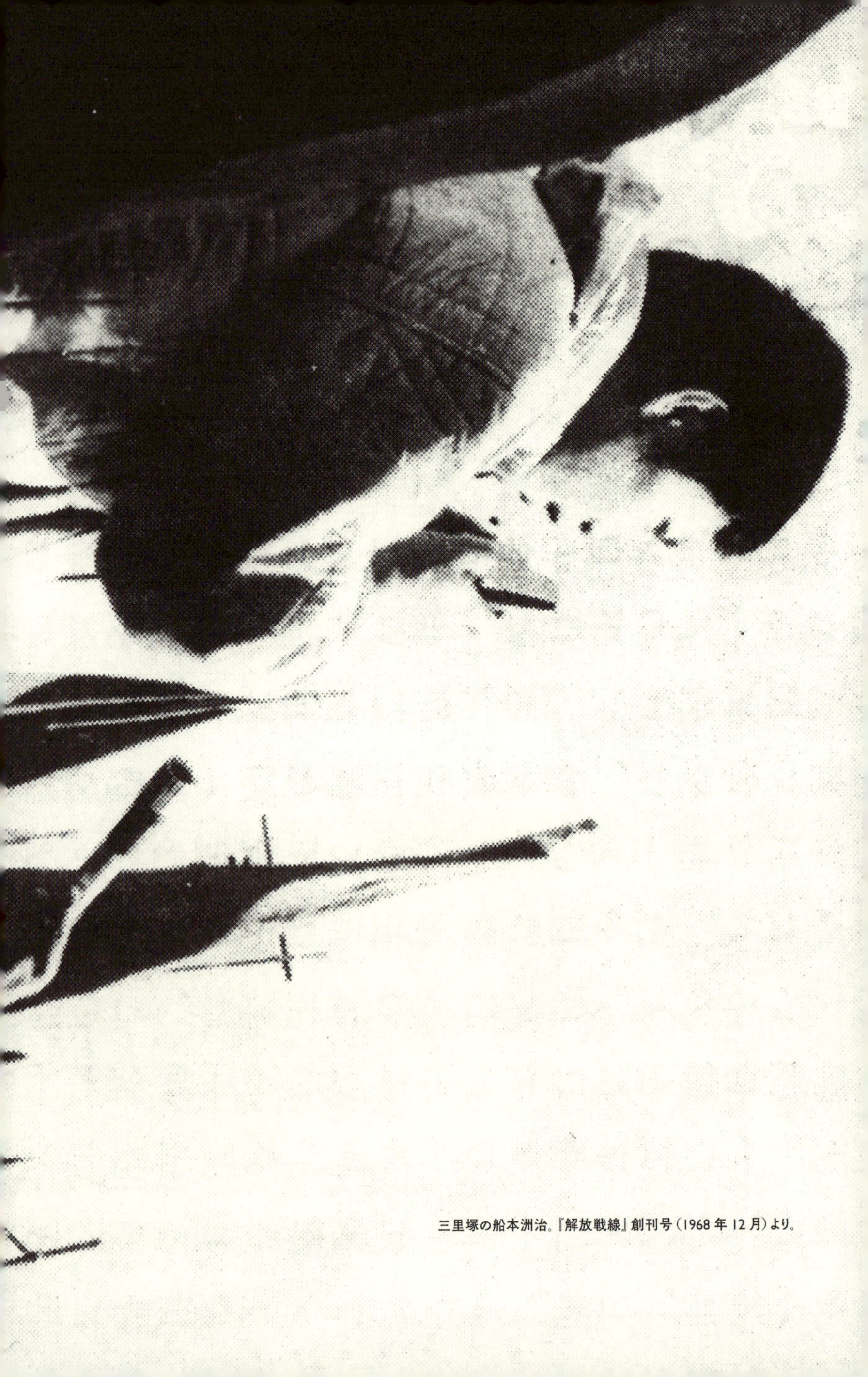

三里塚の船本洲治。『解放戦線』創刊号（1968 年 12 月）より。

［新版］黙って野たれ死ぬな

目次

序

II

自己の抑圧された情況そのものを武器に転化せよ!

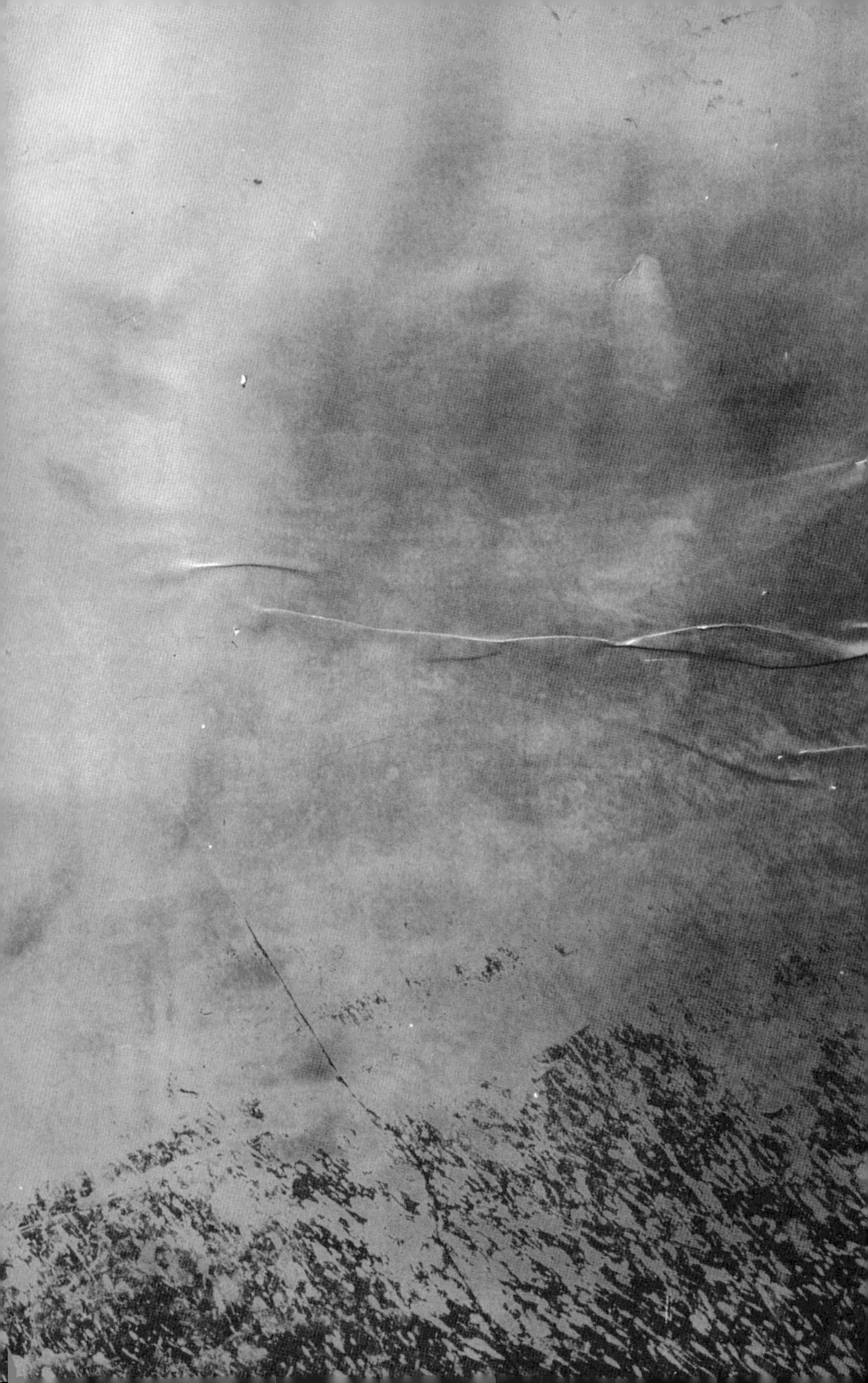

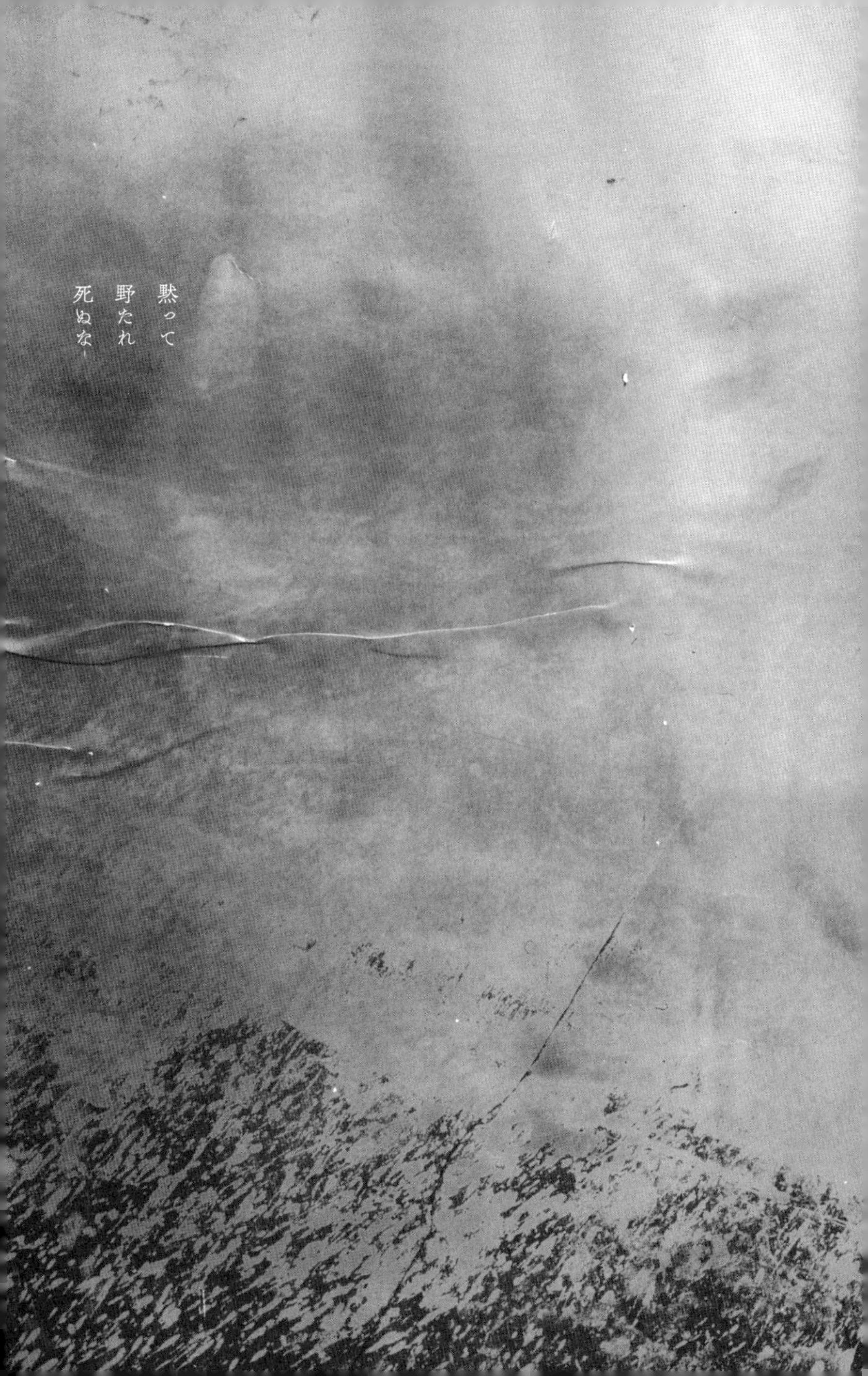
黙って
野たれ
死ぬな

序

船本洲治、解放の思想と実践

原口剛

二〇一八年現在、私たちの世界は、すっかり資本のスローガンに包囲されてしまった。東京の街は、「TOKYO 2020」だとか、「がんばろう日本」だとかの言葉で溢れかえる。関西では、「2025年万博を大阪・関西へ!」の宣伝広告がいやでも目に入る。それらのスローガンは日の丸の国章をも増殖させ、日常生活が天皇制のカレンダーに覆われていく。近代の元号を案出した「明治維新」を記念しては、「平成」にかわる新元号のカレンダーが未来の時間を固めていく。資本と天皇制の記号があふれる街中では、同調への脅迫が巨大な波となって意識に押し寄せる。この世界で少数化させられた者、少数であろうとする者は、存在することすら許さない締め出しの圧を、肌身で感じている。

「二〇二〇年オリンピックから二五年万博へ」という資本のプログラムは、一九六四年オリンピックと七〇年万博に象徴される時代経験を反復しようとする、みじめで無様な企みである。このなかで戦後史の記憶が、はじめの頃はひっそりと、いまとなっては大々的に、書き換えられようとしている。いつの日からか高度経済成長期は「昭和ノスタルジー」と呼ばれ、平和と繁栄の時代として懐古されるようになった。だがそれは、資本と国家に都合がいいだけの、浅はかなおとぎ話である。アジアに目を拡げれば、それはベトナム戦争が激化する戦争の時代だった。またそもそも戦後の経済体制は、朝鮮戦争による「特需」を踏み台として構築されたものだ。アメリカ占領下の沖縄では、軍事基地とともに戦時の状況が押しつけられつづけた。さらに高度経済成長は、都市の只中に植民地的な空間を生み出した。大阪の釜ヶ崎や東京の山谷といった、「寄せ場」がそうである。

この「寄せ場」という空間のなかでは、搾取と収奪、暴力が労働者の肉体を容赦なく蝕み、数え切れぬ労働者が「経済成長」の生贄とされてきた。ゆえに、寄せ場では生存を賭けた熾烈な闘争がたたかわれた。その闘争のなかで、数々の実践と言葉が生み出された。たとえば、「やられたらやりかえせ、黙って野たれ死ぬな」という言葉。一九七〇年代のはじめに闘争を繰り広げた暴力手配師追放釜ヶ崎共闘会議（釜共闘）のスローガンであり、その中心メンバーであった船本洲治が残した言葉のひとつである。だが、この言葉を口にしたのは船本ひとりだったのではない。このスローガンは、無数の労働者によって、ながく生きられてきた。

私自身の経験をふりかえれば、七〇年代の闘争とそのスローガンを語り継ぐ回路として、ふたつの場があったように思う。ひとつはもちろん、寄せ場・釜ヶ崎だ。私が釜ヶ崎にかかわりはじめたのは、二〇〇〇年のことだった。その当時でも、釜ヶ崎にやってくる若者に「にいちゃん、カマキョーか？」と労働者はたずねていたし、私自身なんどもそうたずねられた。労働者が口にする「カマキョー」とは釜共闘を指すが、その労働者とて七〇年代の闘争を直接に経験した者はほとんどいなかっただろう。けれど、「カマキョー」という呼び名とともに、闘争の記憶はまちがいなく語り継がれていた。

さらにもうひとつの場として、公園のテント村があった。九〇年代以降に労働者は恒常的な失業へと追いやられ、多くの労働者が野宿生活を強いられた。かれら労働者は生きるための場所をみずからの手でつくりだし、当時の公園は、その全体がスクウォット空間と化していたのだ。二〇〇〇年代に各地でたたかわれたテント村の反排除闘争は、おそらく寄せ場・釜ヶ崎以上に、時代を代表する闘争の場であった。その場のなかで、船本と面識があるはずもない世代の者たちが、ときに船本の言葉を引用しながら議論を交わしていたのである。

それから十年を経たいま、これらふたつの場は、どちらも消滅の危機にさらされている。公園のテント村は、二〇〇〇年代半ばに乱発された行政代執行によって、ことごとく潰されてしまった。そのうえそれらの公園は、テーマパークのような商業地や観光地へと造りかえられつつある。他方で釜ヶ崎には、ながい時間をかけて労働者コミュニティの力を奪った末に、ジェントリフィケーションの波が一挙に押し寄せてきた。労働者の拠点である「あいりん総合センター」の建物は解体されようとし、また、隣接地には高級ホテルが進出しようと待ち構える。いま、これらの力への抗いが各地でたたかわれているが、そこで問われているのは釜ヶ崎や山谷を「守る」ことだけではない。忘れてはならないのは、かつて船本たちが闘った寄せ場の状況は、消え去るどころか、都市全体へと拡大されているという事実だ。それゆえジェントリフィケーションへの抗いには、寄せ場的な都市状況へと対峙するための拠点を生み出す可能性そのものが賭けられている。かような状況のなか、私たちは、みずからの手で船本の言葉を生きる場所をつくりだし、広げていかなければならないのだ。

船本洲治と寄せ場

「ぼくの名前は親父が獄中から命名した、実に呪われた名前であることを告白します」(本書二三八頁)。満洲国警察官であった船本の父は、八路軍に裁かれ銃殺された。「洲治」という名は、その父親から与えられた。敗戦後の広島・呉市にて、四人のきょうだいとともに母親に育てられた船本にとって、その名は「呪い」のように自身の肉体を縛りつづけた。船本にとって抗日闘争や植民地解放闘争とは、かれ自身に刻まれた帝国主義の罪業との闘争でもあったことだろう。そのような肉体をもつ船本が、山谷・釜ヶ崎という「国内植民地」へと導かれたのは、ほとんど必然だったのかもしれない。

高度経済成長期はまた、政治の時代でもあった。安保闘争、日韓闘争、ベトナム反戦運動、三里塚闘争、そして六八年からの学生運動が闘われた。その最中の六八年という年に、広島学生会館を根城としていた船本たちは、三里塚闘争の帰りに山谷と出会う。この地でかれらは、七月に起きた暴動に遭遇したのである。この出来事をきっかけとして船本は、鈴木国男ら学生会館の仲間とともに、山谷の労働者の解放闘争へと身を投じた。「山谷の熱い夏」とも称される六八年の山谷解放闘争は、激烈だった。しかもその熱は、山谷だけに留まることはなかった。七〇年代初頭になると、こんどは大阪の釜ヶ崎において、「七二年五月」を頂点とする闘争が繰り広げられたのである。船本は、山谷から釜ヶ崎へと飛び火していく闘争の渦のなかを、駆け抜けていった。彼が身を投じた釜ヶ崎や山谷とは、いかなる土地だったのか。

釜ヶ崎について、船本は次のように論じる。「敵はある意図をもって釜ヶ崎を愛隣地区と改名した。その意図はあまりにミエミエだったので釜ヶ崎のアンコは誰も喜ばなかった」（本書一九〇頁）。たしかにこの土地は、「釜ヶ崎」と呼ばれることもあれば、「あいりん（愛隣）」と呼ばれることもあった。しかも現在では、「釜ヶ崎」という呼び名を「あいりん」へと置き換えることにためらいも感じないような趨勢が、急速にひろがりつつある。だが本来このふたつの地名は、たやすく置き換えられるようなものではない。船本の言葉を借りれば、「愛隣」という地名を語ることは「敵」の言葉で話すことであり、「釜ヶ崎」という地名を選ぶことは労働者の言葉を手放さないことである。それでは、「あいりん」という地名に込められた「敵の意図」は、どこにあったのだろうか。ことの発端は、一九六一年八月一日にさかのぼる。この日、釜ヶ崎の路上で、ひとりの労働者がタクシーに轢き殺された。かけつけた警察官は、しかし、路上に横たわる労働者にムシロをかけたまま放置した。この差別的な処遇に対する怒りは、またたくまに釜ヶ崎の街中に拡がっていった。そうして、「第一次暴動」と呼ばれる、指導者をもたぬ労働者の闘争が展開したのである。

この「暴動」を抑え込むべく、釜ヶ崎には「あいりん対策」と呼ばれる統治戦略が繰り広げられた。そのひとつが、六六年の「あいりん地区」指定だった。その意図は、第一に、「釜ヶ崎」という地名を消し去ることだった。船本の表現を借りれば、「《この世に存在してはならない》地域」として、釜ヶ崎を市民社会から象徴的に隔離し、隠蔽することだったのである。第二に、「釜ヶ崎」を資本蓄積体制のもとに深く組み込むことがもくろまれた。このとき決定的だったのは、七〇年に開催が予定されていた日本万国博覧会である。会場建設や都市改造のための膨大な労働力を確保するためには、都市内に労働力のプールをつくりださなければならなかった(そして二〇二〇年オリンピックを目前にした現在、またもや同じような過程が繰り返されている)。そのような意図のもと、あいりん対策には日本政府が介入し、国費を投じた空間改造が遂行されていく。その帰結として、釜ヶ崎から家族が分散化される一方で、閉山された炭鉱や解体された農村・漁村、被差別部落や沖縄などの周辺を出自とする単身男性の労働者が、釜ヶ崎へと流入させられた。かくして釜ヶ崎は、「無告の民」を引き寄せては吸収する「中継基地」とされたのである。七〇年に国費を投じて建設された日雇労働市場「あいりん総合センター」は、この空間改造を代表する建造物である。

このような過程を経て生み出された釜ヶ崎や山谷とは、船本が論じるように、まさに植民地的空間だった。市民社会では包み隠されている国家の暴力は、これらの地ではあからさまな統治の原理としてあった。かれら労働者を統治するのは、ひとつには警察暴力である。たとえば釜ヶ崎の路上では、労働者の身体をつねに監視することを目的として、多数の監視カメラが設置された。もうひとつには、暴力団である。重層的下請け構造の最下層部に組み込まれた労働者の労働と生活には、暴力団による支配が貫徹されていた。抗おうものならリンチの制裁が加えられるような、暴力にまみれた例外的な世界が、国家によって創り出され、公認されたのである。

寄せ場の「五月革命」

それでもなお、《この世に存在しないことになっている者たち》は、黙して服従することはなかった。かれら労働者は、「血の叫びをあげ、自己の存在を高らかに宣言」しつづけた（本書一九〇頁）。じじつ六一年以来、暴動はなんども闘われた。釜ヶ崎で起きた暴動は六〇年代だけでもじつに八回を数え、とりわけ「あいりん地区」指定がなされた六六年には、三月から八月にかけて四回もの暴動が起こされた。さらに六九年には、全港湾建設支部西成分会が結成され、釜ヶ崎の地にはじめて、寄せ場の労働者の組合組織が生み出された。この時点を皮切りとして、寄せ場の闘争は激動の時代へと突入していく。船本は宣言する。「現在、山谷・釜ヶ崎の情況は、この第三期の運動の延長であり、これは次の新しい運動を準備している。それは、結果的には暴動を準備しておきながら暴動が起るたびに動揺し、分解する組合運動とは異質な、叛乱を追求し、叛乱を貫徹し、叛乱を権力にまで高めようとする、非日常を日常化しようとする潮流である」（本書一二七頁）。

この文章が書かれたのは、一九七二年五月一三日のことである。この七二年「釜ヶ崎の五月」は、画期的な転換点であった。この月の二六日、手配師暴力団の鈴木組に労働者が拉致され、リンチされる事件が起きた。それまでであれば、労働者は泣寝入りするしかなかっただろう。だが二八日、朝のセンターで鈴木組糾弾の闘いを呼びかけた途端、組長を先頭に組員らが木刀をもって襲撃にかかったのに対し、労働者と活動家は真っ向から反撃し、労働者の群れの力をもって、その目の前で、組長を謝罪させたのである。「味方の力が強大であり、敵の力が弱い場所、それはセンターである」（本書一五六頁）。この劇的な勝利によってセンターは、労働者を寄せ集める空間から、労働者が寄り集まる空間へと転化された。さらに、「この対鈴木組闘争の過程で、目には目を、歯には歯をの、やられたらやり返すぞ、というスローガンの下に釜共闘が結成された」（本書一七二頁）。

かくして六月三日、鈴木組闘争の熱気を原動力として、暴力手配師追放釜ヶ崎共闘会議（釜共闘）が結成された。あまりに鮮烈な闘争のエネルギーはすぐさま山谷にも波及し、これに呼応して悪質業者追放現場闘争委員会（現闘委）が結成された。結成された釜共闘は、さっそくその夏に、もうひとつの重要な闘争を繰り広げていく。次なる舞台は、三角公園だった。労働者たちはみずからの力によってこの公園を暴力団から奪い返し、夏まつりを開催したのである。「山口組系のノミ屋、バクチ打ち等の武装襲撃を労働者の密集した力をもって粉砕し、その後三日間貫徹された夏まつりの意義は、特殊朝のセンターをめぐる支配と被支配の関係を逆転させる闘争が、さらに、釜ヶ崎全域におけるヤクザの暴力秩序を粉砕する方向へ発展することを示したものに他ならなかった」。労働者が建設する祭りのやぐらは、この公園が、そして釜ヶ崎の街そのものが、労働者の「寄り場」であることを宣言する旗であり、狼煙であった。夏まつりは、半世紀近くが経ったいまでも恒例の取り組みとして釜ヶ崎で開催されている。

この七二年五月を頂点とする山谷・釜ヶ崎闘争が戦後史においてもつ意義は、強調しておくべきだろう。六〇年安保闘争からはじまる政治の時代のなかで、しかし、山谷・釜ヶ崎の闘争は黙殺されつづけた。それぞれの地でいくども暴動が起きてきたにもかかわらず、である。それゆえ暴動は、言葉をもたぬ「叫び」でありつづけなければならなかった。六八年の山谷で、そして七二年の釜ヶ崎で、船本たちが闘争に身を投じるなかで、ようやくかれらの「叫び」は言葉をもつようになった。それが、「やられたらやりかえせ」であり、「黙って野たれ死ぬな」だったのである。

やられたら やりかえせ

七二年にはじまる釜共闘の時代は、長くつづいたわけではない。とりわけ国家の弾圧によって、七〇年代半ばには釜共闘は壊滅に追いやられた。だが「カマキョー」という名前や、釜共闘が生み出した言葉は、労働者の記憶のなかでながく生きられてきた。それほどに釜共闘の闘争は、劇的だったのである。だが、言葉だけがただ語り継がれるのでは意味がない。その言葉に込められた思想的な内実が、生きられなければならない。たとえば、「やられたらやりかえせ」というスローガン。がむしゃらに攻撃をあおりたてる文言などと、早とちりしてはならない。むしろそれは、敵の力を味方の陣地へと引き入れ、群れの力をもって転覆し、反撃の力へと転化する、たくみな戦術のスローガンである。さてこのスローガンは、鈴木組闘争のなかで生み出されたものであるが、同時に暴動の力学を表明したものであった。だからその根本には、暴動の肯定という態度がある。

なぜ暴動は肯定されるべきなのか。この問いに、しっかり向き合うことが必要だ。なぜなら私たちの時代の思考は、情けないほど貧弱になってしまった。たとえば一〇年前の二〇〇八年、釜ヶ崎で暴動が起きた。しかしこの「最後の」暴動を、ほとんど誰も思い出そうとしない。あるいはそれを語る者がいようものなら、時代錯誤のロマン主義として片づけられてしまう（しかし、現実主義とは資本主義への服従以外のなにを意味するのだろう）。一〇年の年月がたったにもかかわらず、私たちは、暴動の分析をなにひとつ深められずにいる。

まずは当たり前のことを確認しなければならないだろう。暴動の肯定は、暴力をそのまま肯定することではない。じっさい船本の文章には、暴力に対する鋭い観察と批判的な洞察が展開されている。たとえば船本は、「下層労働者の状況」とは「暴力性を伴った日常的内ゲバ情況」であるという（本書九四頁）。それは、より強い者がより弱い者を暴力で従わせる凄惨な現実である。彼は、この現実をまっすぐに見つめる。なかでも際立っているのは、「全ての精神「異常」者ならびに「犯罪」者」は、S闘争支援共闘会議に結集せよ！」であろう。そこで船本は、「狂気」へといたらざるを得なかった「個別S」（鈴木国男）の内面を、執拗ともいえる筆致でえぐり出す。そうして、下層世界の日常がどれほど「内ゲバ」的な暴力に満ちているかを、まざまざとつきつける。暴力の現実に対するその観察眼は、その文体とは裏腹に、おどろくほど冷徹である。

だがもちろん、船本の洞察は暴力の観察だけで終わりはしない。「制度は下層労働者の内ゲバ情況、即自的「狂気」の段階では安泰であり、どちらかというと恐怖を感じず侮辱しているのである。支配の鉄則は、分割して支配せよ！　同士打ちをさせよ！　であるから」（本書九四－九五頁）。権力は、労働者の過剰な生命力を上から抑えつけ、内側に向かうしかないよう仕向けている。放たれるべき場を閉ざされた生のエネルギーの滞留こそが、この悲惨な内ゲバ情況をもたらす。船本は、このようにして権力支配のからくりを暴き出す。のみならず、そこに転覆の可能性をも見出していく。つまり、「内ゲバを外ゲバ」へと、解放の力へと転化させることである。力の過剰を仲間どうしの暴力へと向かわせる支配のからくりを覆し、制度に向って逆流させ、爆発させること。ここに、解放の可能性がある。しかもその可能性は、すでに実証済みのことでもあった。山谷や釜ヶ崎でいくども闘われた暴動が、まさにその瞬間だった。

暴動の基本的な原理とは、第一に、「日常的にやられ続けて泣寝入りさせられてきた「弱者」の、「強者」たる敵＝権力に対する心底からの恨みをたたきつける闘いであり、そうであるが故に、その戦闘行為は優れてゲリラ的、非妥協的、非和解的な階級闘争である」（本書二一五頁）。暴動のなかで、労働者たちは、支配権力——直接的には警察権力と暴力団——こそが自分たちの共通の敵であることを認識する。「弱者」たる労働者の権力に対する敵対性が、はっきり立ち現れる。第二に、「そして最も重要なことは、仲間が敵にパクられそうになると、必ず奪還しようと反撃する闘いが各所で展開されるという点である」（本書二一五－二一六頁）。暴動のなかで、仲間を守ろうとする連帯の感覚は、もっとも強い力として発現する。つまり暴動とは、労働者たちがひとつの階級として、みずからを組織化する瞬間だったのである。

じじつ山谷や釜ヶ崎の暴動は、しばしば「祭り」として語られてきた。その表現には、たしかに連帯の感覚が響き渡っている。そもそも第一次暴動は、ひとりの労働者がタクシーに轢き殺され、警察官が彼を放置したことに端を発していた。ひとりの彼に対する差別的な仕打ちは、われわれに向けられた暴力であること。この共通の感覚をよりごころとして、暴動は起こった。それを船本は、「やられたらやりかえせ」という言葉へと結晶させたのである。

黙って野たれ死ぬな

「やられたらやりかえせ」は、暴動の力学を捉えた言葉であり、また、鈴木組闘争をはじめとする現場闘争のスローガンであった。これに対しもうひとつの言葉、「黙って野たれ死ぬな」は、越冬闘争のスローガンである。越冬闘争は、釜ヶ崎において七〇年から取り組まれていたが、とりわけ七二〜三年の冬以降、経済不況と恒常的失業が押し寄せるなかで、ますます重要な実践となっていった。「釜ヶ崎における冬とは、日本資本主義の構造的矛盾、社会的困窮の季節的表現」である（本書一二四頁）。この季節において、労働者は仕事を奪われ、路上に放り出され、飢えと寒さにさらされる。「われわれの現在は暗黒であり、われわれの未来もまた暗黒である」。寄せ場労働者の生存状況のもっとも過酷な側面が、そこに立ちはだかる。「現在若い諸君は、いずれ年老いてゆけばわかるだろう。われわれの客観的未来が野たれ死に以外にないことが」（本書一六八－一六九頁)。屈強な労働者としての肉体をも奪われ、ただ「野たれ死に」という現実だけが待ち構える地点。この「暗黒」の現実から、それでもなお、船本は言葉をつかみとろうとする。それが、「黙って野たれ死ぬな」という言葉だった。

私は、この言葉は「やられたらやりかえせ」よりもいっそうラディカルであり、革新的であると思う。現場闘争のなかで労働者は、決定的な強みをもっている。労働者は、虐げられ差別された存在である。だがかれらの肉体は、資本にとって必要不可欠な労働力でもある。「山谷ブルース」で歌われるように、「だけどおれ達いなくなりゃ、ビルも道路も出来ゃしねえ」のだ。しかし、越冬闘争の局面においては、労働者からは労働力としての「価値」すら否定される。権力とたたかうための、肉体という武器まで奪われる。それでもなお、かれらは生きる。生きのびて春を迎えること、それ自体が闘争となる。「黙って野たれ死ぬな」は、「労働」運動の枠をはるかに超えた、未踏の闘争領域のスローガンである。生きることそのものが労働となるような、「ギリギリの、不退転の」生存闘争である。

「七二年五月二八日の対鈴木組闘争から、その後不屈に闘い抜かれた現場闘争の中から生み出された戦闘的青年労働者の組織釜共闘が、ただ単に青年労働者の利益のために闘うだけでなく、資本によって労働力商品としての価値を否定された病人、老人、資本の自己増殖の過程で廃人にされたアル中たちを引き受けようとしたこと、否、彼らが参加できる形で共に闘おうとしたこと、そして、敵と対決し、打ち勝つために衣食住総体の労働者階級の問題を解決しようとしたこと、これが越冬闘争の意味である」（本書一七九頁）。

この一文は、衣食住をみずからの手で生み出すことが闘争であること、したがって越冬闘争とは階級闘争であることを宣言した、はじめての文章であろう。闘争の主体はもはや、労働力商品としての価値をもつ労働者だけなのではない。その価値を否定された病人、老人、「廃人」たちが、闘争主体としてつぎつぎと立ち現れるのだ。

越冬闘争のスローガンは、ひとつには「生きて奴等に仕返しするぞ！」であり、もうひとつには「仲間たちの中から一人の死者も出さない」である。前者のスローガンのうちには、資本への敵対性が示される。後者のスローガンには、連帯の感覚が示される。船本が暴動のうちにみた、敵対性と連帯感覚というふたつの階級的原理が、越冬闘争のスローガンにたしかに受け継がれている。だが注意しよう。それは、たんなるスローガンの拡張ではない。暴動の原理は、労働市場の領域を溢れ出て、生存闘争の領域へと、いまや決定的に転位されている。「まさしく資本が下層労働者に与えた生存様式－流動性こそ、野たれ死に的状況こそ、最大限武器に転化しなければならない」（本書二四〇頁）。「流動性」と「野たれ死に」。どちらかではなく、どちらともが、武器に転化されるべき下層労働者の階級的状況なのである。

黙ってトイレをつまらせろ

一九七三年頃から、船本は意識的に「弱者」という言葉を使いはじめた。「われわれの闘争方針の基本的観点は、「弱者」の抑圧の状況、特殊な生存状況を武器にして闘う観点であり、他の全ての階層の人民に対して、「弱者」の利益のために自己の生存状況を最大限武器と化し、飼主＝国家に対して、ある時は公然と、ある時は非公然にかみつけ」ということである（本書一九二頁）。だがそれは、「弱者」が「強者」になることを意味するのであってはいけない。なぜなら、「「弱者」であるワシらのもろい側面の一つは、「弱者」であるワシらがもっと弱い立場にある「弱者」をいじめることによって、「強者」からの抑圧を解消しようとすることである。関東大震災のときの朝鮮人虐殺や南京の大虐殺を見よ！」（本書二三五頁）。これを過ぎ去った時代の言葉と解することは、できないだろう。書店にずらりと並ぶ右翼本や、ネット空間や路上にあふれるヘイトの言葉。「弱者さがし」と「いじめ」の連鎖は、とどまることなく拡がっている。富裕者たちは、同士討ちの内ゲバ情況を高層ビルの高みから眺めながら、安堵を感じているにちがいない。

「弱者」が「強者」になることで自己の状況を打破しようとすること、それゆえ互いに争い合うこと、仲間内からさらなる「弱者」を生み出すこと。それこそが、資本と国家による分断支配のからくりであった。とすれば、この支配のくびきから逃れる方途は、「弱者」としての存在を徹底することである。船本はその戦術を、「ひらきなおる論理」という言葉で表現する。ただし、次のことを忘れてはならない。「ひらきなおる論理には常に、誰が誰に対して、どういうことに関してひらきなおっているのか、という問いが必要である」（本書一九三頁）。医者や研究者が自分の立場に居直ったところで、「制度に与えられた社会的な位置」を不問にするだけであり、資本制の維持と再生産に与するだけである。だが、下層の労働者はちがう。かれら労働者は、日常生活のなかでたえず罵倒され、蔑まれ、日々「自己否定」を強いられている。だからこそ、「自己の行為、自己の立場を「どこが悪い」と正当化すること」は、内面に深く刻まれた「負い目」から解き放たれる契機となり、「自己のギリギリの生存状況における即自的闘いを唯一正当化する論理」となる（本書一九三頁）。

　鈴木組闘争や「やられたらやりかえせ」というスローガンの本質とは、敵の権力を味方の陣地へ招き入れ、群れの力をもって転覆させる戦術であった。この「ひらきなおる」論理にも、同じ力学が表明されている。たとえば、「釜ヶ崎のアンコに投げつけられるありとあらゆるバリ雑言——怠け者、気狂い、前科者、犯罪者、ならず者、はみだし者、アル中、etc——は、まさに釜ヶ崎のアンコの即自的闘い、その特殊な制度への異議申立てに対する白豚どもの潜在的恐怖感以外の何ものでもない」（本書一九三頁）。市民社会から労働者に対して投げかけられる差別の言葉やレッテルは、一転して、労働者たちが蜂起することへの恐怖感を表わすものとなる。言い換えればそれらのレッテルは、労働者が潜在的に力をもつことの証しにほかならない。言いたいだけ言うがいい、だが覚悟せよ。市民社会がこれら侮辱の言葉を口にすればするほど、「上へ、制度へ」と向かう労働者の怒りは、より大きくたくわえられていくのだから。

もうひとつ重要なのは、このような「弱者」の観点を徹底するとき、じつに独創的で豊かな戦術の地平が浮かび上がることだ。たとえば現場闘争に関しては「味方の力量等を考え、自分にもっともふさわしい独創的なやり方で各自ガンバルことが大切である」(本書一五四頁)。船本は、とりわけ「もっとも革命的」な方法とは、サボタージュであるという。「いくらアオラれても、返答もせず、腰をおちつけて動かないことによって、監督はイライラして、われわれを不気味に感じ、また挑発してくるだろう」(本書一五五頁)。休憩をとること、しかも徹底的にとること。その気にさえなれば、誰にでもできそうな実践である。たとえば、「お陽さん西々」という言葉がある。陽が沈んで労働時間が終わることを待ちわびながら、なるべくゆっくり働くことを意味する、労働者の合言葉だ。船本は、このような労働者にとってなじみの実践のうちにこそ、もっともラディカルな方法が潜んでいることを発見していく。さらにこの戦術は、具体的なだけでなく、世界的でもある。たとえばそこに、イタリアの地でアウトノミア運動が練り上げた「労働の拒否」という思想との、同時代的な共通性をみてとることもできるだろう。

あるいは、「黙ってトイレをつまらせる」ことである。ある工場のトイレが水洗化され、経営者がケチってチリ紙を完備しないとしよう。その場合、三つの領域の闘争原理がありうる。①労働組合は広範な労働者に呼びかけ、代表団を結成し、会社側と交渉し要求を受け入れてもらう。②戦闘的青年労働者は闘争委員会を結成し、暴動を起すぐらいの実力闘争をやり、会社側を屈服させ、要求を呑ませる。③ある労働者は新聞紙等の固い紙でトイレをつまらせる。船本は、このうち最後の「トイレをつまらせること」こそ、もっともラディカルな闘争なのだという。なぜなら、「③の思想性は他の①や②と比較して異質である。第一に、「弱者」としての自己に徹していること、第二にそれゆえ敵に自己の存在を知らせず、ただ事実行為によってのみその存在を示していること、第三に敵を交渉相手として設定しないために、この闘争は必然的に最初からプロレタリア権力として宣言していることである」（本書二〇八－二〇九頁）。

ここでもまた、私たちの目を開かせるのはその世界性であり、現代性である。過去数十年のあいだに、「シームレス」という言葉が、資本のスローガンとなった。「シーム（seam）」とは、「縫い目」や「継ぎ目」を意味する。つまり資本主義は、途切れのない資本と労働の循環を、そのいっそうの加速化を、自身の存続のために追い求める。滑らかな平面を構成するインフラ装置――なかでも中心的なのは情報技術だ――を創出しては、ただ目の前を通り過ぎようとする。それだから、釜ヶ崎や山谷のような「厄介な」場所を素どおりし、そのかわりにケータイやパソコンを介して労働者を右へ左へと自在にあやつろうとするのである。これに対し世界的な闘争は、遮断、封鎖、サボタージュという実践で満ちている。ニューヨークやオークランドのオキュパイ運動がそうだったし、イタリアのNO－TAV運動（新幹線建設反対運動）もそうだ。かれらはみな、都市のインフラへと介入し、亀裂を入れようとした。思惑どおりに資本を素通りさせまいとその通り道を塞ぎ、そこに自分たちの占拠空間を出現させた。いわば、地球のあちらこちらで、トイレをつまらせてまわったわけだ。そのスローガンが有する世界的な拡がりに、私たちは気づくべきだろう。

世界＝人民としての流動的下層労働者

それゆえ船本の言葉の中心には、闘争の世界的地平へと到達しようとする意志があり、おなじ状況を闘う世界＝人民へのかぎりない信頼がある。たとえ国内では少数なのだとしても、世界的には多数だという確信が、そこにはある。じっさい「弱者」とは、ベトナム解放を闘うヴォー・グエン・ザップから受け取った言葉であった。

また、船本は次のようにも言う。「これらのレッテルを貼る白豚どもの本質的意図は〔……〕労務者として自分自身を金しばりにかけさせるため、すなわち「俺は駄目な人間だから支配されても仕方ない」とアキラメさせるためである。これは、日本人の朝鮮人に対する、白人の黒人に対する関係と同じく、支配者がどこでも用いる手口であり、白豚どもが人民の、肉体だけではなく心をも支配する常とう手段なのだ」（本書二二九頁）。この文章のなかに、「労務者」という蔑みの言葉をあえて掲げること、「労働者」への格上げを拒むことの、真の意味が明かされる。たとえばブラックパンサー党は、白人主流社会へと包摂されることを拒み、みずからの力で搾取と抑圧にまみれた世界を転覆すべく闘っているではないか。つまり「弱者」でありつづけることは、インドシナ半島での南ベトナム解放民族戦線や、北米での黒人解放闘争といった、世界の闘争と連帯するための条件であった。

さらにここで、次のことを思い起こすべきだろう。権力支配の常套手段とは、ひとつには分断統治であり、もうひとつには隔離と閉鎖である。だから権力は、釜ヶ崎や山谷を狭い範囲に封じ込めようとやっきになる(「釜ヶ崎」や「あいりん」を客観的に反映したとされる通常の地図は、地表の一部分へと釜ヶ崎を狭く縛りつける権力効果をもつことに、よくよく注意しよう)。とするならば、闘争に賭けられているのは、空間をかぎりなく遠くまで広げていくことである。船本は、権力で覆い尽くされた地図を振り払い、みずからの手で地図を描きだそうとする。そのときカギとなるのが、「流動的下層労働者」という言葉であった。「資本が自己の利益のために、という自己運動の展開の中で、まさしく資本が下層労働者に与えた流動的状況こそが、資本を打倒する武器としてこの釜ヶ崎の闘いを全国化する唯一の武器であり、したがって、それ故にこそ、敵権力はこの闘いを個別的・地域的な闘いにおしとどめ隔離し圧殺するためにやっきとなっているのだ」(本書一六〇頁)。

これは重要なことだが、全世界をつかもうとするうえで、船本は具体的なものや日常的なものを手放さなかった。肉体を離れた観念論こそ、船本がもっとも嫌ったものである。そんな船本にとっての闘争地図が、想像のなかで大風呂敷を広げるだけのものであっていいはずがない。「補給を断たれた闘いがみじめな敗北を迎えるのは、釜ヶ崎をみるまでもなく、一切の闘いがそう」であり、「釜ヶ崎の闘いを圧殺せんとする敵の攻撃は、前線と後方の切断であり、分断である」（本書一二六－一二七頁）。ここには、政治的な地形を読み解き、知略をめぐらす軍師の顔があらわれている。そのような知略をもって船本は、ある場所の闘争が次の場所へと絶えず飛び火し、そのたびに闘争のエネルギーが増大してゆくような労働者の流動ルートを、具体的につかみとろうとしていた。だからこそ流動的下層労働者の世界地図は、「前線（＝戦場）と後方（＝補給）基地の関係について」という兵站的なタイトルの文章のなかで、もっとも鮮明に浮かび上がる。「この前線と後方の関係は、常にダイナミックな有機的な関係をもつ。そしてこのダイナミックな関係のもっともすぐれた状況は、たとえば、山谷が燃えれば釜ヶ崎が後方補給基地となり、釜ヶ崎が燃えれば山谷が後方補給基地となるような関係であり、この関係こそ流動的下層労働者の面目躍如であろう」（本書一六一頁）。

　国家間の力関係だけが「国際政治」だと思い込んでいる政治学者の頭では想像もできないだろうが、このような蜂起と流動の地理がもつ潜勢力こそ、近年のグローバルな状況がたしかに示したものだ。アラブの春からはじまる蜂起は、国境を超えさまざまな地へと飛び火し、地球規模の蜂起的状況をもたらしたのだから。しかしその後には、猛烈な反動が襲いかかった。いま、警察や軍隊によるなりふりかまわぬ暴力が、地球上を覆い尽くしている。かような国家の暴力は、私たちが取り組むべき切迫した課題として目の前にある（じじつ、ジェントリフィケーションは有形無形の暴力を伴うものだし、またオリンピックの日程が近づくにつれ警察による弾圧が大手を振るうようになりつつある）。船本を死に追いやったのもまた、国家の暴力であった。でっち上げの罪をなすりつけることによって、船本は潜伏生活を強いられた。国家権力は彼を、メシと汗と酒の臭いただよう団結の街から切り離し、孤立させたのである。

しかし、彼は「黙って」死んだのではない。船本は、皇太子（現在の明仁天皇）来沖阻止を叫びながら、仲間たちに呼びかけた。「山谷・釜ヶ崎の仲間たちよ！　黙って野たれ死ぬな！」。

この最後の船本の叫びに、解説ができようはずもない。ただ、事実だけを述べておこう。国家の暴力は、結局のところ船本を殺すことはできなかった。「やられたらやりかえせ」、「黙って野たれ死ぬな」。船本が発した言葉は、無数の労働者によって生きられつづけてきた。じじつ一九八〇年代の山谷では、右翼暴力団の支配に抗する熾烈な闘争とともに、このスローガンがふたたび呼び覚まされ、ドキュメンタリー映画『山谷　やられたらやりかえせ』が生み出された。このとき国家の暴力は、またも弾圧を繰り広げた。暴力団を手先として、監督の佐藤満夫を殺害し、山岡強一を殺害したのである。それでもなお、言葉を殺すことはできなかった。ますます増大しゆく労働者がこの言葉を口々に発するのを、権力が止められることなどできようか。

プロレタリアートの武器を、言葉を構築せよ

あらためて強調しよう。船本が身を投じた寄せ場の現実が、過去のものになったわけではない。それどころか重層的下請け構造は、ケータイなどの「デジタル寄せ場」を媒介としていっそう拡大している。その最下層部では、不可視の寄せ場を経由して、無数の労働者が被ばく労働へと駆り出されてきたことだろう。その一方ではオリンピックの開催地建設に向けた労働力不足が叫ばれ、移民労働力の「活用」が口々に主張される。二〇二〇年五輪、二五年万博という資本のスケジュールの只中にいる私たちは、この現実を直視しなければならない。船本の思想を読むことが、私たちの時代を見抜くための武器とならなければならない。

だがもちろん、船本を読むことが、彼を神話化することになってはならない。その時代と場所に深く根ざしていた船本の言葉や文体に、それゆえの限界があるのは当然のことだろう。たとえば、たくましい肉体を誇りとし武器とする建設日雇労働者に向けた船本のメッセージは、どうしようもなく男性主義的である。おそらくそこに、女性の労働者が闘争の主体として入り込む余地は、見出しがたいだろう。しかし考えてみれば、釜ヶ崎にまだ多くの家族が住んでいた六一年の第一次暴動のなかでは、女性も暴動にか

かわったのではないだろうか。また、越冬闘争について船本が論じるように、衣食住の総体が闘争領域であるとするなら、反資本主義をたたかうべく過去数十年に積み重ねられたフェミニズムの思想や実践――当時の船本にとっては思いもよらぬことだったろう――を無視できるはずがない。

私たちがなにより注視すべきなのは、船本の言葉そのものだけでなく、それらの言葉を生み出していった創造の過程だろう。船本は闘争のなかで、戦線が拡大するごとに設えられる境界を、絶えず突破しつづけた。言葉の力をもって、閉ざされそうになる政治の空間をこじ開けつづけた。労働者から「労務者」へと転換し、「流動的下層労働者」という言葉をもって闘争主体のありようを宣言し、「やられたらやりかえせ」、「黙って野たれ死ぬな」というスローガンを生み出した。敵の言葉を転覆させては、言葉と実践を発明しつづけた。失業の泥沼に突き落とされ、国家から弾圧されてもなお、言葉を生み出すことをやめなかった。諦めることを知らないその強靭な意志と創造の力が、私たちを驚嘆させるのであり、いまなお力づけるのである。

「プロレタリアートの武器の政治を構築せよ」。七二年五月に書かれたこの言葉は、無告の民の言葉を、スローガンを生み出すよう、私たちに迫る。いまいちど世界をつかみとるために、私たちはこの地点から始めなければならないのだ。

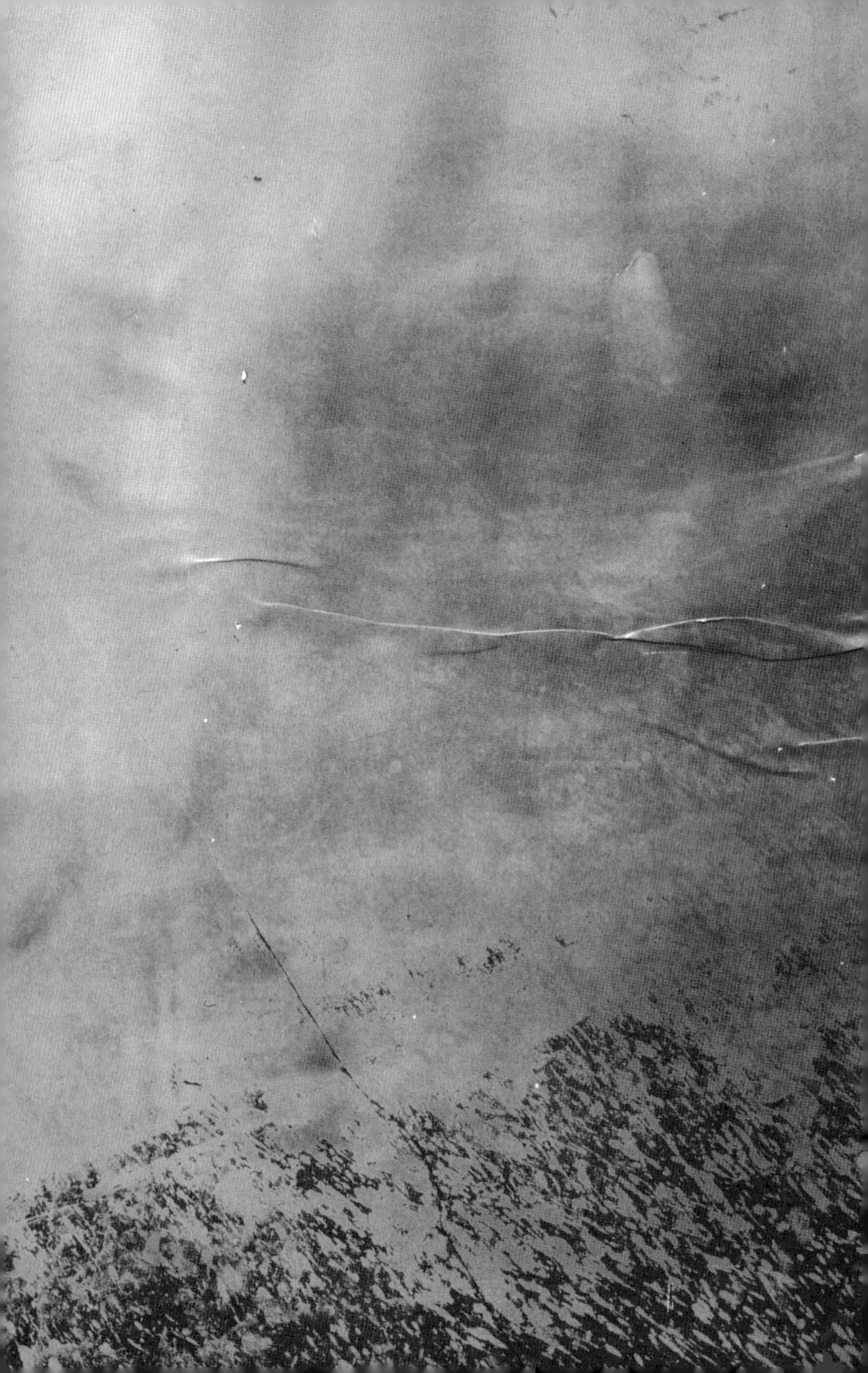

自己のおかれた情況を武器にして、人民に奉仕しよう

今日は拘留理由〔開示裁判〕のあれがあったんですけど、その内容をみるとね、銃砲刀剣類不法所持、建造物侵入、暴行と脅迫ですか、強盗は全然ついていないんです。で、新聞を読んだ場合には、強盗と書いてあったわけですよね。その内容は、ちょっと詳しいことは話せないんですけど、特に『毎日新聞』も『朝日新聞』も、西成の「日雇い労務者」と書いてあったんですよね。それまで『毎日新聞』は大体日雇い労働者いうて書いとったわけですよ。ああいうふうに「犯罪者」のレッテルを貼られると、その、「労務者」という形で表現してしまう。

でまぁ、ぼくらは、「労務者」でもいいと思うんやけども、「労務者」という表現で使われる時には、いま釜ヶ崎でも、「いやいや労務者やない、労働者と書きかえるべきだ」という運動があるわけですわ。それで、その『朝日新聞』なんかは日雇い労働者という形でつこうとると思うんですよ。そやけども、そのまあ「労務者」と書きよる。そやけども、『毎日新聞』なんかやったら、ああいう「犯罪」がおこった時だけ、そのま

あ「労務者」と書きよる。で、日常では、大体に西成の日雇い労働者が大阪市へ行った、とかいう形で表現に使っている。で、『朝日新聞』の、あの「日雇い労務者」という表現方法から「日雇い労働者」という表現にかえたというやり方が、まあ、普通の労働運動やったと思うんですけどね。

ぼくが考えとるんは、「労務者」でいいと。「女中」という言葉が「お手伝いさん」というふうにかわったらね、支配の実態は全然かわらんのに、武装解除されて、なんか自分がある日突然偉くなったような感覚をもたされる。で、この場合について、あんまり労働者という言葉を使われると、そんなことで、最近腹がたつ。したがって、あの「労務者」、労務者として居直って闘うような、つまり「我々は労務者でございません、『労働者』です」と、そういうような思想的な傾向とははっきりわかれる必要があるんやないかと思うんです。

それとあの、今ずっと読んでたんですけどね、えーと、これは、「政府は、昭和一四年、国家総動員計画を樹立し、この一翼として、石炭、鉱山、土建などの日本の産業、重要産業部門に朝鮮人労務者を動員することをOKしていた。かくて朝鮮人労務者は従来のような個人的理由からではなく、積極的に国会に基づいた計画によって日本に移入させられることになった」

その、この前はだいたい「労務者」などという形で言葉を使っているわけですがね。だいたい、昭和一四年、一七年、一九年という形で、「強制連行」の質がだいぶ変わっているわけです。その時の日本、まぁ、農民とかだいたい労働者は全部軍隊になって海外侵略に出かけている。日本の中のそういうふうな「労務者」が足りなくなっていたので、あの、鉱山とか炭鉱とか、港湾荷役とか土木建築ですよね、そういうところに「強制連行」されてきた中国人と朝鮮人が、タコ部屋みたいなところにぶちこまれて、ものすごく、その、虐待されてね、殺されていく。で、こういう状態と今の釜ヶ崎の状態をくらべてみると、そんなに変わらんのじゃないかなぁと思うんですよね。

あの、現実に釜ヶ崎の労働者の、釜ヶ崎に定着して沈澱している労働者のほうは年とった労働者で、若い労働者というのは、まぁ全国の港湾荷役を大体やってるし、また港湾荷役だけでなく、神戸製鋼や三菱とかいったところの下請で、社外工という形で使われているわけです。それでもって、飯場から飯場を転々とし、日本中を渡り歩いている。で、歳をとると、釜ヶ崎や山谷に定着するようになる。こういうことで明らかになるように、釜ヶ崎の労働者が、現場とか、まぁだいたい若い時には、ふつう現場で死んでいくと。ぼくはトビ職をやっていて、鹿島コンビナートとか、清水とかね、大きな飯場は大体歩いたんですよね。で、一年にまぁ、一〇人ぐらいまとまって死んだんですよね。バタバタバタバタ死んでいく。で、労働力商品としてその価値を否定されるようになると、あのー、大体廃人になっていく。廃人になって、野たれ死んじゃうと「行路病死」。行路病死というのは、釜ヶ崎で死ぬわけではなくてね、釜ヶ崎から出て死んでいくというわけですよね。その過去を調べることができないんで、一説によると西成地区周辺で年間三〇〇人死ぬんちゃうかと。で、そやけども、飯場に入って野たれ死んだり、飯場から出て身体をこわして、野たれ死んだり、そういうふうな総体的な資料は全然ないわけなんです。

で、朝鮮人労務者と釜ヶ崎の日雇い労務者のこの状態は、まぁ同じような規模で、戦前から戦後あまり変わらへん。

それと次に、釜ヶ崎はその、流動的な労働者のただ単なる中継地であるということ。で、比較的歳をとった、流動するのに疲れた労働者が、定着して沈澱する場所である。それともう一つ、釜ヶ崎に入ってくるコースは、農村とか漁村とか、沖縄とか。沖縄の労働者が、今度「復帰」して、低賃金の労働力商品として、大量に本土へ入ってくるけれども、大半がやっぱり飯場とかで、結果的には釜ヶ崎か山谷へ、そういうふうに寄せ場に落ち着くことになるだろう。

で、あのー、釜ヶ崎のなかのおよそ三分の一が全国の未解放部落の、部落の大衆やないかといわれている。これは、大阪の部落解放同盟の人がいうたんですけどね。全国の部落で、まぁ、どこにおってもしようがないから、結局、飯場渡りをやっていて、最終的には釜ヶ崎に着いちゃうと。で、釜ヶ崎の労働者のなかには、朝鮮人はあまりいないんですよね。で、朝鮮人はいなくて、だいたい朝鮮人は、朝鮮人の人夫出しのおやじの飯場に入っているか、あるいは、アパートに住んでいる。いまは、ぼくたちが去年から闘っている闘いが、全部暴力手配師の、在日朝鮮人に対するね、分断支配。

分断支配いうた時に、ほとんど、その、暴力団でしょ。山口組の大きなメンバーていうのは、だいたい部落大衆と在日朝鮮人で。で、柳川組いうのがあるんですけども、あったんですけどね。これは大阪で根城を張っていた。その、根城を張ってて、今は分解して、解散命令というのが出され、解散させられて、今残ってんのが石田組つうんですけどね。これは大阪駅の構内で、タコ部屋とか半タコ〔部屋〕にぶちこむような手配をやってる。まぁ、暴力手配師なわけです。

それとか、今の釜ヶ崎の人夫出しの中で八割方が在日朝鮮人で、たいがい、大きな資本と労働者との狭間にあって、中間搾取して、一〇円、二〇円の金をケチケチやって、徹底的に搾り取るような行動をやる。飛田(とびた)とか、あの周辺一帯のパチンコ屋全部がだいたい朝鮮人やと。で、それから、西成から産業道路、ちょっと入ったところに、同和地区いう、まぁ解同のあれなんですけどね。いま、その、解同と釜共、あるいは在日朝鮮人と釜共闘という形で、ずうっと、非常にいびつな、ゆがめられた形のね、分断とか差別いうのがあるということですね。で、ほとんどこういうことで、方針が立たないような状況になっている。

で、今日の集会で、分断と差別とかいうものをなくせ、はねのけて闘うというたって、どういうふうな闘い方ができるんかな、という、そういうところをですね、話して欲しいと思うんですけども。

*

あの、今さっき、本工の労働者の闘いについてしゃべられたと思うんですがね。春闘で、一万二〇〇〇円ベースアップ要求と。で、組織労働者いうんですか、つまり、組織労働者いうのは、社民に組織されている労働者のことですわな。で、未組織労働者いうのは、社民には絶対組織できない労働者のことですわね。おれ、一九か二〇歳ぐらいは、ずっと、日立造船とか神戸製鋼とか大阪製鋼とか、あそこらへんの社外工で、飯場から行っとったわけです。で、そのときの闘い方ですわね、本工の闘い方と、そういう孫請けなんかの闘い方というのは、全然ちゃうわけね。たとえば、さきほどトイレット・ペーパーのこといわれたと思うのですが、トイレット・ペーパーね。本工の連中やったら、トイレだってちがうわけやね、社外工と本工とではね。あの、風呂入る時間も、最初に本工が入った後、そのあとで、きたない、ほんとうにね、アカまみれの風呂に入るわけやね。で、本工が四時定時やったら、社外工は、四時半が定時になってると。まぁ、そういう具合に三〇分ぐらいずれがあって、本工が入ったあと、社外工が入る。また、トイレなども全然ちゃうわけ。本工のトイレやったらトイレット・ペーパーがあるわけやね。で、社外工のトイレやったら、トイレット・ペーパーなんか完備されていない。ふつうその時、会社にね、「トイレット・ペーパーを完備せよ」というような要求出すかというと、出さないんやね。トイレット・ペーパーを完備しなくてはならないような状態をつくり出すわけやね。つまり、トイレのあれをつまらせるわけ。わかりますか。(笑い)トイレット・ペーパーないから、新聞紙とかさ、週刊誌とか厚い紙なんかをバンバン流し込むわけ。(笑い)

それともう一つね、たとえば、本工は毎日毎日、鋳物工場なんかでは皮の手袋を支給されるわけやね。で、毎日奴等はきれいな手袋を支給されている。ぼくらには、五日に一回、あるいは、一〇日ぐらいに一回しか支給されないわけ。で、労働して一生懸命働くとさ、皮の手袋、三日か四日ですり切れちゃうわけやね。すると、穴があいたままの状態で仕事しなければならない。たぶん本工の労働者やったら、組合なんか通して、皮の手袋三日ぐらいで穴があいちゃうから「三日に一回支給せよ」と、そういうふうに要求すると思うんやね。ぼくらはね、その、ぼくらはどのように闘うかというと、一切要求なんかしないわけや。まともに働くと三日で穴があいちゃう。五日に一回しか支給はない。で、「五日に一回しか穴があかないように働こうやないか」と。わかりますか、これ。(笑い)

で、闘いのやり方というのは全然違うんです。要求を出さない方がはるかに革命的だと思うんです。たとえば、その、現場でね、ネコひきというて、土方やったらネコひきなんかあるんですわね。ネコいうたら一輪車に石ころとかいろんなもん積んで歩いてひく。そいつはしんどい。低賃金で非常にしんどい。文句をいうと、親父が極道系統が多いからごつかれることが多いんよ。そのときはね、どういうふうにするかというと、現場行ったらね、建築現場やったら釘の出たいろんな切れ端がいっぱいあるでしょう。その釘の上を歩くわけや。すると、穴があいちゃうわけ。そんで一輪車が使えなくなっちゃうわけやね。一輪車全部が駄目になっちゃうわけや。「なんや、この現場は。釘の出た木端（こっぱ）をおきちらかして。ちゃんと整理されてねえからや」というわけ。そうやってね、その一輪車に穴をあけちゃって仕事をしない。それとかね、あの、ちゃんと要求して、要求とおして組織するとかさ、そういうふうな闘い方というのはいらないいんだな。

で、これまでもよくあったのは、港湾の労働者なんかやったら、あの自分……（不明）……なるとさ、まちがった方向に行くと、自分の手をね、かなづちでぼんぼんたたくんやな。ぶくっとアオタンができるわけや。ふくれあがって、で、労災なんや。一週間分ぐらいもろうて帰るわけやな。そのへんで、ほかのさ、物取り運動とちゃうんやな。サボタージュ。ストライキなんかよりはるかにサボタージュなんかの方がね、革命的なんちゃうかなという感じがするんですわ。そいでその、組合なんかぼくはいらない。組合なんかつくったら、あんた、資本家にもっともっと巧妙にさぁ、搾取されてね、いつの間にか知らんうちに、その、廃人にされちまう。で、組合なんかつくらんでね、仲間でできるんちゃうか。釜共の運動というのは、だいたいそういうふうなゲリラ的な現場闘争で、大衆運動だったんです。で、一〇〇人単位で、現場で、広範な組織したわけですよね。

この前も釜共のメンバーでなくって、現場で――猪飼野部落で、生野区にある朝鮮人部落なんですけど――安田組つう親父がおって、そこへ仕事に行った連中がおったわけですわ。で、ヘルメットを支給しなかったわけ。それで、片付け仕事で行ってバラシ〔解体〕の仕事をさせられたわけ。建築現場で建物の中の型枠バラシの仕事で、バラシしててもヘルメットくれないわけやな。元請けもチンケやから、ちっちゃな元請やから、「ヘルメットないのか」いうても、「ない！」と。で、昼飯喰ってる時皆で相談して、昼からやるまいと。ヘルメットないから、ガラがボンボンボンボン鼻っ先に落ちてくる。身体中がセメンかすで白くなっちゃう。で、総スカンにあったわけやね。そうすると、親父が、朝鮮人の親父やったけど、比較的いい親父なんやけど、それでも、「釜共でも組合でもなんぼでも連れて来い、こわくねぇ」と。そこで、釜共の事務所へ電話があって、ぼくらタクシーで急いで現場に横づけやってね、「なんや、なんや」と、ワァーと行ったんや。そしたらその親父が、まあ、先にたってむこうから話をまとめるようにしてしまってね。皆で昼から仕事せずに、酒飲んで帰って来たわけ。（笑い）

闘い方いうのは、その状態々々で創意工夫があってさ、誰かに教わるよりははるかに有効な闘い方ができるわけ。こういうふうな闘い方をしなければいかん。すべての労働組合みたいなんかいらない。つまり、釜の労働者が入って行けないような労働組合はいらない。〔全港湾〕西成分会なんか組合員は、ぼくも組合員やけどさ、やすいもんだからね、一人二〇〇円だから入れるわけよ。で、三八〇〇人ほどいるらしいけどもね、組合員は五人ぐらいしかおらんという状態。（笑い）

闘い方というのは、そういうふうな組合つくらんでもええんやね、肩書きでええんやね、組合はね。組合という肩書きの方がはるかに敵をやっつけることができるときは、組合という肩書きを使ってさ、別に組合なんて関係ない。（笑い）もっとね、創造的な闘いということにもっとこだわった方がいいんじゃないですか。

＊

最初ね、去年ぼくは指名手配くらって、鈴木組との闘争で、逃げ回っていたわけです。その途中京都へ寄って、まあ、やられずにいまこうしているわけだけど。寄せ場いうのは、あの、釜ヶ崎だけやなくて、全国のいろんなとこに寄せ場があるわけです。その寄せ場に、去年の五月二八日の鈴木組との闘争の件で、六月二八日に第一回目の逮捕令状が出た。そこで、×人やられ、さらに七月の八日に六通用意されて、偶然に二人はそこにいなかったわけです。ぼくともう一人ね。

お前ら出とるに違いない。逃げろと。ま、そいで逃げとる途中に、京都へ寄って京都で支援戦線つくろうやないかと。去年だいたい一〇七名パクられたわけですね。半年で一〇七名釜ヶ崎でパクられた。で、あの、全然足りないんですよ、現実にね、資金というのか。で、ぼくができることは何だろうかということを考えて、ということは、ぼくらよりももっと上の人で、好い暮ししている人をだましてね、彼らなんかだまして金をとればええんやないか、と。そういうわけで支援戦線をつくったわけです。で、いまね、だましてつくるという、普通の左翼というのは、だいたいだますというのが一番うまいわけやな。（笑い）幻想を与えて。（笑い、拍手）ぼくはいま、だますというのは非常に悪いことだと思ってます。（笑い、拍手）基本的に、あの、どんな運動でも、自分らの一つの運動いうのが、せっぱつまった運動であればね、どんなことでもやるんですよね。これ一応聞いといて下さい。だけどいままでは、考え方が違って、基本的に、まあ、ぼくは八年か九年ぐらい日本全国のあっちゃこっちゃまわって、さまよってね、去年の三月に西成へ来たわけですわ。そこで初めて、こらぁおもろい所へ来たなぁいうんで、まぁ、その前にも来たことありますけど、それで急にやる気が出たというんか、出だして、本でも読もうかということになった。まぁ、飯場なんか転々とやってるうちに初めて共産主義の本を読むくらいで。でまぁ、本読んで能書きたれることが出来るようにはなったけど。で、今考えることだけども、結局革命運動ちゅうのは、おそらくいろんな部署で、とにかく情況々々におかれた人が、最大限に自分のおかれた情況で人民に奉仕する。あるいは、今の帝国主義体制を打倒するような武器に転化することが必要なんじゃないか。それでぼくは、きた時、「学生は駄目だ」とか「学生はやめろ」なんてことはいわなかったんですわ。学生であることを、最大限人民に奉仕せよと。学生である情況を体制を倒す武器に転化する必要があるんやと。で、そういう形でずうっとこうやってきて、まぁ、三種の味方というんですか、それを提起してきたんですわ。

一種の味方は、べ平連のような、広範に釜ヶ崎に同情している、そういうふうな一種の味方。二種の味方は、底辺委員会みたいな、具体的に金を集めたり、具体的に裁判の救援をやったり、具体的に動く人達ね。具体的に情宣する人。釜ヶ崎でおこるいろんな情況というのは、今まで一切が闇から闇へ葬り去られて来たわけで、その闇から闇へと葬り去られてきたいろんな出来事を知らせる。ブルジョアジーが今まで、ブル新〔ブルジョア新聞〕なんかも先制的にでたらめな、インチキな報道しかやってないわけです。警察発表が、ぼくらビラなんかでは、警察発表というのはインチキなはったりであると、それしかのせてないし。で、本当なら支持者にまわる人が敵にまわる可能性があるわけ。そういった意味で、あの、二種の味方をつくる。もう一つ三種の味方をつくるというのは、これは学生であろうと誰であろうと、自分の今の現実の生きてる姿は仮の姿であると。で、徹底して人民に奉仕するような、まぁ、絶対に畳の上では死なないという、畳の上では死なないという決意を固めた人ね、そういう味方をもつくる。具体的にそういう一種、二種、三種の味方というのをつくらないかんと思っているわけです。で、そのう、広範な人民に対する支持がなければどんな闘争も敗北する、ということですね。これを本当に痛感したわけです。

で、今の自分の情況を、ただ学生であるとか医者であるとかね、そういう自己のおかれた情況を体制を倒す武器に転化するということは、どういうことなんかいうことを考えると、だから、娼婦やったら娼婦の闘い方があるわけです。アルジェリアの闘い、『アルジェの闘い』の中で、映画みたんやけども、娼婦たちがフランス軍の兵舎の中に爆弾仕掛けたり、あるいは眠っとる時に寝首をかいたり、あるいは情報を敵の将校から聞いて味方の解放軍に流したりね。それは中国革命でも、やはり娼婦たちが日本軍の慰安婦になって、味方の人民解放軍に情報を流したりしてたわけね。で、あるいは解放の時には、内部から叛乱をおこしたり、そういうことがあるわけです。現実にこれありますたとえばこれは、味方はどこにおるんかいうと、警察の中におってもいいわけやね。で、自衛隊の中にもおってええし。そういうふうに、医者という立場をもし本当に人民の利益に転化するようなことが出来るんやったらさ、医者という立場は人民が体制を倒す武器に転化できるような使い方があると思うんです。それは一見ね、なにも具体的なこと言わんでもええし、そういう運動やらんでもええわけやね。現実に今の医学というのは、どういうのかというと、大学の医学部の解剖材料の検体によくあらわれているわけです。

去年の一一月の初めに、釜ヶ崎で朝五時半、一人の労働者が野たれ死んごった、凍死してね。そしたら、大体に遺体いうのは二四時間放置しとくいうのが法律で定まっとるいうふうに話し聞いとったんですけどね。わずか一二時間で、阪大の医学部で解剖されてしまった。で、死体を解剖する医学部の教授が、学生なんかにどういうことというたかというと、「こいつは今朝西成で死んだ奴や。つまり、いきがええ」と。こういうふうにね、今の医学部というのは、明確にブルジョアジーに奉仕してて、ぼくらがケガしても、全然手当てをしてくれへんし。こういう一人一人ね、大体ごなりつけられて使われているのか知れへんけど、ぼくら絶対にごなったりせえへん。学生に対して、学生やめろとかいわんしやね、「お前の立場は何や、インチキやないか」と、まぁこれは、いわれてもしようがねぇわな、本当やから。しかし、ぼくらはそんなことは絶対にいうちゃいけんことです。そんなことというとるとガキとおんなじですわな。

で、問題なのは、自分の情況を、たとえば大学の教官やったら、教官という立場をどうやって人民に奉仕することが出来るかということです。大学当局がやってることを学生に流したり、信用できる学生に、当局と京都府警がもくろんでることを情報を流してもいいし。あらゆる形で人民に奉仕することが出来るわけや。まさしく大学の教官であるが故に、教官にしか出来ない仕事があるはずですよ。看護婦もそやろな。看護婦ちゅうのは大体、あの、釜の労働者やったら、精神病院ぶち込まれる人がいっぱいおるみたいやね、栗岡病院とか。ぼくの知っとるおっさんで、栗岡病院に入っとる時、医者と看護婦がおるわけやけど、リンチして殺したりしてるわけやね。ああいうのを、精神病院の中から手紙出したりして、病院の外へ放り投げたわけ。それを拾った人が警察にたれ込んで、初めて暴露されたというのが栗岡病院。で、こういうふうないろんな人のことがあるわけで、看護人とか看護婦ちゅうのは、現実にはやらんでもいい薬を大量に……

〔テープ切り替えのため中断〕

で、医者もやっぱり革命運動に参加すべきやと思います。戦士たちは、傷ついたら医者なんかにみてもらわないかんし。革命運動というのは、広範な人民に対してのいろんな部分のそういった大合唱であり、大合流であると思うわけです。こういった観点を出していかないと、分断支配のワナにかかってしまうんやないかと、ぼくは思っとるわけです。

で、絶対にその、それぞれがおかれた情況で、まぁ、ポリ公とか具体的な敵でないような部分に対しては、あんたのおかれた情況は、という形で自分の存在情況みたいなものを暴露する必要はあるけどもね。暴露したうえで、別にやめろとはいってないと思うんだけど。ポリ公だって、あの、左翼のポリ公がおったらしいけどね。(笑い) ただ、自分の位置とか、そういったものが帝国主義によって、国家によってどういうふうな立場におかれているのか、そういうことを徹底的に考える必要があると思います。

ぼく最近、高橋和巳いうの好きになったわけですよね。(笑い、拍手) 主人公は全部釜ヶ崎で餓死するでしょ。最近ずっと読んどるんですよ。『邪宗門』なんかで読んで一番感じたのは、主人公は東北の冷害にあったわけで、二・二六事件の背景つうのは、東北の貧しい農民が冷害にあって、喰うものも喰えずに死んでいく。草の根喰ったり、木の根喰ったり。そして、喰うものも喰えずに、なんていうのかなぁ、結局その主人公は、お母さんの肉を食べていくわけやね。あの、ぼくはここに集った女の人にいいたいんやけども、あの時、日の本救霊会いうのは、平塚らいてうなんかの青鞜者の運動とちがって、文字も知らないね、江戸の幕末に生まれて、わけのわからん男と一緒になって、苦労して子供が生まれても、間引かにゃいかん。たまたま豊作の時に生まれて、不況の時にゃ間引かにゃいかん。たまたま生まれた子供は、成長したら、男は兵隊にとられて兵士になり、娘やったら、借金のかたで娼婦に売られちゃう。娼婦になって梅毒にかかって死んじゃう。六人の子供を生んだけどもね、結局私は何のために生きたんやろか、全部死んじまった。そういうことは最も弱者の、田舎の無知な文字も書けないような、そういう一番弱い立場におかれた女たちの、つまり、四〇過ぎた女がある日突然神がかりになるわけでしょ。こういうふうな女たちが、なぜある日突然神がかりになるのか、ある日突然なぜ発狂しなければならなくなるんだろうか。ね、で、彼女らの生活などに密着した宗教であったが故に、一つの、大本教というのが、その、あれになってるらしいけどね、一つの、昭和全体の、虐げられた女の立場のなかに新興宗教が生まれていくわけでしょう。で、戦前ね、国家権力によって弾圧を受けた新興宗教の教祖は、なぜ女でなければならなかったのか、ということを考えて欲しいと思うんですわ。なぜ、その四〇過ぎたおばさんが、ある日突然発狂するのかを。生まれた子供は、なぜ男だったら兵士でね、女やったら娼売(ママ)にとられちゃうのかを。全部、気がついてみたら六人の子供は一人も生きてないこと。そういうふうな状態におかれた女の発狂であったが故に、最も普遍的であったわけですよね。こういうふうに、闘争というのは、一番弱い虐げられた者の立場に立って、なおかつ、自分のおかれた情況で何が出来るか、ということをやはり考えるべきやないか、と思うわけです。

　で、医者として開き直るということを聞くと、帝国主義での自己の位置を維持するというふうに、非常に意地汚いようにしかぼくには聞こえないわけですよね。というのは、制度に与えられた自分の社会的な位置なわけでしょ。そうではなく、制度によって与えられた社会的な位置を、反対に人民に奉仕し、そういった情況そのものを体制に対して裏切るということ。ブルジョアジーは体制に対して裏切ることは出来ないわけですわな。そういうふうな闘い方が出来るはずや、ということですわ。それはどんな左翼の本にも書いてないし。ぼく左翼になったのは二十三の時なんですけど、その頃飯場で『前進』とか『赤光』とかさ、セクトに関するものを毎回全部とって読んでたんだけど、結局それには何やってんのか全然書いてなかったわけ。（笑い、大拍手）で、自分の情況を徹底的に考えずに、分断支配がいけない、差別はいけないということ、そんなこといってても何にもならんということやね。なんのための兵士やね。釜ヶ崎の場合、部落の大衆と在日朝鮮人と釜のアンコ〔日雇労働者〕と闘ってるわけやね。三つどもえやね。それは極道という衣をかぶって、おまけにポリ公が介入して闘っているわけでしょ。

で、支配とは分断することであり、支配とはただ単に弾圧するだけのことではないんやね。弾圧するだけの支配階級やったら簡単に転覆されちゃうわけや。つまり支配とは分断することなんや。分断を実体化している、そういった支配構造みたいな、その情況を暴露しえぐり出す。そういった分断されて支配されている情況を引受けてやね、そういうものをぼくらが引きずって闘っていく以外ないんやないかと。これは学生であろうと教官であろうとだな、かわらんわけや。ぼくはそういったことだと思います。

そういう意味で、最近高橋和巳という人は、ものすごくすぐれた問題意識をもった人やと思うわけ。日本の左翼が持ち得なかった問題意識をかかえ込んだ、本当の左翼やないかなぁ、と最近感じとるわけです。これだけです。(拍手)

山谷はくそつぼか?!

1968-1971

I

山谷解放闘争の総括と現局面

山谷は労働者の街だ！
ツルとスコを持った資本主義の墓掘人の街だ！
オイッ兄弟！　デッカイ穴を掘って、奴らをその中にぶちこんでしまえ！
そして奴らに死をくれてやれ！

一九六〇年安保闘争以降、毎年繰返され、毎年血の弾圧でもって屈辱的に圧殺されていったいわゆる「山谷暴動」は、戦後の日本ブルジョアジーが世界に誇る神話的経済復興、すなわち、全く始末におえないウジやダニのようによみがえった日本独占資本主義体制、殊に池田内閣以降の「所得倍増」「平和と繁栄」とかいった小市民的ムードに隠蔽された高度経済成長政策の中で、常に第一線において資本の増殖の犠牲となり餌食とされてきた下層労働者の階級的憎しみ、階級的怒りを〈人間回復宣言〉として直接的に表現するものであった。

事実、産業単位・企業単位での労働組合結成の可能性を奪われ、経済的要求の実現の現実性を奪われ、体制内的自己表現の一切の道を鎖されているが故に、国家権力の前哨基地、人民抑圧機関であるマンモス交番に対して、直接的に攻撃を加えるという闘争形態をとる「暴動」こそが、山谷労働者のただ一つの自己表現の方法、すなわち〈人間のしるし〉なのであり、すでにそれ自体が極めて尖鋭な階級闘争であったのだ。

ここで驚ろかなければならないことは、状況の直接的反映である下層労働者の「破壊的」な実力闘争が、全学連の諸君が誇らかに語る一〇・八羽田闘争以降の戦闘的実力闘争よりも、はるか以前から、より爆発的に展開されているという事実である。しかも更に驚ろかなければならないことは、都心部においてわずか〇・八平方キロメートルを占める狭い土地に、最も労働者らしい労働者が圧倒的に結集している労働者居住地域からの人間解放の叫び、血の叫びに対して、いかなる革命的左翼も一切関知しようとせず、この血の闘いを敵権力に譲り渡していたということである。

こうした中にあって、六・一五、一七、二〇と連続して実力的に展開された一九六八年における山谷解放闘争は、単なるブルジョア支配秩序の否定――持続しない叛乱――という限界性を持ちながらも、契機さえあればいつでも爆発する、下層労働者の革命的エネルギーをはっきりと証明した。更に七・九の〝山谷解放、不当逮捕者即時釈放要求、警察権力弾劾全国総決起集会〟においては、山谷労働者自身による目的意識的大集会が玉姫公園でもたれると同時に、戦闘的デモンストレーションが山谷中ゲリラ的に展開された。

ここにおいて、これまで山谷労働者のあくなき自己解放の意志と、革命的エネルギーに対して正しく対処できず、組織化できえなかったところから、〈未組織〉であるということを〈組織できない〉という言葉にすりかえ、最もプロレタリアートらしいプロレタリアートである山谷労働者をルンペン・プロレタリアートと逆規定せざるをえなかった日共に代表されるエセ左翼の犯罪性と無定見が全くみじめな形で暴露された。（山谷労働者を組織できない?! 山谷に秩序と平和を！ などとぬかして組織できる訳がない。秩序とは奴隷状態の恒久化だ！）

こういった状況において、尖鋭・激烈に展開された夏の闘いをより具体化し、山谷労働者自らの実体的な持続しうる闘いの展開が問われていた。そこで一〇月一日、山谷自立合同労働組合（略称、山自労）が結成された。合同労働組合の性格は、地域に限定されず、いつでも、どこでも、個人単位・匿名で加盟できるという利点を持ち、正体不明であるが故に、敵権力にとっては始末におえないが、こちらにとっては活動しやすい法内組合なのである。

それは、七〇年が来ようが七〇年が終ろうが、山谷の存在そのものがすでに万年危機・万年革命的状況であるにもかかわらず、プロレタリア日本革命・プロレタリア世界革命なくして山谷解放はありえないという革命的視点に立脚し、山谷解放闘争をプロレタリア日本階級闘争・プロレタリア世界階級闘争の一環として、裏返して言えば、山谷解放闘争そのものが現在の混迷した左翼戦線の突破口となり、プロレタリア階級闘争を前進させる形態で展開しない限り、敵権力の残虐な大弾圧によって闇から闇に葬りさられるという認識に基づくものである。

山自労は、山谷労働者の当面の日常的要求を過渡的戦術スローガンとして掲げながら、来たるべき階級決戦に向けて、全山谷労働者を日常的に実戦的に訓練してゆくことのできる〈社会主義の学校〉として意義あるものであった。

山自労の活動の第一歩として、厳しい冬を迎えんとする山谷労働者の切実な要求を汲み上げるところの越年闘争があった。それは東京都に対して、福祉センター及びセンター地下のまつや食堂の自主管理、越冬資金要求を内容とする大衆的スローガンを高らかに掲げるものであった。

改良要求?!　そうだ！　山谷労働者は改良を求めている！　（だが同志諸君！　それは決して改良主義ではないのだ！）実体的基幹産業労働者でありながら、特権階級に利潤を貢ぐためにのみ存在する動物、人間以下の家畜なみにあつかわれている山谷労働者はその改良なしには、生きることも、学ぶことも、運動することも、その他一切の〈革命的くわだて〉が無駄に終るような無権利・無保障の状況に追いやられているのだ。しかも日本帝国主義にとっては、山谷労働者に改良を許すこと自体が自らの崩壊を意味しており、山谷あるいは山谷的労働者の存在こそがその存立の前提条件なのだ。したがって山谷の労働者は、ほんのささやかな日常的要求に対してすら反動勢力による弾圧を被り、血を流さなければならないのだ。

事実、山谷を存在させることによって甘い汁を吸い、ブクブクと肥えふとっている手配師、暴力団、旅館(ドヤ)組合は公然と警察権力と結託している。山谷労働者から生血をしぼりとり、山谷解放委員会という一匹の妖怪を退治するために結成されたこれらの「神聖同盟」による徹底的な愚民政策の中で、山谷労働者が日常的に決起し、活動できる精神的条件を現在的に確立する過程を通して、山自労に結集した労働者の中から、心臓と頭脳を兼ね備えた労働者を戦時共産主義的生活共同体の中に組み入れ、徹底的な相互練磨を通して、山谷解放戦線・実力行動隊を山谷内部に形成すること、これが越年闘争のねらいであった。

この山谷解放戦線・実力行動隊を中核として展開される実力的獲得闘争の過程において、山谷地区占拠・山谷自治解放区の萌芽的形態を形成すること、これである。

一国社会主義が存在しえないように、一地域コミューンも存在しえない。〈コミューンの確立・拡大〉〈コミューンとコミューンの結合〉〈コミューンからソビエトへ〉〈コミューンとソビエトの結合〉という革命的スローガンを高らかに掲げ、ブルジョアジーが支配している一切のものを、全て奪い返すために二重権力状況の基礎を各処に形成することが現在的にもっとも必要とされているのである。

一一月五日、手配師=暴力団=警察による悪らつな妨害をはねのけて勝ちとられた山谷＝三里塚連帯集会の後の山谷労働者の都庁進撃は、山谷内部における解放戦線形成の可能性をはっきりと示すものであった。このブル・マス〔ブルジョア・マスコミ〕が書きたてた「山谷労働者の都庁乱入事件」の真相は、一〇月二五日の時点で、一一月五日期限で提出された山自労の要求書に対して、無回答という回答をよこしてきた美濃部都政の側にあるのだ。

一一月二九日、一一月三〇日の両集会における山谷労働者の圧倒的結集は、革新都政・対話都政という看板を掲げながら、山谷労働者と一切対話しようとせず、あまつさえ機動隊導入というハレンチな回答をよこしてきた美濃部都政に対する痛烈な怒りから勝ちとられたものであった。

この間の闘いで山谷労働者が学んだことは次のことである。「おまえ達の願いはききいれぬ。おまえたちはそのままでいろ。おまえたちは飢えて死ね」という回答をよこしてきた「みのべ」はサンタのおじさんではなくてサタンのくそじじいであるということ、戦わずして人間の権利を獲得することはできないということ、ほんのささやかな日常的要求を掲げることすら、血を流さなければならないということである。

こういった革命的状況を迎える中で、この間山谷越年闘争を抑制し、山自労拡大にブレーキをかけてきた梶大介は、何を血迷ったか、一二月一日という決定的な時点において、まず山自労書記局員以外の労働者に対し「小遣いとして毎月五千円やる。明日は仕事に行け。稼いだ金は全部おまえ達のものだ」と買収工作をした後、突然ブルジョア論理をまるだしにし、山自労の事務所である「みんなの家」（昨年夏、寄付金により共同炊事所として出発、名義は梶大介）の所有権を主張し始め、自己の無理論を隠蔽するために「俺が山谷だ。だから俺に反対する奴は反革命だ。山谷に理屈はいらないのだ」といったことをわめきちらし、山自労書記局員五名中、四名に対して「出てゆけ！」と宣告した。

「自己批判する点は自己批判する。しかしあなたは一体何を自己批判せよ！　と言われるのか？　どうか組織的に対処して欲しい」という四名の書記局員の再三の申し入れに対して一切耳を傾けず、美濃部のように対話を拒否した梶大介に対し、山谷解放委員会を招集したが、彼は、「関係ない」という形で招集に応じようとしなかったので、解放委員会は圧倒的多数をもって、この間山谷労働者の血の闘いを裏切り、闘いの場から常に逃亡し、集会にも姿を見せず、経理も公開せず、金にならない運動とは一切関係しようとしない資本主義社会での巧妙な営利事業である「山谷解放株式会社」という看板を下げた「みんなの家」の経営者梶大介に対して除名を通告した。

山谷における梶大介の存在意義は、徹底的な弾圧体制・隔離体制の中で、食と住の拠点を用意していたというだけにつきるのであり、山谷解放のために、血を流しながら、真に闘ったのは、これまで梶大介の冷酷な利用主義・場あたり主義によって、精神に異常をきたしながら、あるいは人間不信におちいりながら山谷を去っていった幾多の若者たちであるということを、彼らの名誉回復を兼ねてここに宣言する。

梶大介の無理論、無内容、無原則のために、革命戦略あるいは運動方針をめぐる内部対立・分派闘争からの訣別ではなく、梶大介の乱脈な暴君的生活態度、非組織性からくる組織の私物化、無思想性に対する訣別であるということは、まことに恥ずかしい限りである。

兄弟諸君！ ごらんのように山谷は階級闘争のるつぼだ。山谷が資本主義社会の一切の矛盾の集約点、ふきだまりであるということは、この世で一番醜いものがここにかき集められているということを意味しているのだ。したがって山谷労働者は、この世で一番美しいものを獲得することができるのだ！ 何故なら状況を乗り越えない限り、自らを乗り越えることはできないからである。

兄弟諸君！

今や、義人党は彼らが掲げる右翼の看板がにせものでないということを証明するために合口(あいくち)をとごうとしている。

次から次へとハイエナのように送りこまれて来るCIA・内閣調査室・公安・手配師・日共等のスパイ攻撃、一二月一日という決定的局面での梶一派の裏切り等々と困難な状況にもめげず、現在、山谷内部において、山谷労働者自らの戦時共産主義的生活共同体が各処に結成されつつある。

この山谷労働者の血の闘いを絶対に孤立させてはならない。絶対に……。

自己批判と闘いの開始の意味をこめて

〈谷山・ガン

同志諸君、

我々は今、重大な転換期を迎えている。正月をめぐる冬の状況は種々な問題を我々に突きつけている。それは内的な意味に於ても、又、外的な意味に於ても。（このレジメ風の文の筆者に於ては殊に自己批判を要求されているのだが）

兎も角、現在的に解決できる問題は何であり、又、解決を残すべき問題は何であるのか？　何が本質的な問題であり、何が非本質的な問題であるのか？　大きな問題から、かゆい所まで手の届くような問題に迄、系統的に整理し、討論を展開する必要があるであろう。少くとも思考が錯然としている中でさえ、次のことは断定できるであろう。堂々めぐりは、今や質的転換を迫られていること、過渡的であれ、暫定的であれ問題が、明確な形で提出され、従って路線も又、明確な形で設定されるべきであること。まず初めに、我々の間に、綱領的な一致と言えるような全体としての意志一致が未だないとはいえ、労働者解放旅団評議会（仮にそう呼びたい）を構成するわが同志が、既存のあらゆるセクトに飽きたらず、（少くとも組合的階級闘争を乗り超える視点を持ち）現在の混迷した階級闘争の局面を打開して行こうという自立志向を持っていること、そうして只、過去における自己固有の歴史の戦闘論理をのみ、自己の闘いの原点となし、それを共同作業の中で革命論理として普遍化すること、明確な戦略・戦術に迄高め実践すること、又、そういうものを目指していること、この点を強調し、これをひとまず意志一致としたい。確認したい。

問題を整理するにあたって、まず一般的な時間を追う方法をとりたい。我々の共同行為としての経過を述べ、そこから問題点を摘出し、その飛躍的方向性を見つけ出してゆきたい。

この討論は絶対に重要である。何故なら、現在問題とされていることは日曜集会の時点に於ては問題とされなかった筈であるから、言葉をかえて言えば問題は隠されていた筈であるから、仮に問題とされていたとしても現在的時点での鋭さはなく、エピソード的に語られざるを得なかった筈であるから。その時点に於て我々が何をめざしていたのか？　何が要求され、何が欠落していたのか？　まさしくエピソード的に語られていた大衆暴力闘争やゲリラが、今やその堂々めぐりが許されなくなっている状況であり、戦略・戦術としての具体化、組織化としての具体化が問われているからである。まさしくその意味に於て〈友人〉から〈同志〉へ、我々は今ようやっと始まったばかりである。

最初から実践不可能な夢や主観的願望を行動の方針として提起することは論外として

(例えば我々がある日百人の武装部隊として登場し、全山谷労働者が革命的に決起するとかの発想様式)、どんな運動も、たった一つの行動でさえ弁証法的展開を遂げるのである。一つの行動は、その内部に矛盾を内包し、育成し、登場させる。顕在化した矛盾は次の異質な行動を準備し、やがて質的転換を迫る。矛盾があるからこそ運動があるのであり、運動のある所、必らず矛盾がある。矛盾が大きければ大きい程、運動はダイナミズムを持つのである。

従って我々は、矛盾を消極的にとらえ隠蔽しようと努めるのではなく、積極的にそれを止揚してゆかなければならない。その過程を通して初めて我々は戦士として成長し鍛えられてゆくだろう。

特殊利害集団間の調停と妥協を「団結」として錯覚する組合主義者は、国家権力との対決という組合的階級闘争の限界——根本的矛盾——に直面するやいなや、それが組合的闘争にとっては非日常であるが故に、右往左往し、再び元の日常闘争へするりと逃げ込むだろう。本質的矛盾をできるだけ隠蔽することに努め、政権交代などでお茶をにごす、既存の利益的「団結」を守るために。

六・一七のセンター〔城北労働福祉センター〕状況、一一・一のパレスの状況は、まさしく、この組合の根本的矛盾を止揚する方向、組合的闘争組織ではなく、異質の闘争組織——初めから叛乱を追求し、叛乱を権力にまで高める組織——を日常的に準備することを突きつけている。一時的に視るのではなく射程距離を以って視れば必らずそうなる。まさしく必要は発明の母であり、矛盾は発展の父である。我々は今、少くとも組合的階級闘争を乗り超える所の視点から運動を展開しようとしている。それがたとえ漠然としたものであろうとも、ゲリラ、テロ、大衆暴力闘争という形で語られる我々の、各々志向性がはっきりと証明している。今や問題は、我々のこの間の経過、殊に正月をめぐる内的・外的な状況下における、我々の「みすぼらしい」具体的実践を通して、我々の志向性が具体的内容を付与されること、これが鋭さと真剣さとを持って身に突き刺さってきはじめたのである。この目的意識性は、過去六〇年安保闘争からの「山谷暴動」を背景とする運動の中で新しく生み出された潮流であり、歴史的な存在根拠を持っているのである。

過去の山谷に於ける暴動がその自然発生性の故に、初期に於ては、陳情屋共によってマスコミに媚を売る道具にされたこと、運動の代弁者は「文化人」であった。

第二期に於ては、暴動が右翼組合主義者共によって都庁に対する圧力闘争にすりかえられてしまったこと。つまり山谷にアメ玉をくれないから暴動が起きるのだと。

第三期に於ては左翼組合主義者共によって、餌をくれなければ暴動を起すぞ、というブルジョアジーに血の闘争を商品として売りつける手段としておとし込められたのである。

この文の筆者が自己批判しなければならぬ点はまさしくこの点にある。暴動が現存秩序に対する反逆であること、居住区に於ける闘争形態として下層労働者の現状打破への革命的エネルギーの発散であることを理解せず、辛棒強く努力することを放棄し、全体の解党主義的傾向に押し流され、組織を再編し、山谷叛乱－山谷権力構築へ向ける戦略・戦術を展開する方向性を見出しえず、一ぺんの詩でお茶をにごしたことである。

山谷の現在の組合運動は明らかにこの第三期の延長であり、彼らの提起する実力闘争とは、よしんばセンターあるいはパレス周辺地区における小暴動をひき起したとしても、暴動の自然発生性の故にブルジョアジーとの取引の道具に使用するだけである。しかしながらこの第三期の運動は内部に二つのことを準備しつつある。一つは自らが過去の遺物として追放されること、そしてもう一つは第四期の運動の登場である。

我々は今や山谷地区における戦略的環を〈山谷叛乱〉→〈山谷権力〉としなければならない。叛乱を拡大・深化し、権力として構築し、自らを権力として宣言すること、この方向性を追求しなければならない。真の党派闘争とは、我々の権力構築運動の過程で、あくまでも、暴動をその自然発生性の故にブルジョアジーとの取引に使用しようとする他の潮流を粉砕する力量でなければならない。それは我々の権力構築運動の闘争実践、組織実践の過程で培われるのである。

だが一国社会主義が存在しえないように、一地域コンミューン権力も存在しえない。これは等しく釜ヶ崎にも言えることである。そこで初めて戦線の拡大と同時平行的に、他の戦線との関係、統一戦線戦術が問題となるのである。

①出会いの時期

②トビ職的結合と日曜集会(サロン)

③〈流民の旗〉発行と分化

(イ)アジト建設　(ロ)茶店建設

④正月をめぐる状況と混乱

(イ)十二月三十〜三十一日、アオカン〔野宿〕、一月四〜六日のセンター　(ロ)茶店の学習会　(ハ)アジトの学習会

全ての精神「異常」者ならびに「犯罪」者は、S闘争支援共闘会議に結集せよ！

精神「異常」者の皆さん！
精神「正常」者の皆さん！
われわれは以下の観点に基づきS闘争支援共闘会議に結集されることを呼びかけます。

*

(一) はじめに

(イ) ところでS闘争とは何か？ そしてまた、それを支援し、共闘することとは何か？

(ロ) この闘争が当面、暴露闘争、思想闘争の性格をもたざるをえない必然性から、以下資本主義制度によって貼られたレッテル、あるいは用語の中でこの闘争に重要な意味を付与されていると判断された言葉を「カッコ」でくくることにする。

(ハ)　Sという符号を用いるのは、個別Sを包み込む任意のSのことであり、個別Sの背後に横たわる階級矛盾・階級抑圧の情況下で苦悶する山谷・釜ヶ崎に代表される流動的下層労働者を示すためである。それは、永山則夫であり、若松善紀であり、金嬉老（キムヒロ）であり、李珍宇（イジヌ）であり、富村順一であり、むしろこれらの「有名人」というよりも、同じ背景の中で苦悶する、もっと無数の抑圧され虐げられた無告の人々のことである。

(二)　個別S固有の抑圧と闘いの歴史

(イ)　まずはじめに任意のSの情況をえぐり出す前に、個別S固有の自己史をひもとくことから始めたい。

(ロ)　もちろんそれは、この文の筆者が固有の意図をもって幼年期・少年期・青年期にわたる個別Sの自己史を特徴的に記述するのであるが。また、それは、この文の筆者によってみられた個別Sなのであるが。

*

(イ)　個別Sは昭和一七年呉市で生まれた（以下、個別Sを単にSとする）。「父」は中国大陸を中心としてアジア各地において、第二次帝国主義世界反革命戦争に参加・加担させられた。小学一年生の時、カリエスで「父」病死。「家」は売り払われ、「母」は

「愛」の遍歴に旅立ち、そのたびに兄弟・姉妹は増えたり減ったりした。Sは幼少の時から現在に至るまで、自己の胃袋を自身でひき受けなければならなかった。

(ロ) 中学卒業後、呉造船に就職。定時制三津田高校に通う。一六歳、呉市の長尾精神病院にぶちこまれる。「人々のいがみ合い、呪い合い、憎しみ合う関係が生ずるのは『愛』と『誠実』が欠如しているからである。『愛』と『誠実』を実践せよ！　この考えを同僚他みんなに説いてまわったが、お前少しおかしいのではないか、精神鑑定を受けてみろ、と言われ、いや僕は少しもおかしくはない、どこにでも行こうじゃないか、というわけで精神病院へ行った。注射を打たれ、気がついてみると真暗な独房の中であった。出してくれ、と暴れ回ると『看護』人が多数やってきて、殴られ、けつられ、さんざんな目にあった。脱走を企てるたびにリンチ・拷問を受けた。退院後すぐに交番に駆け込み、院内における拷問の実態を話して、院長を逮捕するよう訴えた。パトカーで意気揚々と病院へ乗り込んだところ、再びぶち込まれた」

当時のノートには、長尾院長は僕を救ってくれるサンタのおじさんではなくサタンのおじさんであった、と記されてある。

(ハ) 時期は不明だが、全日制に対してひどいコンプレックスに陥り、〔全日制に〕移行する。おそらく大学入試のためと思われる。何だ大したことはない、と後悔する。

＊

（イ）　昭和三八年、広島大政経学部に入学。広島学生会館に起居（一九七〇年一一月、強制執行によるとりつぶしにあう）。世界連邦運動に取り組む。その後民青に入るが、宮本派と中国派の分裂の際、中国派にただ一人位置する。その後、革命的ヒューマニスト同盟結成。当時、革マルと中核〔派〕の陰惨なリンチ事件があい次ぐ。

（ロ）　学生会館時代のエピソードとして「私に関するアンケート」という数項目の質問事項を全館生に配布する。その一つに、私は人類の偉大な指導者になろうと日夜努力している、したがって全世界の女の「愛」を一身に受けたい、ところが一人の「女」の愛さえ獲得できない、というのがある。

《註》　Sは決して冗談を言わぬ人であり、また言えぬ人である。酒も飲まず、煙草も吸わず、ひたすら日雇仕事で稼いだ金を食物と本に注ぎ込んだ。Sの内面はSにとっては真剣であるが、周りの友人には、Sの行為・情況はいつも喜劇として映る。

＊

（イ）　一九六八年六月三〇日、中核〔派〕の呼びかけから三里塚カンパニア集会に参加。帰途、友人の誘惑に応じ、他六名と共に山谷へ行く。六月「暴動」のカンパ活動をやり、家宅捜索に出くわし、七月九日、「不当逮捕粉砕、逮捕者即時釈放、警察権力弾劾」を旗印に合法集会・デモを広島グループが中心となって組織する。解散地点の玉姫公園において制服警官が介入したことから「暴動」へ発展。

(ロ)　梶派の活動家の保釈による出所後、広島グループは疎外され、一たん広島へ帰る。革ヒュー同かプロ解同か、の論争を経て、プロレタリア解放同盟を結成。再度上京。山谷解放委員会に介入。一〇月一日、山谷自立合同労組結成(一九六九年六月、全都統一労働組合山谷支部と改称)。一二月一日、越冬闘争をめぐって梶派と分裂。一九六九年七月まで山谷の大衆運動の主軸となる。

(ハ)　六九年八月、路線上の混迷からプロ解同崩壊。「僕はこんなに頑張っているのに、何故みんなはついて来ないのだろう」とS嘆息。後に「締めつけが厳しすぎた。『愛』が欠如していた」と総括し、「愛」の革命哲学へ発展。すなわち、マルクス主義は憎悪の哲学であり、それを止揚しうるのは「愛」の哲学である、と。

*

(イ)　七〇年一月、東京、足立精神病院へぶちこまれる。「この電車は『恋』しいS子(広島学生会館時代)のところへつながっているのだ。懐かしいS子よ、と思わず抱きしめようとした時、四谷駅の職員が邪魔するので、お前たちに俺の気持がわかるか、と頭にきてぶん殴った。電車が乗せてくれないのなら歩いてでもS子のところへ行こうというわけで、線路上を意気揚々と歩いていると、四谷署のポリ公にパクられ、精神病院へぶち込まれ、電気ショック等の拷問を受けた」

《註1》 六九年一二月、プロ解同時代の仲間を軸に、銀座で忘年会を開き「復縁」を迫ったが冷たく拒絶される。Sとしては「俺はこんなにも心広くみんなを『愛』そうとしているのに何故応えてくれないのか?」という気持であったろう。それ故Sの「愛」を決して裏切りようのないS子を懐しく想い出したのであろう。

《註2》 Sの組織論は桃太郎組織論であり、一つキビ団子を下さいな、とはじめに「最弱者」キジがやって来て、次に猿と犬がやって来る。いかに桃太郎が気は優しくて力持ちでも、キビ団子がなければ組織できないのである。この家父長的なヤクザの組織論は至るところに存在している。キビ団子はアメ玉でもよいし、また、宗教的な理念でもよい。天皇制運命共同体、山口組運命共同体、創価学会、革マル宗派理念共同体、太田竜の世界ソビエト社会主義共和国等々。

確かに人民は英雄の登場を待ち望んでいる。しかし英雄は人民の困窮の情況から、闘いを通して登場するのである。マルクス主義とは一人の英雄の観念的思惟によってつくりだされたのではなく、時代がマルクス主義という英雄の思想を生みだしたのである。闘いもまた〈あるべきところ〉の情況・関係から始まるのではなく、〈現にあるところ〉の情況・関係から始まる。まさしく下層労働者の闘いの武器とは〈現にあるところ〉の具体的抑圧・屈辱の情況であり、分断支配による同士打ちの人間不信の情況なのである。飢えているが故に食物を求めるのであり、抑圧されているが故に解放を願うのである。したがってわれわれはキジが「最弱者」であるという発想にまず反対する。次に精神「異常」者が革命の主力部隊にならないという発想に反対する。

(ロ)　七〇年八月二三日、山谷において、同居中の友人をカツアゲした田口某を「不法監禁・暴行・傷害」したという容疑で指名手配される。

(ハ)　西成地区にひそむ。その間高橋和巳を読む。挫折感のドロドロした心情に嫌気がさす。Sの肉体は健康である。七一年八月二三日、同じく挫折した(?)西成地区の活動家N子と「結婚」する。二九年間「守」り続けてきた「童貞」をついに「捨」てる。「狂人」問題、「部落民」問題、「朝鮮人」問題に取り組み、「解放」運動を展開しようとする。一時は「愛」の生活によって救われたかにみえたが、N子との関係を通して観念と現実とのギャップから破綻を開始する。

《註1》　妄想・夢とは現にあるところの抑圧の状況が生みだした意識・観念である。肥大化し、自己運動を始めた妄想は、いつまでも妄想の中に閉じ籠ろうとするか、またはいつまでも天上から地上を裁き続けようとする。「こうあるべき筈であるのに、そうではない」と。

《註2》制度の牢獄として人民の前に二つの牢獄が用意されている。一つは「天獄」という天上の牢獄であり、もう一つは「地獄」という地上の牢獄である。

《註3》いつの時代も観念は傷ついたことはなかった。言葉をかえれば、観念は傷ついたことさえ知らなかった。そうして観念の身がわりに傷ついたのは肉体であった。自殺・麻薬・アル中等々の廃人化運動。肉体を救え。

(ニ)

七二年一月一六日、N子を殴り、友人を殴る。翌日、大阪港の本船作業中インドネシア船員とケンカになり、水上署にパクられ、二〇日、陽和病院(東京)にぶちこまれる。Sは個別的「発狂」によって、夫婦関係・友人関係を変革しようとした。本当は相互に抑圧者として登場する制度をぶん殴ろうとしたに違いない。

*

幼年期Sは「家族」を解体された。兄弟・姉妹たちは食卓を飾るために、めいめいがめいめいのくいぶちを稼いだ。稼げないものは負い目を感じた。

幼年期Sはいつも「母」の側に居たかった。優しく「保護」して貰いたかった。だが「母」と呼ばれる女はさしのべられた子供の手をじゃけんに払い、男に会いに行った。

少年期Sは貧民の同士打ちの情況を、「愛」と「誠実」のイデーによって解決をはかった。

青年期Sはヒューマニズムの理念でもって世界を変革しようとした。

そうして今、Sは観念の世界に革命政府を樹立し、闘わずして勝利した。その革命政府の内実たるやまるでノアの方舟に似ている。何故なら神によって許された者以外乗ることができないのだから。神?! ひょっとするとそれは悪魔のことではないだろうか?

したがって今Sは、われわれに対して、S固有の革命政府に忠誠を誓うことを要求している。

(三) 「家族」「女」「財産」

(イ) 資本主義国家の歴史的特質は経済的下部構造から上部構造への分離という点にある。生産過程が資本の生産過程にすり変り、生産過程における搾取と被搾取という階級支配の基本的構造が商品経済過程でおおわれ、階級支配が直接目に入らぬようにできている。

労働者は痛みを訴えるが、首を締めている元兇がぼんやりしてはっきりわからない。資本主義国家は商品経済秩序(普通「市民」秩序と呼ばれている)を維持することによって自動的に生産過程における搾取を貫徹することができるという、世界史上もっとも巧妙な階級国家なのである。「市民社会」と称される商品経済社会においては、資本家も労働者も法の前に「対等」な商品売買者として立ち現われ、階級関係が没階級的に

「持てる者」と「持たざる者」、「富める者」と「貧しい者」として現象する。ブルジョア・イデオロギーとはブルジョアのみが独占する思想ではなく、プロレタリアートをも含み込む普遍的なイデオロギーであり、それは、商品売買者意識・交換価値意識のことに他ならない。資本主義国家はそれ故「市民」秩序を維持するためにブルジョアジーもプロレタリアートも「平等」に規制する法治国家の形態をとっているのである。

「金をかけないきれいな選挙を！」とか、「法が富者に有利に、貧者には不利にできている。是正せよ！」云々の小ブル民主主義者の批判は、制度を「正常」化しようとする秩序の補完物であり、苦悶する労働者に対して制度内変革の幻想を与えようとする、まさしくブルジョア・イデオロギー以外の何物でもない。

(ロ)　プロレタリアートの階級支配に対する抗議・異議申し立てが、(イ)で述べたように「持たざる者」の「持てる者」に対する嫉妬あるいは羨望として現象するが故に、制度はある程度それらを実現できるような形式を通して欲求不満を包摂し、「市民」秩序を維持する。①一人一票の議会制民主主義の形式でもって政治に参加した気分にさせる(効果は次第に薄くなっている)。②総評等の労働組合運動。③自社の株を買わせ、資本家の気分にさせる。④月賦等の種々の便宜をはかり、車、電気製品、マイホーム建設等を通して文化生活の気分を味わわせる。

そのためにも、救世軍等の運動の対象である「不幸」な人々の存在が必要とされているのである。その他、資本家秩序にくくりつけ、資本の自己増殖にもかなう一挙両得作戦をいろいろと工夫しているのである。

《註》　資本家とは資本の人格的表現にすぎない。人間の手から独立し、一人歩きしている資本こそ真の敵であり、革命とはブルジョア的生産諸関係を変革すること、その前段階として政治的上部構造、政治権力の奪取が問われているのである。革命は資本の奴隷たる資本家をも解放する。

＊

（イ）　しかしながら、山谷・釜ヶ崎に代表される流動的下層労働者は、かかる幻想の形式さえ制度から与えられていない。正しく言い直せば、制度はかかる形式を与えることができないのである。何故なら、日本資本主義は大都市の一部に、資本の要請によって売られ売られ歩く「自由」な賃金奴隷を総体としてプールしておくことによって発展してきたのであり、「市民社会」の秩序とは、まさしく、これらの下層労働者を搾取し、収奪しぬくことによって保証されているのである。嘘ではない！　山谷・釜ヶ崎は姿を変え、形を変えて全国至るところに存在している。したがって制度がこれらの下層労働者の居住区に対し、資本家秩序にくくりつけるための幻想の形式を与えることができないという事実から、そこには「市民社会」における隠蔽された支配と被支配の関係のかわりにむき出しの支配と被支配の関係が、「道徳」と「倫理」の間接支配のかわりに警察権力と右翼暴力団による暴力的直接支配が存在していることを意味する。

(ロ)　山谷・釜ヶ崎に代表される流動的下層労働者密集居住区もまた商品経済社会、交換価値の世界であることに変わりない。朝には雇われ、夕には首を切られる。一日のデズラ〔日当〕から何がしかの小銭を出し、ドヤ銭〔簡易宿泊所の宿泊料〕を払い、外食を強制されている。しかし「市民社会」ならぬ「市民社会」として隔離されている。

まさしくブルジョア・イデオロギーがプロレタリアートをも包み込む支配的イデオロギーであるが故に、そのブルジョア意識の消極的表現として「市民社会」から転落・脱落しているという絶望感、さらには「市民社会」に対する怒り、怨念もまたすさまじいのである。第一に「家族」を解体されている。第二に「女」を所有していない。第三に「財産」を所有していない。何故なら「市民社会」の「市民」とは、現にあるいは可能性として、それらを兼ね備えている者として意識されているのだから。

したがって制度は、現状維持でなく、現状打破しかない下層労働者を資本家秩序にくくりつける対策として、①日常的暴力支配の貫徹と治安強化、②愚民・廃人化政策(酒、ギャンブル他、自己の抑圧された情況を対象化しうる武器としての言葉のかわりにエログロナンセンス文化を与える)、③都営住宅、貯蓄等の「市民社会」への復帰宣伝、等々に日夜頭を悩ましているのであり、もっとも悩んでいることは「暴動」である。したがって「暴動」を起こしても何にもならないと言う連中はわれわれの敵である。

ごこへぶちこまれようとも、この世が制度の牢獄であることに変わりはない。違いは比較的住み心地が良いかどうかに過ぎない。

＊

(イ)　制度は「家族」を通して、就職等の制度上の種々の便宜をはかり、資本家秩序にくくりつけようとする。資本家秩序に叛く者に対して、その内実はともかく、暖かい団欒が、朝の暖かい味噌汁とご飯とが、どんなに大切な「オアシス」であったかをおもい知らせようとする。しかしその反面、制度はある階級に対して「家族」を解体させることに拍車をかける。

(ロ)　資本主義は農村の地縁共同体的性格を解体し、農民を大都市に駆り立てる。「父」という男は低価な労働力商品として都市に登場させられ、「母」という女は労働力商品再生産のための保育器の役割を与えられる。「父」は愛しい者たちと別離しなければ共に生きることができない。「愛」と「誠実」は金という表現形式を通して実現されるのである。「父」たちが大都会の孤立感と疎外感に苛まれ、ネオンの街とギャンブルに手を出した途端、「家族」はいとも簡単に解体されるのである。

(ハ)　下層の貧困家庭における暴力性をおびた日常的な内ゲバ情況は、制度が「父」や「母」を、また子供をも含めて、相互に抑圧者として登場させている有様をよく示している。

酒乱の「父」は「母」を殴り、「母」は子を殴る。これらの暴力性は現状打破への自然発生的表現である。「遊びに行けない、テレビさえ満足に見れない」、たったこれだけの理由から子を絞め殺す「母」という女は、テレビの場面の向うにある制度が与えた「オアシス」の幻想に恋いこがれ、いつまでも居座り続けたかったにもかかわらず、子供の泣き声によって現実の困窮の生活にひき戻され、現状打破を企てた。つまり困窮の生活そのものを粉砕しようとした。だからこそ制度は「狂気」のレッテルを貼るのである。彼女はきっと制度を締め殺そうとしたに違いない。これが子を締め殺すに至った本当の理由である。タテマエと本音が分裂している階級社会では、常に理由は隠されているのである。

一般的に新興宗教は貧困家庭ではびこる。これは心の持ち方によって、「愛」と「誠実」によって、内ゲバ情況として現われた現状打破への「狂気」を武装解除しようとする、制度の陰謀である。

(ニ) 山谷・釜ヶ崎に代表される下層労働者の居住区においては、「市民社会」から転落・脱落しているという意識から、また、ブルジョア的特殊利害集団である「家族」が、「困った時は面倒みあう、助けあう」共同体的関係として意識されているが故に、大量の「愛情乞食」群として現象しているのである。

＊

(イ)　男と女の共時的関係は、社会的関係の変化によって通時的であり、その在り方もまた、異なった様相を呈するのである。ブルジョア的生産諸関係に規定されることによって、資本の論理は貫徹され、いかなる男と女の関係も商品の流通的性格から免れることはできない。しかし、男も女も決して商品ではない。したがって、それ故に、矛盾は激化しているのである。

(ロ)　交換価値の世界でまず第一に女は、その商品的性格から自己の商品価値を評価し、高価に買いとってくれるところへ流れようとする。したがって購買能力のあるブルジョアジーは、多数の女を独占し、高級ナイトクラブ、キークラブ等に恒常的にプールする。

(ハ)　第二は、「市民社会」の「結婚」に代表される、同程度の商品価値を有する男と女のブルジョア契約関係による結合であり、これは「見合い結婚」であろうが「恋愛」による「結婚」であろうが、その商品経済的性格は何ら変わりない。前者は「財産」と「家柄」がつり合っている云々の、他人まかせの商品選択であり、後者は自分自身で選択するのである。

いずれにしても風雨から逃れるために、与えられた巣箱に入れられたツガイのじゅうしまつに似ている。

(ニ)　第三は、①山谷・釜ヶ崎に代表される流動的下層労働者は、トルコ風呂・街娼等の下層の「娼婦」さえも満足に「共有」していないことであり、強制的にホモ的情況におかれていることである。②文字通り、これら性的機能としてのみ商品価値を有する下層の「娼婦」もまた、たとえば、銀座↓新宿↓浅草↓山谷の底辺運動を展開してきたのであり、彼女たちの「市民社会」からの転落意識もまたすさまじいのである。男によっておもちゃにされた憎悪が下層の男に対する嫌悪となって現われる。「汚ならしい土方に抱かれるのではなく、紳士に抱かれたい」と。③下層の男の女に対する不信もまたすさまじいのである。たとえ「結婚」したとしても、女はすでに「共同便所」にさせられた存在であり、抑圧され幽閉された情況から逃れようとし、一時的に困窮の生活から連れ出してくれる男への幻想の反復から、性こりもなく下層の男の間をぐるぐると回るであろう。下層の男は呪うであろう。購買能力のある「市民社会」の男が「処女」を奪い取るので、俺らのところには奴らのお古しかやってこない。④女を所有している男と女を所有していない男の内ゲバ情況もまたすさまじいのである。前者は「俺の女に手を出す奴はぶっ殺すぞ！」後者は「なぁ俺たちゃ仲間じゃないか？　楽しみを一人占めせずに、俺にも少し貸せよ！」かくして下層の世界では「愛」と「家族」はいつも危機にひんしているのである。女がいないというばかりでなく、生活の重圧からも追いまくられて。⑤所有意識があるから所有と被所有の関係が生じるのではなく、資本主義制度がすでにいかなる男と女の関係をも所有と被所有の関係に包み込んでいるのであり、またそれを前提としているのである。男が商品を買う側であり、女がそれを売る側として。

＊

女性解放運動について――

(イ)　女の男に対する憎悪の背景は第一に、男のみが資本によって高価な労働力商品として評価され、制度の恩恵を一身に受け「自由」を享受している。したがって制度に二重写しされ立ち現われた男に対し、自己の商品価値を高く評価させる。第二は、男を通して制度の恩恵のおすそ分けにあずかるという関係に規定され、いわゆる「玉のこし」に乗れなかったというやつで、ぐうたら亭主のために他の同性が受けている恩恵にあずかることができないという嘆きである。前者は小ブルの「知的」女に現われ、後者は下層の「無知」な女に現われる。前者に特有なことは所有される存在から所有する存在に移行したい、つまり売る側から買う側に移行したいという欲望である。後者に特有なことは、次のよりよい買い手をみつけようと努力することである。

(ロ)　資本主義とは元々、性を捨象する世界であり、資本の自己増殖に役立つ人間のみが価値ある人間であり、それは男であろうが女であろうがちっとも構わないのである。したがって資本が女の性を問題にするのは、資本の自己増殖のために、女の性に難癖をつけ低価な労働力商品として封じ込めるためである。肉体労働における肉体的構造の差異はさて措くことにして、それが可能であったのは初期資本主義における封建遺制の「男尊・女卑」の神通力が通用した時代であり、資本主義の爛熟・深化の過程で、女の叛逆を秩序に包摂するために、また資本の自己増殖のために性を捨象するという資本の性格の故に、高価な労働力商品としての女のみを資本の高級官僚に据えるだろう。

そうしてただ、資本が女の性を問題にするのは、労働力商品再生産のための保育器としての女の性である。資本はその商品価値を買いとるのである。母子健康手帳・母子寮などを用意して。

男と女は決して対等ではない。男と女は異質なのである。しかし資本にとっては労働力商品として有能かどうかが問題なのであり、性を捨象する資本の性格の故に、ここから生ずる運動は同化運動しかないであろう。

《註》今や女は、男の独占物であった「自由」をホストクラブで味わえるし、国会議員にも、東京都の民生局長にもなれるし、運転免許もとれるし、監視されずに煙草を喫えるようになった。もっとも「それで『自由』になれたのかい、そりゃよかったね」というフォークソングがあるけれども。

(ハ)　セックスが巨大に肥大化し、セックスによる逆支配の情況、この、セックスが自己目的化された情況は、階級矛盾・階級抑圧がセックスに集中し、しわ寄せされていることを示している。制度と闘うことを放棄し、抑圧され幽閉された情況から逃れようとする行為（フリーセックス、よろめき、サド、マゾ、夫婦交換、ベッドイン運動）はアメリカ帝国主義の陰謀である。関係が不毛なのであるからセックスも不毛なのであり、性の解放とは男と女の個別的関係の背後に横たわる社会的関係の総体を変革することでなければならない。子をも含めて男と女が相互に抑圧者として登場させられている情況、われわれのスローガンはこの不毛な関係から、闇から闇に葬り去られた子供たち、福祉もされず産み棄てられた子供たちの情況をひき受けること、子供解放でなければならない。解放とは観念的妄想ではなく具体的抑圧からの解放である。子供を何から解放しようというのか？　それは男と女の内ゲバ情況からだ。何故なら、その情況下において最大の被害を被っているのは子供だからである。男と女の内ゲバを外ゲバへ転化せよ！　子供を救え！

(四)「狂気」とは何か？

(イ)　以上われわれは個別のSをめぐる任意のSの情況について、山谷・釜ヶ崎に代表される流動的下層労働者密集居住区と、没階級概念であり秩序の象徴である「市民社会」とを対比することによってみてきたのだが、まさしくそれが隔離された世界であるが故に、いみじくも個別Sが陽和病院の「保護」室で、ここは核エネルギーの貯蔵庫だと指摘したように、「狂気」が〝出口なし〟の情況で内ゲバとして現象し、ブスブスとくすぶっていることを確認しなければならない。白人社会に対する黒人ゲットーの情況を念頭におきながら。

(ロ)　まずわれわれは「狂気」の行方を定める前に、「市民社会」において、抑圧を抑圧とも感じず喜んで支配され、支配されることに協力している人々に精神異常者の称号を贈りたい。たとえ制度が秩序の共犯者として精神「正常」者の称号をすでに贈っていようとも、われわれはわれわれの観点から贈呈するのである。

そうして、頭は知識に飢え、胃袋は食物に飢え、生殖器は「愛」に飢え、この三大飢餓という「平和」にもはや耐えられず、酒をあびる程飲み、日常的に仲間内でケンカしている個別Sをも包み込む無数のSこそ精神正常者であることを宣言したい。

《註1》　一九六八年八月二三日、SNCC〔学生非暴力調整委員会〕のドナルド・P・ストーンは山谷地区に流動する下層労働者を前に次のように語った。「私は山谷に来てアメリカの黒人街を見た。貴方がた山谷労働者もアメリカの黒人街に来れば、そこに無数の〝山谷〟を発見するでしょう」「秩序の名において、われわれのことを黒い暴徒と呼び、汚ならしい醜悪なものとして忌み嫌う者たちよ！目を上げて見るがいい。お前たちが守るべき秩序とは……」

《註2》　封建時代、百姓一揆に対する残酷な処刑の一つは、妻・老人・子を処刑の共犯者にしたてあげることであった。支配者はまず初めに、妻・老人・子に刃を突きつけることによって首謀者に穴を掘らせ、完成した途端、穴の中へ突き落し、次には妻、老人、子に対して相互に刃を突きつけ穴を埋めさせ、さらにはその上を踏ませたのである。ここからおそらく自分の墓穴を掘るという諺が生まれたのであろう。しかし、完成された巧妙な支配社会、資本主義制度においては、精神異常者の皆さんは自身の「狂気」を押し殺し、秩序の共犯者にしたてあげられていることにさえ気付かない。

＊

(イ)　われわれは(三)で山谷・釜ヶ崎地区を流動する下層労働者の情況が暴力性を伴った日常的内ゲバ情況であることをみた。この資本家秩序に対する現状打破への自然発生的暴力性を即時的「狂気」と定めることにする。制度によって貼られたレッテルを武器として用いる。

《註1》精神「異常」と「狂気」の関係は、前者が秩序の抑圧に耐えきれず、制度を拒絶するために自己の観念に自閉する静的情況を含むのに対し、後者は暴力性という外に向わざるをえない現状打破への動的側面を重視し抽出しているのである。

《註2》山谷地区を流動する下層労働者、富村順一が東京タワーに登って包丁をふりかざした行為に対して、制度は「狂気」のレッテルを貼るが、われわれは山口二矢（おとや）や三島由紀夫の右の現状打破の暴力性を狂気と呼ぶのである。「カッコ」によって区別を読みとれ。

《註3》制度は下層労働者の内ゲバ情況、即時的「狂気」の段階では安泰であり、ごちらかというと恐怖を感じず侮辱しているのである。支配の鉄則は、分割して支配せよ！　同士打ちさせよ！　であるから。

(ロ)　この即時的「狂気」は二つの契機を内包している。一つは、下層労働者の「市民社会」から転落・脱落しているという意識から、逆に下層労働者を支配しようとする右へ流れ出ようとする狂気である。もう一つは「市民社会」に対する怒り・怨念から「暴動」等の左へ流れ出ようとする「狂気」である。即時的「狂気」は右か左かに流れ出ようとするのであって、中間には流れ出ようとしない。何故なら、「狂気」とは、それが自然発生的であろうとあるまいと、現存秩序に叛逆する企てなのだから。

《註1》　日本列島の全体としての階級闘争が社共を代表とする「市民社会」における秩序の階級闘争であり、この情況を反映して、「狂気」は山口組に代表される右翼暴力団に流れている。

山口組三代目は神戸港を支配するにあたって、全港湾神戸労組が一次下請のアンコに依拠していたのに対し、二次下請のアンコに依拠し、その対立を利用し、即時的「狂気」を山口組のカイライ組合・神港労連に組織したのである。三代目は公然と宣言する。「解散せえ、解散せえ言うても、貧困家庭の親をも嘆かせる極道を誰が面倒見るんか？」つまり下層の「狂気」を誰が包摂するのかと制度に突きつけ、秩序の補完物、制度の非合法部隊としてのお墨付を要求したのである。

《註2》 中国革命において、初期の段階では下層農民の現状打破への「狂気」が解放軍に吸収されず、圧倒的に国民党軍に吸収されていた事実を想い起せば、今こそ太田竜を筆頭とする口先の第三世界に依拠する建軍派ではなく、実践の建軍派の登場が問われているのである。「天獄」の四人・太田竜はすでに世界ソビエト社会主義共和国を樹立し、われわれに対して五百年でも六百年でも、抑圧と闘うこともなく、敵を待ち伏せよ、と勧めている。妄想によって世界をあれこれつくりかえようとし、イメージをつくりあげただけで闘わずして勝利するこれらの幸福な思想性に対して、われわれは自己を明確に区別しなければならない。

《註3》「狂気」とは現状打破への暴力性であり、「発狂」とは現状打破への暴力行動である。現存秩序の下で、敗北した「発狂」は精神病院か刑務所のいずれかに隔離される。われわれの観点は右の現状打破に対して発狂と呼ぶのであって、右の集団発狂の端的な例として、ナチズム、ソンミ村虐殺、天皇制一億総発狂等を紹介する。つい先日、グアム島から天皇制一億総発狂の亡霊が帰って来たが、制度は面子にかけてもこの右の現状打破の狂気を精神病院には隔離しないであろう。当面はもっと巧妙に隔離するであろう。

(ハ) 左へ流れ出ようとする「狂気」はさらに二つの契機を内部にはらんでいる。一つは個別的「発狂」であり、もう一つは集団「発狂」である。前者は大衆不信・孤立感からくるテロ的速決戦であり、後者は蜂起の持久戦である。われわれの視点は、この個別的「発狂」を集団「発狂」に転化、吸収することである。

(ニ) マルクス主義とは論理化された「狂気」であり、毛沢東、グエン・ザップ、ゲバラは「狂気」を勝利に導くための軍事である。

左の集団「発狂」の勝利的前進を通して、即時的「狂気」は対自的「狂気」へと発展するであろう。

われわれは意識革命論者ではない。人間革命は他の創価学会的党派に任せることにしよう。われわれの視点は、叛乱を組織する、叛乱が叛乱を組織するという観点であり、下層労働者の現状打破への「狂気」を総体として、まさしく「暴動」として組織する観点でなければならない。何故なら(三)で展開したように、頭は革命戦争、肉体は「市民」運動という部分とは異なり、頭は部分的改良要求、肉体は資本家秩序に対する全面的対立というのが、下層労働者の闘争形態だからである。

この矛盾の複合体、右へ左へ揺れ動く「狂気」こそ、それ故に闘いのダイナミズムを生み出すのである。革命を決してロマンチックに考えてはならない。まさしく革命とは、左の集団「発狂」と右の集団発狂との激突であり、その情況をいきいきと闘い抜く主体は「天獄」の四人ではなく、日常的に秩序の「地獄」に苦悶する下層労働者である。

＊

（イ）　隔離され、閉鎖された労働者居住区において、内ゲバ情況として現象する閉じ込められた「狂気」が外ゲバへ止揚された闘いは、現場闘争と「暴動」である。われわれはこの二つから徹底的に学び、根拠地運動として内実化し、拡大・深化してゆかなければならない。

まさしくこの下層労働者の「狂気」こそが「市民社会」を解体し、資本家秩序の共犯者にしたてあげられた「市民」の眠れる「狂気」をもひきずり込むであろう。この居住区における「暴動」は、生産と生活に足場を持たない中核〔派〕の渋谷「暴動」とは根本的に異なっているのであり、われわれは、この下層労働者の居住区における「暴動」を孤立させ、圧殺することに手を貸し、ブル・マスと合体した共犯者どもを徹底的にあばき出し、彼らもまた「狂気」のうずにひきずり込むであろう。

（ロ）　暴動は下層労働者の「狂気」が右へ流れ出ようとする側面を含むその自然発生性の故に、①初期においては、釜ヶ崎は「裸の会」、山谷は「山谷文化を守る会」に代表される文化人が処理した。六〇年安保闘争後の「昭和元禄」下の「市民社会」の秩序強化のために山谷・釜ヶ崎の悲惨と貧困を宣伝した。「こんなにも『不幸』な人々がいるのに、貴方がたのみが『幸福』で良いのか？」と。「市民」に資本家秩序の「幸福」をしみじみ嚙みしめさせるために。②第二期は右翼組合主義者が処理した。釜ヶ崎に「アメ玉をくれないので『暴動』が起きるのだ」と、陳情に利用した。③第三期は左翼組合主義者が「アメ玉をくれなければ『暴動』を起すぞ」と、圧力闘争にすりかえた。

そして現在の山谷・釜ヶ崎の情況は、この第三期の運動の延長であり、長い眼でみればこれは次の二つを内部に準備しつつある。一つは自らが過去の遺物として追放されること、もう一つは次の新しい質の運動体の登場である。今や、山谷・釜ヶ崎の組合運動が若い戦闘的活動家を包摂しえないばかりかむしろ追放している情況こそ、それをはっきり証明しているといえよう。新しい質の登場!? それははじめから叛乱を追求し叛乱を準備し叛乱を貫徹する、非日常を日常化する運動である。それは、〈あるべきところ〉の軍事のイメージからではなく、現実の試行錯誤の教訓化を通して生まれて来るであろう。

S闘争を支援するとは、孤立した情況で
生きざまとして闘っている無数のSの
個別的「発狂」を集団「発狂」に
転化し、
集団「発狂」の中に、
個別的「発狂」を
吸収することでなければならない。

また、共闘することとは、自らが
　集団「発狂」をめざすことである。
「狂気」を自らのものとせよ！
「狂気」を左に組織せよ！
「狂気」を全的表現の場＝革命闘争へ止揚せよ！
全世界の「きちがい」決起せよ！

（虎山酒乱）

『裸賊』より

ごろつき犬

さとうきゅうめい

いつ頃からだったろうか?
真面目な人々の住む街に、奇妙な噂が流れた。
〝やくざな犬が徘徊して、真面目を喰いつぶしている〟と……

ごろつき犬は凶状持
おのれの影に飛びかかる
生まれ落ちるや、その一年
母は乳首を悲しんだ
ごろつき犬は臆病者

おのれの影に飛びあがる
夕暮れごきの長い影
影は魔物か、はた鬼か

ごろつき犬はぜいたく屋
倦怠も快楽も同じこと
三文詩人のたわごとか
ごろつき犬は死を崇む

ごろつき犬はナルシスト
おのれの影に酔い痴れる
酔いどれ犬のその影は
影はチラチラ踊ります

クリスチャンに告げる

さとうきゅうめい

神は死んだ

おふざけはぼくに残った
おしゃべりが生のあかしだ

詩人に告げる

さとうきゅうめい

詩人は死んだ
ペニスからの力ない精液
ごくろうなこった
死ぬまで続けるがいい

飯場の朝

むろたにつねお

I

飯場はつらい所だ、と人は言う。しかしぼくにとっては休養所、つまり別荘だ。
雨が何日も降り続けたり、雪が降り続けたりすれば、飯場に入りさえすればよ

『裸賊』より

いのだ。
腹いっぱい飯を喰って、天気がよくなればトンコするのだ。

きみはぼくらを裁く　だから
一日の労働のおわりに　ぼくらは
煙草をすう　憎しみをこめて
煙草は空に消えてなくなる
憎しみは肉にくいこむ

さようなら　飯場の朝は
なにがしかの金をぱくって
それが正当な代価であると
みえない女にいいきかせながら
おわかれのくちづけだ
それからぼくらは電車に乗るのです、弁当箱を小脇にかかえ、つり皮にぶらさがり、おもむろに新聞をひろげるのです。ぼくらが読む新聞、それはエログロ、スポーツ、そして競輪、競馬新聞なのです。

ぼくらは言葉を奪われた
ぼくらは言葉を奪われた

II

さあて、ぼくらは言葉を奪われた。
そして煙草をすう。それから
ニコチンはどこに行ったのでしょうか

III

ふしくれだったぼくらの腕は
切る暇もなかった　ぼくらの爪は

ぼくらはきみを裁く
裁かれたぼくらから
ふしくれだったぼくらの腕が　鋭い爪が
ぼくらはきみをたおす

『裸賊』より

第四号 巻頭言

さとうきゅうめい

山谷に夏がやってきた。仕事もなければ、青カンもできない、冬眠する山谷は遠くに去った。山谷の人間も次第に増え、ステテコ姿の裸賊の季節がやってきた。山谷の夏は、バカンスの夏でもなければ、ルームクーラーの夏でもない。今年も又、アンモニアのむせかえる暑苦しい夏がやってきたのだ。

五月一日、山谷メーデー、裸賊の旗は山谷の中にひるがえった。風にはためく旗の絵模様は、黒地に白くツルハシとスコップの交叉、その間に笑うガイ骨。それの意味するものが、ツルとスコで穴を掘る行為を、資本主義の墓穴を掘る行為として果たして解釈してよいものか、あるいは自らの墓穴を意味するのか、定かではない。ただここで断言しうることは、現に在る山谷の状況が、いつまでも固定されたままであれば、山谷労働者に与えられた客観的運命が〝のたれ死に〟以外ないということだ。従って穴を掘る行為も又、未来の自己の死を現在的に埋葬する行為として意味せざるをえないであろう。

ともあれ、裸賊の旗はひるがえった。

今後も、旗は風の中を進むであろう。

アンモニアの匂いの中を。

酔田に住むカエルの話

さとうきゅうめい

誰かが
オレの知らぬあいだに
オレの腹の肉を食ってしまった。

長い冬眠からめざめてみると
胃ぶくろは　穴があいて
その中を　ミミズがうごめいていた

それからなのさ
オレが焼酎をくらうようになったのは

食っても　食っても　栄養になりはしない
ただ　チビリ　チビリ　と飲みさえすれば
胃へきがアルコールを吸収してくれる

『裸賊』より

チクショウ　一体どこのどいつなんだ
オレから胃ぶくろをとりあげた奴は！

オレは生きるために食っていたのではなかった
ただ
食うためにのみ生きてきたのだ
だが　食うことさえも奪われた　今となっては
オレは飲む　チビリ　チビリと飲む

それでも　きみは
焼酎をくらうオレが
楽しそうに　見えるか?!

神話の起源

さとうきゅうめい

I

母親のまたぐらから出てきた子どもは
まさに死なんとしていた

よその目には何ら変りなく見えたが
母親の優しい手は可憐にもふるえていた
愛(いと)しい児の頭(こうべ)は揺れて
キレギレの吐息を吐いた

三畳の部屋で子供が泣いた
女の動物性が歴史の秘密なのです。

II

彼女は
健気(けなげ)にも立っていた
しゃがみそうになる心を抑えながら
彼女はじっと耐えている

静かな夕暮れ

『裸賊』より

夕餉のしたくと
立ちのぼるゆるやかな煙
空の向うの
あかね色の雲の端から
超えてあらんとするもの

その想いに
彼女はじっと耐えている
しゃがみそうになる心を抑えながら
彼女は健気にも立っている……

聖詩人

アバタ見てみりゃデコボコだ
この街の向うの詩人
白石かずこが笑っている

さとうきゅうめい

彼女が
よかったわぁ！　と感嘆符をつけて
ぬれてふるえる手をさしのべるとき
この街の詩人たちは
いつまでも小児病的な詩をつくる
だからこの街の詩人たちは
いつまでも貧乏なのです
ああ！
市民社会のもの悲しい想いが
詩　なので　あるよ　と

闇の中でうごめく手が絶頂に達するとき
この　街の　詩人　たちは　自閉　する
有名であることは　堕落することであると
白石かずこは　言わなかった　だが　インチキ詩人　梶大介が
この街の詩人たちに告げたから　わが　友
夏冬ひろしは　釜ヶ崎に行く　と言う

『裸賊』より

「馬鹿な！」漫画家　永島慎二さえも
こんりんざい　堕落なんかしなかった
何故なら　奴は正気だったから
おまえも　堕落なんか　するもんか

いいい
失うべき　ものを持たない
この街の　詩人たちは
残された　わずかなものが
それだけに　大切なのです

夜の月のように

月の　アバタのように
見つめないで
わたしの　アポロよ！

逃亡者の群れ

さとうきゅうめい

母親は子どもを連れて、
男は女を連れて、
逃げ回っている。
狩人の暗い眼から。

かたくなな愛の城は、
3DKから2DKに、
収れんして蒸発する。
ちょうど俺たちのように。

それにしても、予言者どもは何処に行ったか?
アダム・スミスの時代から、
片道切符を手渡したまま。

今や、予定された説教師たちは、

『裸賊』より

恥かしそうに道徳を説き、
いつも疑問符で終ってしまう。

だからかたくなな愛の城は、
狩人の暗い眼をのがれて、
砂漠の中に逃げ込んでしまった。
そうしてホット一息ついている。

おお！　ついにかちどきの声はあがった。
神の見えざる手は、
呪いの手は救いに変った。
核爆発のきのこ雲から………

山谷はくそつぼか?!

さとうきゅうめい

アンモニアの臭気
泥酔者のへどの匂い。

うす汚ない立ちんぼの溜め。
貴方は山谷を糞つぼだと言った。

しかし、
貴方は知るまい。
糞つぼの本当の意味を。

今朝、貴方の食膳に上ったタラの一切れ。
貴方を乗せた暑苦しい地下鉄。
そうして涼しいオフィスに。
退社後の彼女と入る同伴喫茶に。

その糞つぼはつつましく生きている。
痕跡すらも残さずに………

貴方は知るまい（と努力している?!）
糞つぼの本当の意味を。
山谷が全ての肥料であることを。

『裸賊』より

だとしたら、
貴方の幸福糞くらえ！
糞くらえったら糞くらえ！

第六号 編集後記

詩集〈裸賊〉も六号をむかえることとなった。十月発行の予定が十二月に遅れたのは、第一に編集委員である賊長と賊長補佐のそれぞれ二名が、横浜、釜ヶ崎に行き、補佐の一人が行方不明となったからである。

第二の理由は、以前の印刷所がつぶれ、それにかわる安い印刷所を見つけることが困難であったからである。

第三の理由は、詩集を発行しても発行しなくてもよかったからである。言葉をかえて言えば、裸賊であることを宣言している一人一人が六号を発行しようとしなかったからである。

もともと賊長とか賊長補佐とかの形式をつくり上げたのは、詩集を発行するにあたって都合が良いだろうと考えたからであった。それにしても怠け者で経験もない俺が編集する破目に陥ったのは全くいまいましいことである。

ところで奴らは山谷に再び帰るのだろうか？　この問の答はきまっている。奴らは決して帰っては来ない。何故なら奴らは帰る所なぞもはや持ち合わせていないからである。奴らには行くことしか許されていない。他者から見れば来ることができるだけである。行方をくらましていた補佐の一人は再び山谷に来た。よせばよいのによりにもよって冬に来た。恐らく他の二名も仕事が増える春になれば来るだろう。新しい嫌悪と新しい反復に出会うために……。

兎も角、奴らは横浜と釜ヶ崎に行った。嫌悪と反復の一つ一つに出会うために、資本のある所へ売られ売られて行ったのだ。まさしく裸賊らしく。

裸賊とは資本によって職場や工場に固定され、年功序列的に組織された労働者ではなく、ただ流動的に組織されている労働者のことである。守るところの物を持ち合わせず獲得するもの以外持ち合わせていない人々、これが裸賊である。農村を追い出され、職場を追い出され、学園を追い出されて、あるいは逃亡者であったり亡命者であったものが居直って裸賊となるのである。そして、恐らく皆が裸賊なのだ。意識していてもしていなくても、戦争直後を想い起せ！　激動の嵐が吹き荒れれば、守るべきちっぽけな生活などたちごころに吹き飛んでしまうだろう。

裸賊はいまだかつて墓に入れられたためしがない。裸賊に予定されている客観的運命は、〝のたれ死〟だけである。従って山谷裸賊がツルとスコで掘った穴も又、自分の墓

『裸賊』より

穴では決してありえない。それは他者のために掘られた穴だ。

裸賊はただ行くだけである。後むきでも前に行くのだ。暴行傷害で俺は先日浅草署にパクラレた。その時同じ房で窃盗でパクラレた山谷の人間がいた。奴は決して「もう二度とやりません」と泣きを入れはしないだろう。恐らく奴は「今度やる時はへまはしない」と新たに決意するだけのことである。

裸賊にはもう後がない。裸賊に帰る所なぞありはしない。この社会のどこに帰る所なぞありえよう。裸賊にとって帰る所ができるときは職場や工場、そして一切が資本に属さず、裸賊の一人一人に属するときである。

それらは一人一人に属するが故に、全体に属しうるのだ。

詩集〈裸賊〉はこうした裸賊の一つの表現に他ならない。

全国の裸賊よ！　裸賊であることを大たんに宣言せよ！　種々な形でおのれを表現せよ！

一九六九・一二・一二　　むろたにつねお

II

自己の抑圧された情況そのものを武器に転化せよ！

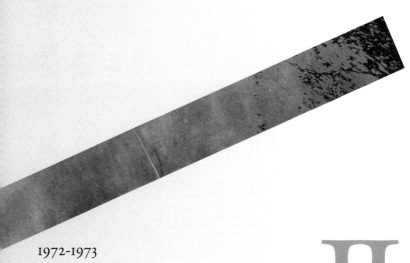

1972-1973

山谷・釜ヶ崎を軸とする都市人民戦争を闘いぬこう！

(1)　はじめに

帝国主義に対する批判の武器を武器の批判におきかえ、帝国主義政府の武器の政治に対し、プロレタリアートの武器の政治を対置し、何よりもまず、資本家秩序における自己の抑圧された情況そのものを敵を打倒する武器に転化しようとする友人諸君！　われわれは今、制度に対する左からの武器の批判は、大衆武装を頭で必要としているのではなく肉体が必要としている場、つまり、日常的・具体的生活過程を通して自己武装が問われている山谷・釜ヶ崎に代表される流動的下層労働者密集居住区において定着されなければならないと考える。事実、かかる労働者居住区においては、新左翼の諸君が誇らかに語る10・8羽田闘争以前にすさまじい暴力闘争が展開されてきたのだから。

「革命は、客をごちそうに招くことでもなければ、文章をねったり絵をかいたり刺しゅうをしたりすることでもない。そんなにお上品でおっとりした、みやびやかな、そんなおだやかでおとなしく、うやうやしくつつましくひかえめなものではない。革命は暴動

であり、一つの階級が他の階級をうちたおす激烈な行動である。」（毛沢東、湖南省農民運動の視察報告）

六〇年安保闘争以降、繰り返し起され、繰り返し圧殺された山谷・釜ヶ崎暴動とは、六〇年代の日本資本主義の相対的安定期、ことに池田内閣以降の「所得倍増」「平和と繁栄」とかいう高度経済成長政策の背後で、資本の自己増殖の餌食とされてきた下層労働者の階級的怒りの自己表現、すなわち、きわめて尖鋭な前衛的階級闘争であった。しかしながら、この下層労働者の〃血の叫び〃をいかなる左翼も黙殺した。嘘ではない！暴動の歴史は、戦後階級闘争のいかなる左翼の年表からも抹殺されている。

ただ、ブル・マスだけがこの尖鋭な階級闘争を誉めたたえた。

「すべての革命的な政党、革命的な同志は、みな彼らの前で、その審査をうけ、取捨がきめられるであろう。かれらの先頭に立ってかれらを指導するか、それとも、かれらのうしろに立ってかれらをあれこれと批判するか。それとも、かれらの向い側に立ってかれらに反対するか。」（毛沢東、前掲書）

《註》つけ加えておくならば、革マル派は六八年当時の山谷階級闘争の高揚局面において一貫して、ルン・プロの運動は何をやっても無駄である、ルン・プロは敵に買収される、革命の主体は組織労働者である云々とあれこれ批判してきた。つまり下層労働者に対して闘うな、と言い続けてきたのである。奴隷状態におかれても闘うな、と……。われわれはこういう、現実の日本の労働者階級の状態を知らぬ、生産に関与せぬ学生ルンペンの批判に対して、諸君らはプチブル・インテリ革命をやれ、われわれはルンプロ革命をやると言っておいたが、彼らのいう組織労働者とは社民に組織されている労働者のことで、彼らこそ、現実には日本帝国主義に買収されているのである。なぜなら、植民地人民を搾取し、収奪しぬくことによってアメリカ帝国主義が自国の労働者を買収しているように、これらの、生活様式すなわち「市民」である労働者の「上品」と「道徳」は、山谷・釜ヶ崎に代表される流動的下層労働者の「品性下劣」の上に成立しているからである。

「市民」社会における秩序（家族があり愛があり上品があり道徳があり家があり財産がある）は、外においてはアジア人民から強盗をやり、内においては下層から奪いとる、これら搾取と収奪体制によって保証されているのであり、学生ルンペンが下層労働者に依拠しようとはせず、「市民的労働者」に依拠せんと図るのは決して偶然ではない。自己の出身階級を裏切るわけにはいかないではないか？　この下層労働者に対する差別と偏見の多くはマルクスとエンゲルスを論拠としているが、これに対し同志永山則夫は『人民を忘れたカナリアたち』のなかで、それらの事情は、マルクスやエンゲルスが下層特有の嘔吐感や嫌悪感を与えずにはおかない生活環境に、その身柄を置かなかったからに他ならない、と言っている。

商品は本質的に流動的である。労働力が商品である証明は、生活情況から必然的に固定的な「市民」的労働者層ではなく、資本の要請に従って売られ売られ歩く流動的下層労働者、すなわち非「市民」的労働者層が体現している。

(2) 山谷・釜ヶ崎の流動的下層労働者密集居住区の成立過程

第二次帝国主義世界反革命戦争の後、帝国主義の政治的・経済的危機の処理過程、すなわちアメリカ帝国主義の軍事的、経済的テコ入れによる日本資本主義の復興過程にみあって、山谷・釜ヶ崎の労働者居住区は成立した。

勉強不足のため、くわしく述べることはできないが、現況の概観を呈するまでおおよそ四期に分けることができると考えられる。

戦争直後、日本資本主義は生産設備の壊滅的打撃と原料・燃料・資材等の決定的不足によって再生産不能に陥った。したがって、労働力を吸収する企業も職場もなく、焼け出された人々、復員軍人等、浮浪者の街の様相を呈していたのであろう（第一期）。しかしそれも、一九五〇年の朝鮮動乱を契機として、次第に労働者の街としての概観を呈し始め（第二期）、更にそれが、池田内閣時代の経済成長政策から東京オリンピック、万国博までの急激な労働力需要の時代（第三期）を経て、現在、第四期に突入している。

一九六七年三月一七日の金プール制の廃止に端を発し、昨年のドル・ショックにまで進行した世界帝国主義の経済危機は、ついに、ゆるやかに進行していた帝国主義の国内労働者・人民に対する経済攻撃が本格的に開始されたことを全人民に明らかにした。特にそれは下層の世界においていちぢるしく、東京オリンピック・万国博後、諸物価の値上がりに対してデズラが少しも高くなっていない情況に輪をかけて、工事の中止、あるいは延期その他生産の縮小等、長い冬の情況がやってきたことを知らせている。資本家が資本の人格的表現であるとすれば、下層労働者にとって冬とは資本の季節的表現である。

これに至る過程をかいつまんで述べれば、世界帝国主義の危機の進行局面にみあって、日本資本主義は一貫して、国内の機構の隅々まで帝国主義的に再編することに血道をあげてきたが、その一つの現われである農村政策による出稼ぎ農民の大都市への流民化、ならびに基幹工業における副次部門の系列化あるいは下請け化による組織労働者の未組織化、流動化である。事実、大阪製鋼、日立造船等の大工場の周辺には必ず下請会社の看板をさげた飯場が存在し、そこに農民やら、また釜ヶ崎等の寄せ場から下層労働者がかき集められ、社外工として工場を入ったり出たりしている。これら臨時工、日雇工、社外工と呼ばれる流動的下層労働者こそ実体的基幹産業労働者であって、企業に利潤をもたらすための労務管理の餌食なのである。

山谷・釜ヶ崎は姿を変え、形を変え全国に無数に存在している。山谷・釜ヶ崎とは流動的下層労働者の巨大な中継基地であるといえよう。

日本資本主義は、これらの〝自由〟な労働者を総体としてプールしておくことによって世界経済戦争を勝ち抜いてきたのであり、またこれを背景にして世界市場に殴り込みをかけているのである。ダンピング戦を。

(3) 山谷・釜ヶ崎暴動の発展過程

①世界帝国主義の経済危機の本格的開始とは、近い将来、それに必然的に決着が迫られていることを示している。つまり、すべての人民を巻き込むところの、右からの現状打破か、左からの現状打破かの二者択一の結着を。何故なら帝国主義の経済危機は、必然的に国内労働者・人民のみならず、植民地人民に犠牲を転嫁し、したがって労働者・人民の側からの反撃を受けることによって政治危機を醸成し、この経済危機と政治危機の相互促進的関係が、世界人民に対し革命か反革命かの世界的決着を迫っているのである。

六〇年安保闘争の敗北後、（資本主義の相対的安定期にもかかわらず）繰り返し起された山谷・釜ヶ崎暴動は資本主義の相対的安定を反映する左翼階級闘争の沈滞状況のため、黙殺され、孤立して圧殺された。

まさしく、六〇年代の資本主義の相対的安定とは、実に、山谷・釜ヶ崎に代表される厖大な流動的下層労働者の犠牲の上に成立しており、山谷・釜ヶ崎暴動は資本主義の相対的安定期を反映する、混迷した左翼階級闘争の沈滞状況を突破するものとして位置していたのだが。「平和」と「繁栄」？　この日本のどこに周期的飢餓状況におそわれる労働者が存在するのか？　さかのぼれば、六九年以降の全共闘運動の後退局面から、つい最近赤軍派が釜ヶ崎に登場したのは決して偶然ではない。「平和」と「繁栄」を誇った「市民」社会が、国際情勢に規定され経済的基礎を失いつつあること、自壊しはじめたことを意味しているのである。帝国主義の経済危機は、まず下層にしわ寄せされる。学生左翼が経済危機を軽視する傾向は、彼らが胃ぶくろの問題で悩んだことがないこと、小ブルのオボッチャンであることを意味している。

②山谷・釜ヶ崎暴動は、搾取され、差別され、抑圧された下層労働者の情況に規定され、まさしくその自然発生性・ラディカル性故に、マルクスの言う物事を根本からつかみだすものとして位置しているのであり、特別の不正ではなく不正そのものを被っているが故に、反戦闘争、反帝闘争とは異なり、資本主義制度の前提そのものに対し全面的に対立している。すなわち資本主義秩序をめぐる権力闘争として、六〇年安保が敗北しようが七〇年安保が敗北しようが、暴動という闘争形態をとったからこそ、現状防衛維持ではなく現状打破の革命戦争の内実を有しているのである。

だがしかし、その自然発生性の故に、労働者叛乱から労働者権力を構築する方向性を示しえず、孤立したまま圧殺された。いかなる部分叛乱も、拡大、深化、普遍化への質を獲得しないかぎり、つまり組織的実践として実体化されないかぎり、限界を突破しえず後退する以外にない。

六〇年安保闘争以降、いわゆる意識分子による山谷・釜ヶ崎の大衆運動の間には非常な距離があるが、暴動とからみ合わせながら運動の意識的発展段階を述べてみたい。

(イ)初期においては暴動の処理過程に文化人が活躍した。昭和元禄の世の中で、こんなにも不幸な人々がいるのに、あなた方のみ幸福でよいのかと、「市民」社会に対して暴露・宣伝した。

(ロ)第二期においては、右翼組合主義者が陳情の手段に利用した。春闘だの何だの労働者にはアメ玉を与えているのに、われわれにはアメ玉をくれないから暴動が起きるのです。

(ハ)第三期は左翼組合主義者が暴動を圧力闘争にすり変えた。アメ玉をくれねば暴動を起しますよ。

そして現在、山谷・釜ヶ崎の情況は、この第三期の運動の延長であり、これは次の新しい運動を準備している。それは、結果的には暴動を準備しておきながら暴動が起るたびに動揺し、分解する組合運動とは異質な、叛乱を追求し、叛乱を貫徹し、叛乱を権力にまで高めようとする、非日常を日常化しようとする潮流である。まさしく意識分子の大衆運動が大衆暴動と合体しさらに大衆暴動が都市人民戦争として拡大・深化する建党・建軍の運動である。それは、〈あるべきところ〉の軍事からではなく、〈現にあるところ〉の具体的実践の試行錯誤の教訓の中から生まれるであろう。

③五月一日、全港湾建設支部西成分会が主催する「第三回釜ヶ崎メーデー」の早朝デモにおける二名の労働者の不当逮捕に対する夜の抗議集会から暴動に発展した。いかなる要求であれ大衆が西成署の前に結集することは暴動を意味する。メーデーは何に由来

しているか？　シカゴ暴動からだ。まさしく、釜ヶ崎メーデーは中央集会においてではなく、夜行なわれた。日本中ごこを捜しても〔夜に〕メーデーが開催されたのは釜ヶ崎だけである。極めて不完全燃焼ながらも。

まず第一に確認しなければならないことは、西成署裏の公園において、暴動を抑圧しようとする組合が大衆的につるしあげられ、粉砕され、そこから暴動に発展していったことである。組合は暴動の契機たりえても暴動の主体たりえず、敵対するからである。ブル新は、組合の内部対立というような活動家における内ゲバにその真実をねじまげているが、組合反対派は私服〔警官〕を恐れて遠くから眺めていたのであり、大衆が判断し、大衆が組合に判決を下したことを肝に銘じなければならない。

第二に確認しなければならないことは、機動隊が西成署前に集結し、大衆との対峙関係に入ったとき、打つ手がなかったことである。わずかに空ビンが投げられたが、私服によって逮捕されてしまった。大衆の中から「石ころがない、武器がない」あるいは「労働者機動隊はいないのか？」という声が上ったが、まさしく、あの対峙関係を突破するのは、この二つしかない。

第三に確認しなければならないことは、この情況を突破する方向として、Ⓐ対峙関係に入る前に限界をすでにみこして、パチンコ屋から飛田の商店街へ疾風の速さで打ちこわしに出かけたこと、Ⓑ対峙関係に入る前、パチンコ屋のシャッターを殴っていた労働者二名を逮捕した制服警官数名をとり囲んでぶん殴り、けりたおし、奪還したこと（これは重要である。敵に仲間がやられたら、必ず報復する習性は軍の基礎である）、Ⓒ対峙関係に入った後、すでに力関係が明確になり、大衆の中で失望感が充満しはじめたとき、自然発生的に、ゲリラ活動を試みようとしたことである。

第四に確認しなければならないことは、大衆自身が暴動の限界を認知し、暴動は沈滞化・縮小化へ向っていることである。これは敵権力が過去の暴動からよく学んでいること、暴動の状態のみならず、日常的に巧妙な治安体制を敷いているということ、そして大衆は暴動そのものに失望しているのではなく、敵に勝つことができずみじめに鎮圧されることに失望していることを意味する。大衆は負ける闘いに参加するのではなく、勝つ闘いに参加するのである。大衆の闘いは勝てば勝つほど拡大され、維持する。したがって、これまでのやり方では駄目だということで、勝てないときは原因をつきとめ、勝つための方法を追究しなければならない。前衛とは道なき道に道をつけ、大衆の勝利の道案内となる者のことをいう。

以上総括すれば、まず第①に、釜ヶ崎地区における支配と被支配の関係を日常的に逆転させる闘争に取り組むこと、第②に、それによって力をたくわえ、暴動として全面開花させることである。

①が部分的突破であるとすれば、②は全面的突破である。

②において、ある日突然戦闘部隊が登場することはありえない。①の地道な努力によって、常に大衆の先頭に立つ戦闘部隊を組織的に組織暴力として育成すること、この

広範な戦闘団を、②において機動隊との正面戦を避け、Ⓐのような西成地区を走り回る先頭団として登場せしめること、さらに、Ⓒを追求することである。

大衆暴動における遊撃戦の革命的意義は、Ⓐにおける敵を分散させ混乱させ撃破し大衆の闘争を有利にすること、またⒸにおける連続闘争宣言の方法、すなわち、われわれは未だ鎮圧されておらず戦闘は持続しているという、事実行為による宣伝によって、大衆の戦闘意志を高めることである。

(4) 大衆を組織せよ!

①アメーバ的労働細胞……山谷・釜ヶ崎地区を流動する下層労働者は、普通、自然発生的に「ダチ」「ツレ」「相棒」と呼ぶ仲間うちを形成している。このくっついては離れ、離れてはくっつく仲間うちは冠なき労働者組合、労働者組合の原基形態ともいえるものである。この仲間うちは〈働く仲間の会〉的要素が強く、生活全般にわたるブルジョア利益の防衛を図っている。たとえば、一人で仕事へ行くよりは知り合いと一緒に行く方が楽しいし、また、デズラ等で条件が違っても文句が言えるとか、仮に誰かが殴ってきても助けてくれるとか、相互に便宜をはかっているのである。また仲間うちを組んでいることによって、デズラの高い仕事をみつけることができる。仲間うちには独自のおきてがあって、そのおきてを破ると、チンケな野郎だということで追放される。

②革命的労働細胞……まず意識分子は、このアメーバ的労働細胞と自己とを明確に区

別しなければならない。区別するということは、この仲間うちと接触しないということではない。

まず自己と仲間うちを区別して結合する契機を捜すことが必要である。分離しなければ結合できないのである。どこで結合するかといえば、闘争で結合する契機を執拗に追求すること、それは主要には現場闘争(対センター、対手配師、対親方、対監督闘争)でなければならない。この闘争を軸とする仲間うちの転化によって〈働く仲間の会〉は、〈労働者戦闘団〉への質的転換を遂げるであろう。すなわち、仲間と仕事に行けば楽ができる、デズラの高い仕事へ行ける、という意識から、皆が嫌がっているケタオチの現場へ行ってガタクッてやろう〔文句をつけてやろう〕、一人ではケンカできないから仲間と一緒にケンカをやりに行こう、という意識への転化である。

われわれは、日常的に、主要には現場闘争を軸として、アメーバ的労働細胞への転化の回路を追求し、さらには武闘派の集会、闘争、学習会等々、他の回路も追求する必要があろう。ともあれ広範に存在する働く仲間の会を労働者戦闘団へ転化する回路を各旅団は創造的に追求することが必要である。

武器なき政治は犬の遠吠えであり、政治なき武器は自滅する。

プロレタリアートの武器の政治を構築せよ!

釜ヶ崎労働者の闘いを見殺しにするな

全国的な支援体制を築きあげよう！ブル・マスのインチキ報道に対して、人民の報道機関をつくろう！

(1) はじめに

東京オリンピック・万国博の、急激に労働力を必要とし賃金が高騰した時代を経て、昨年のドル・ショックを軸とする世界資本主義の経済的基盤の崩壊に伴なう日本経済の動揺は、日本列島の都市部に散在する山谷・釜ヶ崎に代表される「寄せ場」に、暗く長い冬が訪れてきたことを知らせている。

それは、大きな工事の延期あるいは中止、その他生産の縮小等、下層世界全体をおおっているのである。すなわち、それは、現在釜ヶ崎地区は夏であるのに冬の状態であることを示している。

釜ヶ崎地区の冬とは、仕事が激減することに伴なって労働人口もまた激減することであり、したがって胃袋が空腹に苦しむことであり、路上に放り出され寒さにうちふるえることである。ある者は飯場で侘しい正月をむかえ、ある者はわずかばかりのたくわえでもってドヤで細々と正月を過す。さらにまたある者は収容施設へぶち込まれ、ある者は寒天の下で野たれ死にをする。そうして福祉センターの道学者は、「だから言わんこっちゃない、夏の間にたくわえろ！」と「アリとキリギリス」の話をもちだす。イソップ物語は資本家の力強い味方である。反革命である。

コタツの中で「一年の計は元旦にあり」などと妄想にふけったり、あるいはスキーだ、グアム島だ、などと、ある人々にとって冬が待ち望んだ快楽を意味し、他の人々にとって地獄の季節を意味するのは、冬がただ単なる季節ではなく、社会的困窮の季節的表現であることを示している。それ故、夏であるのに冬である状態とは、世界資本主義の没落の開始に規定され、社会的困窮がさらに拡大されたことに基づく。

抑圧が増大すれば、社会的反撃も拡大する。

一九七二年「釜ヶ崎の五月」は一九六一年以降、繰り返し起され圧殺された過去の暴動とは明らかに異質な様相を呈した。

第一にそれは、朝のセンターの主人公は誰か？　労働者か、それとも手配師暴力団か？　という形で展開された。労働者に寄生し血と汗をしぼりとっている手配師暴力団との対決として開始された。

第二にそれは、朝のセンターにおいて、労働者の団結の力によって手配師支配がもろくも崩壊した時、センターの秩序を手配師にはもはや任せられないというわけで国家権力が前面に登場した。センターに多数の私服が導入され、トランシーバーをもって動き回り、闘う部分をマークし就労を邪魔し、生活権さえも奪おうとする露骨な弾圧攻撃にうつった。

第三にそれは、したがってそれ故に、連夜暴動になった。

これらの事情は一体何をもの語るか？

第一にそれは、七〇年安保をめぐる日本列島の階級闘争の敗北後、それにもかかわらず、下層から叛乱が開始され、これは第三世界に属する国内植民地の解放闘争として、現在の沈滞した左翼階級闘争の局面を唯一突破するものとして位置する。

第二にそれは、下層から吹きあげてくる闘いの炎がブルジョア市民社会を解体し、日本革命戦争の内乱的情況をつくり出す萌芽として位置する。

第三にそれは、六〇年安保の敗北後、六〇年代の資本主義の相対的安定を反映して孤立し、抹殺された下層の闘いを再び見殺しにするのか、しないのかという問題に属する。

第四にそれは、国家権力が全国組織である以上、この下層の闘いも全国的闘争体制をもって闘われなければならぬこと、ブル・マス、国家権力の総攻撃の前に陸の孤島にされ、隔離され抹殺される運命にあるという問題に属する。

現在、われわれに問われていることは何だろうか？

一体、何がわれわれに突きつけられているのか？

それは明らかに、こういうことだ。

第一に、ブル新のインチキ報道に対する、それを上回る人民の真実の報道をやること、釜ヶ崎がどんなところか？　そこで手配師や西成警察等の寄生虫同盟が何をやっているのか？　を人民の手によって全国的に報道することだ。

第二に、資本主義社会における自己の身分、たとえば学生とか弁護士とか、その自己の身分を最大限、制度を倒す武器に転化すること、ポリが法のタテマエで動いているのなら、法によってポリを金しばりにかけること、そういう形で支援することだ。

第三に連帯して闘うことだ。職場で工場で、自己の具体的抑圧をはねのける運動を起すことだ。

(2)　闘争経過

五月二六日、朝、鈴木組の事務所で就労条件をめぐって争いが起る。鈴木組は愛隣親睦会の初代会長で、いわば暴力手配師の総元締めともいえる存在。文句を言う労働者に対して、オドシ、ドヅくは朝飯前のこと。その日、我慢して働いた者とトンコ〔逃亡〕した者といるが、鈴木庄九郎は「うちの現場でガタくる〔文句をつける〕奴は承知せんぞ！」と早速夕方に実行する。すなわち、夕方、トンコしたためにオケラ〔無一文〕となり夜の仕事を捜しに行った労働者を「ちょっと西成署の者だが来てくれ」とダマシ、無理矢理センター横で車に連れ込み、事務所で数人でとり囲みリンチする。

五月二七日、センター朝、前日同じく鈴木組に仕事に行った労働者を車で連れ去ろうとしたが、多数の仲間が奪還する。鈴木のバスをセンターから追放。夕方、木刀で武装して野鳥の会事務所に襲撃をかけようとするが、多数の仲間がかけつけていたので恐れをなしてトンズラ〔逃亡〕する。（新聞報道では無人ということになっている。）

五月二八日、早朝、野鳥の会を襲撃する。しかしながらこの時は誰もいなかった。センター六時半、マイクで抗議する労働者に対して木刀でおそいかかるが、反対に木刀をとりあげられ庄九郎は土下座して謝罪する。その他の子分たちは再度親分を助けようとしておそいかかってくるが、返りうちにあい、あえなくトンズラする。西成署のポリ公はしかたなしに、その一人をパクル。その後、労働者は鈴木組の車を焼き、勝利を祝う。

五月二九日〜六月二七日まで、センターを闘う労働者が制圧する。この間、労働者をだましたりドヅいたりする手配師を団結でもって粉砕する。手配師の一部は、「もう俺たちの時代は過ぎた。時代の流れだ」と観念するが、他の一部は執拗に奪権のチャンスを狙う。しかしながら、センターの手配師支配は完全にうちたおされ、かわりにポリ公が前面に登場する。

六月二八日朝、大阪腐警と西成署の国営暴力団は逮捕令状を一〇名分用意してアジトを急襲。夜、西成署前で大抗議集会、釜ヶ崎銀座大制圧。私服は先頭部隊に対してナチス棒をふりかざし、おそいかかる。

先頭部隊がけちらされたため、一時ポシャルが、闘う釜ヶ崎労働者は私服の間げきを狙って抗議活動を続ける。労働者は闘わなければならないから闘っているのであり、セン動されて闘っているわけではない。私服が何百名も動員され、アジトを見張り、犬ころよろしくかぎ回り、つけ回る中を活動家がいつセン動できるか？

七月一日、午後〇時半、ポリ公の助けを借りて鈴木組のヤー公、再び暗躍する。労働者を車でユウカイしようとするが失敗。夜、マイクで抗議行動。

七月二日朝、センターで奈良のタコ部屋坂口組の手配師を五百名程でとり囲み、つるしあげ謝罪させる。一方、大日本正義団が労働者をユウカイし、天王寺駅周辺においてさらし者にしたことと合わせて、夜、抗議行動。西成署のポリ公、マイクで演説している労働者二名を強制連行し、リンチする。

この間ポリ公は、多数の労働者をパクリ、リンチしている。罪名をつけようにもつけられない労働者に関してのみ、泥酔保護で釈放している。どちらにしても泥酔保護とは署内に連れ込みリンチすることなのだ。

七月八日早朝、大阪腐警と西成署はアジトを急襲。逮捕令状六名分用意して、四名逮捕。

この間、ヤー公とポリ公は、合体してすさまじい弾圧をかけている。テロ・リンチはお手のもので、ブル新は彼らの下部組織、情報機関である。釜ヶ崎には市民社会における法律と道徳による間接支配のかわりに、むきだしの暴力的直接支配のみが存在する。したがって市民社会から、奴らのタテマエによって自己矛盾におちいらせること、金しばりにかけ、動きを封じる努力をおしんではならない。

(3) 全国的支配網を拡大し、救援体制を確立しよう！

ひと昔前、釜ヶ崎は、そりゃあひどいものだった。だまされてタコ部屋にぶち込まれ、半タコの飯場へ連れ去られ、文句を言うと殴られるだけではなく殺される者もいた。コンクリートづけになったり、埋められて行方不明になったり、事故死にみせかけて火葬場へ直行させられたりだ。今でも、それは存在する。

ひと昔前、この地で運動する者も、そりゃあ命がけだった。六八年夏、山谷から連帯のビラをまきに行った者は、おごされ、道交法違反ですぐにパクラレたのだ。最初にビラをまいた連中は（もちろんビラの内容によるが）英雄だ。サラシをまき、酒を一杯ひっかけて、まるで殴り込みのちょうしでビラまきに出かけたのだ。ヤー公どもにおごされ、ドヅかれ、それでもビラをまいた。今ではビラまきは十分に定着したが。

ひと昔前、ブル新は釜ヶ崎労働者の〝血の叫び〟を不快指数という季節の罪にしたものだ。今では赤軍のセン動ということになっている。

「小さな火花も広野を焼きつくす」

この言葉は、釜ヶ崎にふさわしい。この間の闘いは朝のセンターにおける力関係を逆転した。とにかく、手配師たちの一部が、「時代の流れだ、俺たちが甘い汁を吸う時代は終った」と言っているのだから。

ブル新、ポリ公、ヤー公の大弾圧の中で、闘う労働者の旗「暴力手配師追放釜ヶ崎共闘会議」を絶対におろさせてはならない。そのためにも、強固な支援体制を確立しなければならない。

敵に反対されることはよいことだ。ヤー公の生活権を奪う運動、闘いが本質的になったからこそ、釜共闘は大弾圧を受けているのである。敵に反対されず、ののしられもしない釜ヶ崎地区の大衆組織はきっと敵となれあっているのであり、野合しているのである。

抑圧し弾圧する者に道理はない。釜ヶ崎労働者は、抑圧され弾圧されているから闘っているのである。釜共闘の闘いは正義の闘いである。

国家権力が全国的組織暴力である以上、われわれもまた全国的組織暴力を形成しなければならない。

当面下層との結合を円滑にするために、全国の学園に底辺委員会のようなサークルを形成し、①一週間に一回日雇い労働を義務づける。夏休み等の特別休暇を利用してドヤ・飯場等で合宿する。②下層の調査・研究を広くパンフ等で発表する。〝日本の労働者階級の状態〟という日本のエンゲルスの出現を可能にする。③労働者の自立した闘争に、このサークルを中心にして自立して参加する。この場合、くれぐれも注意することは外部注入的に指ドーしてやろうというおもいあがりを捨てることが必要である。

全国いたるところの各都市、あるいは大工場の周辺には必ず、小さな釜ヶ崎・山谷が存在する。そこを根拠にしてただちに運動をまき起すことを提起する。

ソンミ村虐殺のとき、調査団が派遣されたが、現在釜ヶ崎では、ヤー公、ポリ公の寄生虫同盟による暴虐が行なわれている。各大学の新聞会、あるいは救援センターを中心にして調査団を組織し、派遣することが必要である。

裁判闘争等、今後、莫大な金がかかるので、また、救対専門にやる人が少ないので、裁判の傍聴にすすんで参加する、あるいはカンパする、また面会、差し入れ等すすんでやるなど、やれる範囲でできるだけの支援をすることが必要である。

ともあれ、六〇年安保闘争以降、繰り返し圧殺された山谷・釜ヶ崎の闘いは、隔離されて圧殺された。この愚をくり返さぬため、どんな努力もおしんではならない。

闘う釜ヶ崎労働者の闘いに栄光あれ！

抑圧され、虐げられた人民の闘いに栄光あれ！

抑圧し、弾圧する豚どもに鉄槌あれ！

豚どもは地獄におちろ！

闘う労働者は必ず勝利する！

持久戦を闘いぬく組織体制を確立するために

一、持久戦を闘いぬく組織体制を確立するために

東京オリンピック・大阪万国博を象徴とする、急激に〝アンコ〟を必要とし〝デズラ〟が高騰した時代を経て、昨年のドル・ショックを基軸とする世界資本主義の没落の本格的開始は、日本列島に散在する〝寄せ場〟に、暗く重い乱雲をたちこめさせている。「全国的に冬！」というのが、釜ヶ崎地区に代表される国内植民地の現在の状況である。現在、釜ヶ崎地区は、夏であるのに〝冬〟である。

過去、そして現在、毎年訪れてくる季節の冬は、この釜ヶ崎地区において〝アンコ〟たちに「地獄」を意味してきた。

正月をめぐる釜ヶ崎の冬の情況とは、労働人口が激減することであり、仕事が激減することであり、胃袋が空腹に苦しむことであり、寒さにうちふるえ野たれ死にすることである。

ある者は飯場でわびしい正月をむかえ、またある者は、わずかばかりの貯金でもってドヤで細々と過す。そうして、福祉センターの道学者先生は「だからいわんこっちゃない。夏のあいだにたくわえておけ！」と、腹のたしには少しもならないアリとキリギリスの話をもち出す。イソップ童話は反革命である。

一方、市民社会においては、「一年の計は元旦にあり」などと、コタツの中で妄想にふけり、スキーだ、グアム島だと胸をはずませる。

冬が、ある人々にとって待ち望んだ快楽を意味し、他の人々にとって「地獄」を意味するのは、冬が、ただ単なる季節ではなく、資本主義のひずみ、社会的困窮の季節的表現であることを示している。

したがって、今、夏であるのに〝冬〟である釜ヶ崎地区の情況は、日本資本主義の経済的基盤が世界資本主義の没落の開始とともに瓦解しはじめたこと、それ故に、社会的困窮の度合もさらに拡大され始めたことに基づいている。

抑圧が拡大すれば反撃も拡大する。抑圧され、虐げられた人民の闘いは正義の闘いである。

一九七二年、〝釜ヶ崎の五月〟は、六一年以降、圧殺されてきた過去の幾多の「暴動」とは明らかに異質な様相を呈した。

第一にそれは、朝のセンターにおける奪権闘争として開始された。すなわち、朝のセンターの主人公は誰か？　労働者か、それとも手配師暴力団か？　という形で展開されたのである。労働者に寄生し、血と汗をしぼりとっている手配師暴力団との実力対決として開始された。

第二にそれは、朝のセンターにおいて、労働者の団結の力により手配師支配がもろくも崩壊したとき朝のセンターのブルジョア秩序を手配師にもはや任せられないというわけで、国家権力が前面に登場したこと。

第三にそれは、したがってそれ故に、連夜「暴動」という国家権力との対決戦として開花したことである。

朝、トランシーバーを手にセンターを動き回る私服たち、現場に通報し、犬ころの代名詞ごおりかぎ回りつけ回って、闘う部分をマークし、就労を邪魔し、生活権さえも奪おうとするポリ公どもの現在の情況は、われわれに次のことを知らせている。

〝アンコ〟の闘いが十分に敵に打撃を与えつつあること、〝アンコ〟たちをいつまでも馬鹿で愚鈍で汚ならしい連中であると信じ込めなくなったこと、しかしまた、いつまでも奴隷状態にとじ込め、いつまでもピンハネし、しぼり続けたいこと、である。

敵に反対されることは良いことである。反対されればされる程、われわれの闘いが効果を発揮し、それだけ敵を追いつめつつあるのである。敵に反対もされずののしられもしない大衆組織は、きっと敵となれあっているのに違いない。われわれに問われている緊急な任務は、敵から反対されればされるほど、ますます元気になり、ますます生きいきとする強固な組織体制の確立である。この提起に対しても、もっとあせらずゆっくりやろう、明日になれば自然にできると考える仲間がいるとすれば、彼は持久戦の意味を知らないのである。戦略的にいえば釜ヶ崎の解放は持久戦だが、戦闘は常に速決戦である。持久戦に備え任務を分担し、速決戦においては速やかに集中し、速やかに分散する。基本的に敵の情況がよくわからぬうちは動くべきではないが、情況が飛びさらぬうちに動かなければならない。

特に、第一次のデッチあげによる大量の逮捕者を出し、第二次の弾圧が予想される中で、明日になれば自然にできると考える仲間がいるとすれば、彼はいつまでもさぼり続けたいか、あるいは運動の周辺では闘っているふりをしたいのである。あるいはまた、組織体制をアイマイにしておくことによって、闘いの失敗、運動の沈滞状況、停滞の局面において責任を回避したいのである。更にまたあるいは、彼は下層労働者の抑圧を知らず、怨念を知らないのである。

過去、幾多の暴動において、どれ程の血が流されたか？　ブル新によって、どんなに真実をねじまげられて報道されたか？　ブタ箱にぶちこまれ、リンチされ、ボロ切れみたいに放り出されたか？　住所不定の理由によって二泊三日で出られるところを何日も拘留され、罪名をデッチあげられ刑務所へ直行したか？

冬場、この地において、どれ程の〝アンコ〟が野たれ死んだか？　仕事にありつけず、飯場に入ることもできず、どれ程の〝アンコ〟が三角公園でうちふるえているか？

われわれの未来は明確に路上に放り出され、野たれ死にすることである。昔、青年であった〝アンコ〟は年老いてどこへ行くのか？　彼は今、どこにいるのか？

(1) G闘争について

G〔現場闘争〕が今後のわれわれの運動の中心である。具体的任務を持つ仲間を除いて、基本的に朝センターに顔を出すべきである。それは昼間任務を持つ仲間についても同様である。朝センターに登場することによって現実の運動の情況を肌で知ることができるし、情報の交換も円滑になるのである。Gを通して、㋑K〔釜共闘〕の成長と育成を可能にする。㋺センターはそれ自体人民の海ではない。Gを通して闘う人民の海になり、それによってのみ犬ころが孤立して、浮き上り、追放されるのである。

Y〔ヤクザ〕の問題は重要である。Gは常にYとの対決を避けることができない。この場合、常にYの実態を調査しておく必要があるが、センター、あるいは西成労働基準局等を通して包囲し、金しばりにかけ、ケンカ両成敗のデッチあげを避ける必要がある。

釜ヶ崎には、現役のY、あるいは元Yが多数いるが、彼らは元をただせば下層出身であり、われわれの強力な味方になりうる存在である。現役のYとは、下層の出身でありながら、下層を支配する役割を資本家によって与えられた裏切り者である。闘い方としては全てのYを敵に回すのではなく〝アンコ〟をドヅいたYはこういうことになるのだぞ！　という〝しめし〟をつけるやり方によってYを分裂させてゆく方法をとる。

さらに、犬とYの関係についても、団結させるのではなく、分裂させる方法をとらなければならない。

犬に対しては具体的に坂口〔組〕のようなタコ部屋をパクレという。Yに対しては、お前ら侠客なら、アンコをいじめず国定忠治のように犬と闘え、とけしかける。

Yの始祖は幡随院長兵衛であるといわれるが、奴も忠治も人夫出しをやっていたのであり、昔も今も下層人民をピンハネし、喰いものにしてきたのである。つまり奴らは飯場をはり、鉄火場をひらき、人夫の給金をまきあげ、逃げられぬようにし、飼い殺しにしたのである。国定忠治を人民の英雄にしたてあげたのは、幕藩体制の重圧にあえぐ人民の情況を救ってくれる者はいないかという願いを話にした浪花節〔浪曲師〕たちである。反人民的非合法闘争ではあるけれど、忠治が、また次郎長が、幕府の犬にとって非合法の存在であったことに変りなく、そこをネツ造し英雄にデッチあげたのであり、今様の忠治が健さんなのだ。

Yに対して呼びかけよう。アンサンたちが侠客ならアンコをいじめずに役人とケンカしろ！　と。そうしてアンコをドヅいたYに対しては労働者の団結の力によって粉砕し、すべてのYに〝じめし〟をつけよう。アンコをドヅクYはこういうことになるのだぞ！と。

(2)　S問題について

S〔スパイ〕の一匹か二匹が潜入したところで闘争がつぶれることはない。むしろ恐ろしいのは猜疑心のまんえんである。仲間の信頼がそこなわれること、団結にヒビが入ることが恐ろしい。仕事で飯をくっているアンコにSはいない。むしろ警戒心の欠如のためにS行為を無意識のうちにやらされているのである。仮に今後、悪気もなく、犬とも仲良く話をする仲間が増えたら、犬はアンコの敵であり、犬に対してだけは警戒し口をきかないようにすることを強調し、彼がそれを実行すれば信頼することである。とにかく、信頼せよ！

無意識的にS行為をやらされている仲間に対しては右の態度でのぞむが、意識的なSの潜入に関しては、はっきりした証拠をにぎらぬ限り、絶対に口に出してはいけない。信頼と団結をそこなうことを敵は狙っているのであり、デマをとばすだろうし、罠にもかけるだろう。したがって仲間を信頼し、それだけが闘争を支え、Sがおくりこまれても闘争がつぶれることは決してないことを確認しよう。仲間の信頼さえあれば、意識的Sの潜入は味方に一時的な打撃を与えるだけであり、闘争は絶対につぶれない。

(3)　〇の確立をいそげ！

六〇年安保闘争以降、繰り返し起された釜ヶ崎地区における叛乱闘争は、ブル・マス、国家権力の一体化した攻撃によって孤立し抹殺された。マスコミはこの下層労働者の正義の闘いに対して、インチキでデタラメな報道、デッチあげの歪曲した報道を繰り返すことによって、釜ヶ崎を隔離し、陸の孤島とすることに血道をあげてきた。われわれは敵の宣伝を上回る味方の宣伝を、人民のための人民による真実の報道を、すべての闘う部分、あるいはまた市民社会の良心的市民に対して行なわなければならない。O〔支援体制〕は絶対に必要である。釜ヶ崎労働者の生の声で訴え、呼びかけていかなければならない。これに反対する仲間がいるとすれば、彼は下層の世界を知らず、過去、下層労働者の〝血の叫び〟が闇から闇にほうむられ、どれだけこの地で敵の暴虐がふるわれたかを知らないのである。

そうして彼は、いつまでも下層労働者の闘いが隔離されたままで圧殺されることを望んでいるのである。

Oの任務は次の二つである。

(イ) 真実の報道を広範にやり、また支援網を拡大し、彼らを人民の宣伝機関として組織して支援活動をになわせることである。カンパ、救対等……

(ロ) この下層の闘いが、他の地区で闘っている仲間の闘いと結合できるようにすること。

(4) 裁判闘争、救援活動について

だがわれわれをパクルのは運動をつぶすためである。

したがって逮捕者が出れば出るほど、運動がさらに一層もりあがる。これが真の救援である。カンパ活動、面会、差し入れ等に、全員が投入されるようでは運動はポシャリ、

敵の目的は達成される。

市民社会に広範な支援体制を敷き、支援活動をになわせることによって、下層の世界に触れさせ、下層の運動をになわせること。これが裁判闘争の第一の目的である。

第二は、支援者をして、裁判闘争にかかわる中で、犬やYの同盟軍が釜ヶ崎で何をやっているか、釜ヶ崎とはどういうところか、その実態をブル・マスのかわりに人民の宣伝機関として組織すること、広く全国に宣伝活動をやらせることである。

救対活動の第一の目的は、パクられた仲間が無駄にパクられなかったこと、人民の戦士であることを知らせること、第二は、彼らが孤立していないこと、広範に支持者が増えていることを知らせることである。現実の釜の運動がポシャッたのでは彼らも浮かばれまい。

面会、差し入れは、専門の人がやるべきである。人情におぼれて顔がわれていない人が行けば、百の悔恨を残すだろう。

差し入れ、面会は、ある程度やれば、指導部にいた人間に足を運ぶ回数以上に闘争経験の未熟な人に足をはこぶべきである。保釈もそうである。闘争経験のあまりない人から先に出すべきである。

ともあれ、救対専門にやる人は、市民社会の同志を動員し、釜の労働者は運動を第一とさせよ！

裁判闘争の記録を全日本にばらまけ！

全国的な支援体制をつくりあげよ！

二、人民の力強い友になろう

(1) 現場闘争は何故必要か？

(イ) 釜ヶ崎地区は朝の労働センターをめぐって動いている。釜ヶ崎地区に流動する下層労働者は、朝センターに登場し、自己の労働力を一日いくらで売り渡し、日銭を得ることによってドヤ・飯・酒・ギャンブル等、生活領域全般にわたる行動を展開しているのである。

釜ヶ崎労働者は、生産点ばかりか居住点においても、生活の全領域にわたって搾取と収奪のむきだしの支配を被っている。釜ヶ崎地区とは資本主義が生みだした、資本家がいつまでも甘い汁を吸い、ピンハネするための巨大な隔離収容所、巨大な半タコである。

この国内植民地には、支配階級が資本家秩序にくりつけるために人民大衆に与えた甘い幻想、つまり日本国憲法の基本的人権うんぬんという「市民」社会におけるいんぺいされた支配と被支配の綺麗ごとの関係、「上品」と「道徳」の間接支配のかわりに、警察権力と右翼暴力団の同盟軍による暴力的支配のみが存在する。嘘ではない。「市民」社会が誇る富と力の増大がごんなに下層世界に犠牲を強いているか？　それはちょうどアメリカ帝国主義本国の繁栄がベトナム人民・植民地人民の血と汗の犠牲の上に成立しているのと同じ関係である。

(ロ) 釜ヶ崎地区は朝の労働センターをめぐって動いている。釜ヶ崎労働者は、朝、センターに登場することによって仲間の消息を知り、旧交をあたため、友情を深め、そして相互の裏切りもまたそこで裁決を下されるのだから。朝のセンター地区こそ、抑圧され虐げられた釜ヶ崎労働者が団結するために自然発生的に資本家によって結集させられた唯一の場所である。

したがって、センターを制する者は釜ヶ崎を制する。

手配師、親方、府行政、ポリ公などの寄生虫同盟が支配権を握るか？ 働くアンコが支配権を握るか？ それゆえ現場闘争は絶対に必要である。釜ヶ崎労働者に寄生し、血と汗をしぼりとっているハイエナどもを打倒し、勝利しうるのは朝のセンターのみである。

このセンター地区を主軸とする現場闘争、センター地区における支配と被支配の関係を逆転させる闘いを通して、団結が生まれ、闘う仲間うちが形成され、釜ヶ崎地区全般にわたる労働者権力の基礎が生みだされ、それらは全生活領域にわたる闘い（ドヤ・食・医療……）を有利に展開する土台となるであろう。

(2) 闘う仲間はどうやって生まれるか？ 人生の友とは誰のことを言うのか？

一匹狼うんぬんと自己を宣伝する仲間がいるが、一人で闘えるような階級闘争はごこにもない。テロ活動にしても、人民大衆への宣伝などを目的とし、常に闘う仲間を求めているのである。

釜ヶ崎労働者は、みんな似たりよったりの情況で、同じような抑圧を受け、共通の敵を持つ。自分のことを一匹狼と宣言する仲間は、これまでダマされ虐げられてきたために、余程うたぐり深いか、仲間も信用できず、自分も信用できない人である。実は、資本主義制度がすでに、人民大衆をささいな日常生活の問題でお互いにいがみ合わせ、利害を対立させるようにしむけているのだが。もっと大きな問題、つまり労働者と資本家との対立というような情況では、必ず労働者は団結するのである。われわれが一匹狼ではなく、共通の敵を持っている事実は、五月二八日、お互いに口をきいたこともなく、顔も知らぬような情況で、鈴木〔組〕を一致団結して粉砕したこと、これによって証明される。

普通、仲間というのは、酒を飲んだり、同じ情況の屈辱を慰め合ったりできる友人のことをいう。こういう友人さえできぬ人のことを、下層ではチンケで汚ない野郎だという。

この単なる仲間から闘う仲間へ飛躍するのは、まず第一に、共通の敵に対して闘うこと、第二に、仲間の一人でもやられたらやり返すこと、何ヶ月・何年かかろうとも必ず報復すること、ここからしか実現しない。仲間の一人でも手配師に殴られたり殺されたりしたら、そこに自分の運命をみること、他人ごとではなく、自分にかけられた攻撃であると認識せよ！

何故なら、みんな同じ抑圧と屈辱の情況を生きているのだから。

(3) 報復のやり方

われわれが仲間であることの唯一の証明は、やられたらやり返すこと、これである。敵に恐怖を与え、仲間の信頼と団結を確保できるのも、これ以外ない。

闘いが順調なときよりも、困難なときこそ、団結の中味が問われるのである。いつも敵をやっつけることばかり続かない。やられることの方が多いのだ。

一人で闘える闘争なぞどこにもない。報復の方法もまた、大衆的に粉砕できる方法を考えなければならない。抑圧され、虐げられた人民の闘いの大原則は、味方を保存し、敵をセン滅するということである。

味方の勢力の強いところで、待ち伏せし、罠をかけ、おびき寄せ、粉砕すること、これが最も敵に打撃を与え、味方の損害をくいとめる効果的な闘い方である。

(4) 現場闘争の戦術

(イ) 現場闘争は必ずセンターで多数の仲間に呼びかける方法をとらなければならない。たとえば、「昨日、どこそこの現場に仕事に行った。片付けで根伐(ねぎり)〔堀り方〕をやらされ、文句を言うとドヅかれた」という具合にセンターの仲間に呼びかけ、手配師、バスをとり囲み自己批判を迫るやり方である。ちゃんとオトシマエをつけ釜ヶ崎労働者の許可をえた者のみセンターにバスを入れさせること、謝罪しない手配師は鈴木組のように、何ヶ月かかろうともへこたれずに攻撃することが必要である。ともあれ、何か問題が起ったら、自分だけの問題として把えず、釜ヶ崎労働者は似たりよったりの問題で悩んでいるのだから、仲間全員に呼びかけ、訴え、闘いを普遍化することが必要である。

(ロ) 現場闘争をやりぬくにあたって、条件違反を摘発するのがもっともやりやすい。現場の情況、味方の力量等を考え、自分にもっともふさわしい独創的なやり方で各自ガンバルことが大切である。

現場闘争の方法として、①デズラを上げさせる、②コマワリ〔やり切り仕事〕にさせる、③トンコする、④休憩を徹底してとり、サボタージュする、⑤やることをやって文句をいう、等の方法が一般的である。

①の場合、デズラを上げさせると、うってかわって一生懸命仕事を始める傾向があり、デズラが上がったのだからサボルことができない、という意識が労働者の中にある。

②の場合、現場をよくみないと三時頃までかかり、コマワリでなく大マワリになったということになる。コマワリは基本的に正午までに終わらなければキック、シンドイ。

③の場合、全員で一致してトンコしなければ敵への打撃が少ない。翌日必ず「片付の条件で行ったのにコンクリート打ちやないか！」という具合に、バスをとり囲んで満額とるのが理想的である。オケラのときはトンコしにくいものである。

④の場合、これがもっとも革命的であるように思われる。いくらアオラれても、返答もせず、腰をおちつけて動かないことによって、監督はイライラして、われわれを不気味に感じ、また挑発してくるだろう。

⑤の場合、敵の勢力があまりにも強大なとき、あるいは、現場で一緒に働く労働者があまりにも右翼的であるときに限る。

ともあれ現段階における現場闘争においては、誰がみてもわれわれに道理があるというやり方でするべきであり、仲間を結集し、闘う仲間をつくりだすことを目的としなければならない。

(5) 人民の力強い友になろう

釜ヶ崎労働者は、単に現場においてのみ抑圧されているわけではない。住居、食堂、パチンコ、医療等、生活の全体にわたって抑圧され、差別され、収奪されている。全生活領域にわたってわれわれは人民大衆の力づよい友とならなければならない。何か事件が起ったら、われわれはその先頭にたって共通の敵、ドヤ主、手配師、ポリ公どもの寄生虫同盟と闘うこと、その行為こそ人民の友の証である。味方を保存し、敵をセン滅するという原則にたち、戦術を練れば絶対に勝てるし、人民を動員するという原則にたって戦術を練れば、悪しき前衛主義はたちごころに人民大衆の革命行動の前に色あせるのである。

人民の海で闘おう！　味方の力が強大であり、敵の力が弱い場所、それはセンターである。

センター地区における現場闘争を闘いぬく中で、団結が生まれ、闘う仲間が形成され、その他生活領域全域にわたる闘争を有利にするであろう。

改良（アメ玉）というのは、労働者の闘いが前進し強大となるにつれて、敵がわれわれを慰撫するために持ってくる眠り薬・鎮静剤であり、われわれの闘いの結果として生じたものであり、われわれの闘いは、それによって眠らされるどころか、ますます元気になるのである。

センターに労働者権力をうちたてよう。

現場闘争を闘いぬこう。

人民の力強い友となろう。

三、　釜共闘を発展させるために

（1）　釜共闘は暴力手配師追放を行動スローガンとする大衆闘争組織であり、この行動スローガンを軸にして、いろいろな考えの仲間が集まっている。もちろん手配師問題は資本主義制度下における釜ヶ崎の諸矛盾の一つの特徴であり、この行動スローガンは必然的に発展・転化せざるをえない。したがって種々な方向へ発展させようとする努力が、他の種々な傾向を生み出すだろうし、また、その過程で生み出された諸傾向が自己の傾向を方針として提出し、自己の方針を正しいと確信することだろう。自己の方針を持たず、また自己の方針の正しさを確信することもできずに確固とした長期にわたる闘争ができるわけがない。

だが、ここで問題とするのは、そこから生ずる種々な方向性との区別ができず、相違点をはっきりさせることができず、またそれらの諸傾向が全体として、それ故、有機的に結合することもできずに、いつのまにか方向性の問題としてではなく感情的対立にゆがめられてしまうことである。やりたい奴がやれ、というのではなく、それらの諸傾向が何をやろうとしているのかを理解することが先決なのだ。そして単なる気分や傾向ではなく、それらが確信された方針として提出されたとき、やらねばならぬと痛感した奴がやるのである。

(2) 釜共闘は、その出発点からいろいろな考えの仲間が寄生虫退治という目的のために集まったところにすぐれた面があるのであり、いろいろな考えの仲間がいるからこそ、釜共闘はつぶれず、持久戦に耐えきれるのである。闘いはどんな闘いも総力戦であり、公然と目に見える戦闘の背後に目に見えない闘争がごっしりと存在していること、これが闘争の勝利の鍵を握るのである。それは救対から何から何まであらゆる面においてであり、もっとも端的な例は協力会の武装襲撃である。確かに釜共闘が協力会との闘争を提起したが、釜共闘の(その意味において)背後に存在する圧倒的釜ヶ崎労働者が闘ったのだから。現在、釜共闘に問われていることは、釜共闘に集まった仲間の諸方向が総力戦体制として有機的に結合できるかどうかであると考える。

(3) これは歴史的な統一戦線の問題であり、統一も団結もお互いの方向性、考え方の相違点を明らかにして初めて生まれるのである。もっと身近にいえば、仲間と仲間の間でも、お互いがお互いの違いを理解しなければ、お互いがお互いに無理な注文をしたり、あるいはまた自分と同じことを強制したりするのである。たとえば、敵との間で石投げが始まり、味方の方が不利であるとすれば、誰も石を補給する者がいなければ必ず負ける。それればかりではなく、もっと長期的な闘いになったとすれば、ケガをした仲間や、食料の問題やら、敵の増援部隊以上の味方の応援部隊や、便所の問題や、紙の問題や、とにかく、沢山の問題を解決しなければならないのだ。しかも補給の問題だけではなく、軍事方針やら、とにかく、労働者の政治の正しい手直しまでも。

(4) 現在、釜共闘の諸方向において、これを同じ考え方に純化するというのではなく、それらの諸方向が何をやろうとしているのかを知るために、お互いがお互いの方向性の違いを理解し、それ故にこそ結合できるという確信をもって、団結－批判－団結の原則のもとに、百花斉放を展開しよう。ただし、現実の釜ヶ崎労働者の利益、階級闘争の利益になると信じられる唯一の価値規準に照らし合わせて、大衆の利益になると判断されたときは批判し、大衆の闘争とは無関係でむしろ批判することによって感情的対立を生むような、大衆の利益に反するようなときは批判をさしひかえるという原則にしたがっ

て。（かく言う筆者はこの原則をなかなか守ることができないのだが）

（5）　釜共闘の全ての仲間に訴える。釜共闘のような組織は大変めずらしい組織であり、日本全国どこを捜してもこのようにすぐれた大衆闘争組織はない。たとえ意見がくい違っても、たとえ感情的にいがみあうことがあろうとも一致して行動できるところでは一致して行動する、釜共闘のすぐれた側面を発展させよう。

四、前線（＝戦場）と後方（＝補給）基地の関係について

（1）　この間、釜共闘全国工作隊は、釜共闘を先頭とする釜ヶ崎労働者の闘いを孤立させ、隔離して圧殺しようとする西成署＝大阪腐警の、釜ヶ崎労働者の正義の闘いに対する弾圧攻撃に対し、広範な支援体制をつくるために努力してきた。しかしながら、支援戦線の釜ヶ崎に対する理解のしかたと、ならびに釜共闘のかかる支援戦線が何故必要なのかという、つまり、釜ヶ崎の闘いが全国下層労働者の象徴的かつ突出した闘いであるという政治的把握の欠如が、相互促進的に誤解を生みだしている。それ故、釜共闘全国工作隊は、かかるミゾをとりのぞき、運動をさらに発展させるために、若干の討論の基礎を提出したいと考え、以下重要基礎事項をレジメ風にまとめてみる。

（2）　釜ヶ崎に代表される流動的下層労働者は全国の部落、在日朝鮮人、沖縄、解体された農村・漁村、閉鎖された炭鉱等から供給され、この闘いは、とりも直さず、部落大

衆の闘いであり、朝鮮人民の闘いであり、農民の闘いであり、漁民の闘いであり、かつ資本主義の発展過程で合理化等による資本の自己増殖のために職場を追われふるさとを追われた、まさしく、文字どおりの無産労働者大衆による、資本主義の前提そのものに対し部分的にでなく全面的に対立している、現下の日本階級闘争の最前線をになう重要な闘争である。資本が自己の利益のために、という自己運動の展開の中で、まさしく資本が下層労働者に与えた流動的状況こそが、資本を打倒する武器としてのこの釜ヶ崎の闘いを全国化する唯一の武器であり、したがって、それ故にこそ、敵権力はこの闘いを個別的・地域的な闘いにおしとどめ隔離し圧殺するためにやっきとなっているのだ。

（3）過去の山谷・釜ヶ崎の闘いの事実・結果が示すとおり、この闘いは一貫して、ブル新、ヤクザ、ポリ公の三位一体となった弾圧攻撃の前に、誰も救援に駆けつけるものもなく、その実態を知られることもなく、葬られた。補給を断たれた闘いがみじめな敗北を迎えるのは、釜ヶ崎をみるまでもなく、過去の一切の闘いがそうである。前線と補給の関係は、たとえば相模原が端的に示している。米軍のベトナム侵略の重要後方基地は日本であり、武器や食料の修理、補給だけではなく、兵士のもっとも安全な休息地である。常時ピストルを持っていなければ安心できないアメリカ本国より、ヤンキーは酒、女等、この日帝本国で英気を養い、再度ベトナム人民を殺害するために戦場におもむくのだ。

（4）釜ヶ崎の闘いを圧殺せんとする敵の攻撃は、前線と後方の切断であり、分断である。われわれとしては、この敵の攻撃に対して、①情宣、②裁判等の資金調達、③工作隊の派遣、に向け最大限の努力をしなければならない。前線だけに闘いがあるのではなく、闘いは前線と後方のあらゆる領域にわたって闘われるのであり、闘いは常に総力戦体系の中での部分戦闘である。

(5)　この前線と後方の関係は、常にダイナミックな有機的な関係をもつ。そしてこのダイナミックな関係のもっともすぐれた状況は、たとえば、山谷が燃えれば釜ヶ崎が後方補給基地となり、釜ヶ崎が燃えれば山谷が後方補給基地となるような関係であり、この関係こそ流動的下層労働者の面目躍如であろう。

(6)　最後に、団結こそがわれわれの最大の武器である。内ゲバに明け暮れる新左翼と異なり、釜ヶ崎の闘いが全人民的な普遍性を有するのは、内ゲバをやる暇がないからである。たとえ意見が食い違っても、行動で一致できるところでは一致して行動する、釜共闘のもっともすぐれた側面を今後も発展させ、ガンバロウ。一足とびにダイナミックな前線－後方の関係ができるわけではなく、今後の具体的な行動展開の中で一つずつ勝ちとってゆこう。

五、　味方の内部矛盾を正しく解決しよう

(1)　私的利害を優先させるのではなく人民の利益を、階級闘争の利益を優先させよう

そのためには自分と他人の違いを知ることである。自分の出来ることが他人に出来るとはかぎらないし、その逆もまたしかりである。団結が必要であると考えるなら思いやりも必要である。オレたちは一人だと弱い。しかし仲間の力を集め、組織としてあるのなら強いのである。組織は団結を必要とする。

労働者の武器は団結であり、団結は闘いによって勝ちとられる、そして団結は闘いを押し進める。

(2) 相互批判（批判、自己批判、反批判）を原則的に行なおう！

連合赤軍は人民に多大な影響を与えた。この総括はサマザマである、しかし次の一点は一致している。鉄砲は敵に向けられるべきであること、味方に向けられると敵は喜ぶだけであること。

われわれは敵を喜ばせてはいけない！

日共のように人民の味方を権力に売ったり、革マル、中核〔派〕のような内ゲバ病は権力が喜ぶだけで人民の利益にはならない！

闘いを発展させる方向で相互批判の論争を行なおう！

(3) 指導部は大衆が決定する！

釜共闘の事務局は、労働者の不信の声によって、常に交代可能である。釜共闘はだれでも指導部になれる。そして、いつでも指導部からおろされる。

事務局へ参加せよ！

六、団結を強化し、更に前進するために

■人民内部の矛盾を正しく解決しよう！

味方の内部、仲間うちでは、批判と反批判の相互判断は正しく行なおう。決して資本家やポリ公などの寄生虫に対するような口調で批判してはならない。基本的に仲間うちの問題は仲間うちで解決し、おだやかに話し合いで解決しよう。

連合赤軍事件は各方面に多大なショックを与え、総括も雑多だが、しかし次のことでは一致している。

すなわち、武器は敵に向けなければならないこと、決して味方に向けてはならないことだ。内ゲバは敵が喜ぶだけであり、俺たちは《味方を保存し、味方を拡大し、敵を包囲し、敵を殲滅する》原則に従って、闘おう。敵を喜ばすようなことは絶対にすまい。

■労働者の武器とは団結であり、組織である。

自動車、日本刀、そして俺たちからピンハネして豊富な資金源を持つヤクザたちに対

して、俺たちは何故勝ったのだろうか？　それは、俺たちが団結したからだ。アメリカ帝国主義の最新鋭の優秀な武器、ナパーム弾の嵐にも負けず、貧弱な武器でもって闘い続け、しかもアメリカ経済をガタガタにしたベトナム人民の強さの秘密も団結以外の何ものでもない。

抑圧のあるところ反抗がある。道理は常に抑圧され虐げられている人民の側にあり道理のある人民が最後には必ず勝つ。

アメリカ帝国主義に道理はなく、ベトナム人民に道理があり、ベトナム人民は道理があるから団結することができ、しかも世界の人民の支援が集まるのである。

■敵に反対されることはよいことである

敵に反対されることはよいことである。

俺たちをピンハネし、肥え太っている寄生虫たちに対して、俺たちが確実に打撃を与えているからこそ敵は恐怖し、いつまでも俺たちからピンハネし、いつまでも奴隷状態におしとどめこき使うために、豚どもは、ヤッキになって釜共闘に反対しているのだ。仲間の団結をそこない、不信感をマンエンさせるためには敵は卑劣なデマを流す。

敵の攻撃によって大衆運動が破壊されても一時的なものである。ポリ公が流すデマを一切信用せず、仲間うちの結束を固め、寄生虫を退治しよう！

怨念と屈辱の生活の総体を熱いダイナマイトにかえて敵のドテッパラにぶちこめ！

アル中にささげる

精神病院で医者は患者に大量の薬を与える。

医者は言う。患者に対してではなく、保護者たちに。

「現実問題として患者たちは非常に苦しんでいるのです。医者の立場としては患者が何日も眠らず食事を拒絶し、実際に苦痛を訴え、死に至るのを黙ってみているわけにはまいりません」

なるほど。

帝国主義市民社会における「秩序」と「平和」は下層労働者に大量の薬を与える。

この患者をアル中・流・乱暴と名づけよう。彼は、帝国主義市民「秩序」と「平和」の下では常に頭脳を麻痺させなければ生体活動を維持できず、資本の要請に従って全国の寄せ場、全国の飯場、全国の工場を流れ歩き、不良労務者とも過激労務者とも呼ばれる乱暴者である。

＊

一九七二年一月某日、飯場に入ったダチが吊り足場からレコ〔墜落〕して死んだ。仕事が皆無の正月をめぐる厳しい冬を生きのび、ようやく仕事もチラホラと出はじめ、これでツレにお返しができると、飯場に入って間もなくだった。

ダチは一冬ツレに面倒を見てもらって、飯も食わず、悪い酒を飲みごおしだった。解剖の時、胃袋は異臭を放っていたそうである。

ダチは死ぬ間際、自分が沖縄出身であると初めて名をあかした。

ダチは「負い目」を感じていた。そしてまた「罪の意識」を持っていた。

ダチの死は、ダチの死ぬ間際の意識からみて、故郷のダチに連なる人々への「しょく罪」であったろう。

なるほど、帝国主義は沖縄を、肉体だけでなく頭脳さえも、こういうふうに支配するのか？

＊

私はといえば、また、長い間「負い目」を持って生きている。おまけに「罪の意識」をしょいこんで。

やりきれんのお。

ところで、私は何について「負い目」を持っているのだろうか？

いつもそれは漠然として不確定なのだが、おそらくそれは、私が人々の期待を裏切って生きてきたからだろう。母親に始まり、出会ってきた人々の大半を。

市民社会の価値基準から、私は過去種々なレッテルを貼られた。

そしてそのレッテルどおりに、私に連なる人々の大半が、私によって「不幸」にさせられたという意識を持っている。それは耐えられないことだ。

*

しかし今、私は、「負い目」だの「罪の意識」だのという意識が、制度によって与えられたものであることを知っている。制度は肉体だけではなく、心をも支配するということ、「罪の意識」を持つことによって制度は正当化され、支配が完成されることを知っている。

そのため、人々が私を恨めば、それだけ私は制度を憎むようになった。私の頭脳は急進化し、妄想はふくれあがり、爆発しそうになる。

帝国主義「市民秩序」の「平和」に耐えきれず飲みまくった状況から一歩進んで、むしろ頭脳の爆発を抑制するために飲むという悪無限の廃人のコースを、敷かれたレールを歩いている。

なるほど。

永山則夫が「改心」した時には出るに出られぬ死刑囚というやつだ。敵は目覚めた無数のアル中・流・乱暴たちが「負い目」や「罪の意識」を断ち切って闘いはじめるとき、武器としての肉体すらも収奪しているのか？

＊

状況は少しも急進化せず、頭だけが急進化するとき、それが状況の総体を急進化する武器の政治を構築する方向へではなく、行動に転化されるや、みじめな結末が行く手に待つ。

私は、無数のわれわれが一人ひとりひきはがされて「犯罪」のレッテルを貼られ、刑務所か精神病院のどちらかに隔離されるのをみている。私は、ダチが反抗の表現すらもせず現場で死んだこと、それは明らかに冬、仕事のない状況がダチの肉体をボロボロにしたこと、凍死と何ら変りない死であると考える。

＊

われわれの現在は暗黒であり、われわれの未来もまた暗黒である。

私は見ている。われわれの死を知っている。暴動の最中にたたき殺されるのはまだいい。ドヤのベッドで、公園のベンチで、われわれの死体がまるでゴミを処理するような調子で片付けられるのを知っている。

労働現場での死は、それでも丁寧に埋葬される。だが、われわれの死体に如何ほどの意味があろう。

私は知覚する。

われわれの肉体が次第にボロボロになってゆくのを覚える。

われわれは一生涯にわたるアシュラとして、肉体を、感性を、奪いつくされ、やがて廃人となるのだ。

現在若い諸君は、いずれ年老いてゆけばわかるだろう。われわれの客観的未来が野たれ死に以外にないことが。

われわれはやがて武器としての肉体すらも収奪されるのだ。

＊

私は、私の基本的心情が、おとなしく野たれ死にしたくないこと、そしてそれがタイトルのような妄想で今にもおしつぶされそうであることを告白する。

それは、われわれの現状打破への願望が強烈であり、ラディカルであり、どこにも私の妄想を満たしてくれるような急進化された状況がないことを意味する。

私は過去、何度もチンケな「犯罪」でパクラレた。

私は、われわれに敵対する制度が、私の妄想に関してすらもイチャモンをつけてくるのを知覚する。

私は、対極にひき裂かれた頭をかかえて、いつもいらだたしさを覚える。私は、もう一つの現実思考を忘れ、妄想のみを想いえがき救われる人々を天獄の囚人と呼ぶ。私は彼を日和見主義者と規定する。そして更に、妄想を想いえがくこともなく、ただ、現実思考の名の下に制度と交渉する人々のことを社民と呼ぶ。

私は不条理を選ぶ。

天獄の囚人たちは、現実から裁かれるであろう。

社民たちは革命から裁かれるであろう。

私は、廃人の道を歩みながら、われわれと一緒に、野たれ死ぬ前に闘い続けるだろう。

そして野たれ死ぬかも知れない前に、脳漿（のうしょう）が爆発するかも知れない。

どちらにしても私は、既に罰せられた存在である。

七二年夏、おれたちは何を獲得したか？
七二年冬、何を守らねばならないか？

(1)　**朝のセンターの主人公は働く俺たちである。**

まず初めに、この間の闘いを通して、俺たちが何を獲得したのか、特徴的な闘いを想い起しながら明らかにしよう。

五月二八日、暴力団鈴木建設との対決を通して、センターにおける手配師の暴力支配を部分的に突きくずし、特殊朝のセンターにおける就労をめぐる赤色時間とも呼べるものを確立した。

それまで、賃金未払いや就労条件の明示等に関して、俺たちの勇ましい仲間が、センターあるいは現場で、寄生虫＝暴力手配師に対して個別に抗議し、仮に打ち負かすことがあっても、敵の組織暴力を背景とする組織的報復によって個別に粉砕されるか、または「寄せ場に立たせなくするぞ！」というドウカツによって泣き寝入りするか、釜ヶ崎を一時的に離れて、ほとぼりのさめるまで他の都市の「寄せ場」や飯場へ姿を隠すのが常であった。（一一月初旬、釜共闘に訴えのあった一つの事例をあげてみよう。今年の五月頃、一〇日契約で飯場へ入ったが、一五日間働かされ、ササイな問題で棒心〔世話役〕にケンカを売られ、腕を切られた。そして、釜ヶ崎で出会ったら骨をへし折るぞ、とおどかされ、賃金ももらえずに追い出され、仕方なしに警察に行ったが、ろくに取り扱ってもくれなかった。その後恐くてずっと出屋敷〔尼崎の寄せ場〕で働いている）

この対鈴木組闘争の過程で、目には目を、歯には歯をの、やられたらやり返すぞ、というスローガンの下に釜共闘が結成された。これは画期的なことである。釜共闘の内実は、どちらかといえば、攻撃的ではなく、敵の組織暴力に対する労働者側の組織的報復の対置、すなわち〝仲間を寄生虫から防衛する〟人民の人民による組織暴力を意味し、大衆武装闘争が、まず自衛武装から発展してゆくものであることを示している。

(2) **三角公園はヤクザのものではなく、働く俺たちのものである。**

三角公園は、西成署からわずか五〇m程度のところにある。しかし、三角公園はノミ屋、バクチ打ち等の西成署公認の私設トバク場になっている。八月一三日の山口組系のノミ屋、バクチ打ち等の武装襲撃を労働者の密集した力でもって粉砕し、その後三日間貫徹された夏まつりの意義は、特殊朝のセンターをめぐる支配と被支配の関係を逆転させる闘争が、さらに、釜ヶ崎全域におけるヤクザの暴力秩序を粉砕する方向へ発展することを示したものに他ならなかった。労働者自らが自己の力を確認し、自己を釜ヶ崎全域にわたる権力として宣言すること、まさしくその方向をめざして一五日、赤旗を先頭にして西成署に進撃を開始したのであった。ここで俺たちが肝に銘じたのは、ヤクザには勝てたが、ポリ公には勝てなかったことであった。

(3) 協力会との闘争は手配師総体との闘いであった。

一〇月九日の長谷工務店の現場監督による暴行と賃金未払い事件に端を発した、一〇日の協力会の日本刀三本を含む木刀による武装襲撃は、ただ単に朝のセンターにおける力関係の逆転、すなわち朝という特殊時間を赤色時間として確立するというだけではなく、まさしく協力会が飯場手配師の中心的組織であるが故に、昼も夜も含むセンターの手配師支配の総体に対する不退転の闘いを意味した。すなわち、手配師の巻き返し攻撃によって、センターが昔の状態にもどるか、それとも、センターでの就労をめぐる労働者の手配師に対する完全優位を実現するかの、決して負けることができない闘いとして位置した。そしてこれは、一〇日以降の暴力手配師がセンターに一歩も近づけない対峙的、持久的闘いを通して、協力会が釜共闘にワビを入れて来ざるを得ない事情を生み出し、手配師総体に対する、釜ヶ崎労働者の圧倒的優位の状況を実現せしめた。

(4) 越冬をめぐる彼我の情勢、俺たちはいかなる視点をもって越冬に取り組むのか！

確かに俺たちはこの間の闘いで、手配師総体に対して圧倒的優位に立っている。賃金未払いの問題や、就労条件の明示、改善等の経済的要求に関しては、実力をもって一定程度勝利している。

だが、センターを軸とし、釜ヶ崎全域にわたる方向でもって、ヤクザの暴力秩序を粉砕し、手配師総体に対する優位を確立したが、そのかわりに、資本家秩序の真の担い手ポリ公が全面制圧に乗り出して来ている。ポリ公のナチス棒の暴力の前に俺たちは沈黙している。朝のセンターですら、ポリ公を未だ追放していない。

俺たちはことポリ公に関しては肉体的に完全に武装解除され、最近では頭の中さえも武装解除されつつある。それは、ヤクザに対しては最後的には勝っているが、ポリ公に対しては結局のところ負け続けているからだ。

確かにポリ公は全国的組織暴力であり、粉砕しても全国から動員をかけてくるだろうし、こと釜ヶ崎一地域に限定すれば、俺たちの力ではとてもじゃないが歯が立たない。

現在、俺たちに問われていることは、明らかにこういうことだ。

まず第一に、俺たちの主体としての団結を強化すること。

第二に、他の闘う戦線との強力な連帯と結合。

第三に、俺たちの闘いを支援する戦線を構築すること。

この三つの結合した、集中した力でもってポリ公に立ち向わなければならないことだ。

敵を内からも外からも包囲しよう！

働く仲間たち！
全国の抑圧され、しいたげられた兄弟たち！
　そして全国の心ある友人諸君！

越冬は俺たちにとって不退転の闘いである。俺たちは、夏場はピンハネするためにチヤホヤし、冬になったら飢えて死ね、という寄生虫どもの期待にこたえるわけにはいかないのだ。若い時にはチヤホヤし、年をとって身体がボロボロになったら路上で野たれ死ね、という豚どもの要望をすんなりと呑むわけにはいかないのだ。俺たちは、仲間たちの中から一人の死者も出さない、という決意の下に越冬に取り組む。俺たちは仲間たちの総体が一冬生きのびるために越冬に取り組むのだ。
　この俺たちのささやかな越冬の要求すら妨害し、あくまでも飢えて死ね、とイチャモンをつけて来る連中に対して、俺たちはあらゆる手段を用いて闘わなければならない。

釜ヶ崎解放闘争の主要な課題

七二年の釜ヶ崎の闘いは七三年に入って種々な問題を提出している。もちろん、これは暴力手配師追放を行動スローガンにしてきたことの必然的帰結であり、それ故、種々な問題を抱え込む釜共闘の現在的状況がその止揚方向において、種々の傾向を生み出すのも必然的帰結である。それは悪いことではなく良いことであり、一番肝心なことは分化した種々の傾向がそれぞれを他の傾向と明確に区別し、共に敵に対して、総力戦体系の中で有機的に結合することである。

わが工作隊は、この間敵の総包囲による釜ヶ崎の闘いの孤立化を粉砕し、反対に敵を総包囲するために全国的規模で「三種の味方」を形成することに努力してきた。一種の味方の形成とは、釜ヶ崎労働者の生活状況に関心を寄せ、この闘いを支持する広範な支持者層の拡大である。二種の味方の形成とは、釜ヶ崎の闘いの情宣、救援等について具体的に行動し、具体的に支持し、かつ、時にはドヤに泊って労働し、釜ヶ崎労働者の生活実態を具体的に知ろうと努力する人々の層のことである。三種の味方とは、釜ヶ崎に代表される日雇労働者、あるいは中小企業の労働者、あるいは大工場で働く臨時工｜社外工と呼ばれる労働者、これら流動的下層労働者の闘いこそが日本革命の展望を唯一切り開く道であることを確信し、かつ、自らが流動的下層労働者となって共に闘うことを熱望し、実践し、自らが下層労働者の先頭に立って道なき道に道をつけ、前人未踏の日本革命の路上で往生を遂げ畳の上では死にたくないと考える人々のことである。

ところが、越冬闘争の準備、かつ、実行の大半が釜ヶ崎労働者の現実的制約によって、釜ヶ崎労働者でない人によってなされざるを得なかったこと、また越冬闘争の主体としての釜ヶ崎労働者の越冬に対する意識状況の分散によって、テント村の解体後、労働者内部にも、また支援戦線内部にも、多少の混乱を生じた。自己が当初イメージしていたところの越冬闘争と越冬闘争の現実が生まざるを得ない支援戦線内部の混乱はさておくとして、労働者内部の混乱をみることにする。

①炊き出しやテント村設営は慈善事業であり、結集する労働者の総体が喰いつめたルンペン化した労働者ばかりである。こんな越冬なんかやりたくない。俺は偽善者でない。

②正月を巡る冬の状況下において、基本的には行政がやるべき仕事を、俺たちが肩代りさせられている。

③学生が多い。頭に来る。奴等は結局もとの安楽な生活に戻る連中だ。等々、釜ヶ崎の越冬の現実が「炊き出し」とか「テント村」を軸にして展開されたので、越冬闘争に対する反対というよりも、この炊き出しとテントに対して反発を感じているように思わ

れる。もっと過激なことがやりたいと。

ところで一方、「黙って野たれ死ぬな、生きて奴等に仕返ししよう」という単純で、しかも背後に革命的な内容が秘められたスローガンの下に越冬が展開されたわけだが、問題は、国家権力の包囲の中でスローガンの内容が部分的に炊き出しとテント村という表現形式しか与えられなかったことであろう。再度、越冬の意味とその成果を考えてみよう。

(a) 釜ヶ崎における冬とは、日本資本主義の構造的矛盾、社会的困窮の季節的表現であり、労働者階級としての悲惨、困窮、圧迫の総体が正月を軸にして集中するということであり、不要になった労働力商品が凍死、餓死、病死という表現でもって処理されてゆくということなのだ。そして、それらの死体さえも医学部の解剖用モルモットとして最後の最後までブルジョアジーに奉仕させられるということなのだ。

(b) 「生きて奴等に仕返しするぞ!」という越冬スローガンは、資本の苛酷なゲバルト搾取、収奪制度に対する釜ヶ崎労働者のギリギリの、不退転の、もっとも道理にかなった普遍的なスローガンであり、難民キャンプとも呼ぶべき炊き出しとテント村を基軸に据え、出撃拠点とするところの越冬闘争こそ、生産手段を奪われ国家権力に包囲された釜ヶ崎労働者の〝冬〟に対する抵抗の現在的表現なのだ。そして、この炊き出しとテント村の現実こそが、あらゆる美辞麗句を用いて制度を誉めたたえる御用学者を告発し、また、テント村を軸として展開される〝暴動〟こそが、マルクス主義からあらゆる抵抗の響きを奪い去ろうとし、人民大衆を武装解除しようとする修正主義者への破産宣言なのだ。（資本主義批判としての越冬の現実から資本主義打倒へ！）

（c）七二年五月二八日の対鈴木組闘争から、その後不屈に闘い抜かれた現場闘争の中から生み出された戦闘的青年労働者の組織釜共闘が、ただ単に青年労働者の利益のために闘うだけではなく、資本によって労働力商品としての価値を否定された病人、老人、資本の自己増殖の過程で廃人にされたアル中たちを引き受けようとしたこと、否、彼らが参加できる形で共に闘おうとしたこと、そして、敵と対決し、打ち勝つために衣食住総体の労働者階級の問題を解決しようとしたこと、これが越冬闘争の意味である。労働者が革命を起すということは、生産手段を労働者がわがものとし、衣食住の問題を自分の階級で解決することに他ならない。労働者が革命戦争に起つ生活過程とは、一方では衣食住の問題を自己の生産能力で解決し、他方ではブルジョアジーから奪うということである。資本主義の季節的表現であるところの釜ヶ崎の〝冬〟における釜ヶ崎労働者のと闘いの生活過程とは、衣食住の総体の問題を仲間うち、あるいは友人の援助によって解決しながら、他方ではブルジョアジーから奪い取ることである。まさしく越冬闘争が釜ヶ崎労働者にとって普遍的課題であるが故に、過去の現場闘争で結集した戦闘的青年労働者以外の広範な大衆を参加せしめ、したがって、それ故にポリ公は猛烈に反対しながらもつぶすことができなかったのである。山谷においては、その情況はもっと顕著である。

結論として①②③の意見は、毎年越冬が炊き出しとテント村に終始し、そこから発展すべき方向を見出せず終了したことであり、しかも釜ヶ崎労働者にとって冬とは単に正月だけの問題ではないということであろう。もちろん、それは〔全港湾〕西成分会が「闘って」いる冬の一時金の問題だけではないということは明らかである。

大衆実力闘争における防衛戦と攻撃戦に関する戦術問題の不断の検討と追求は重要な問題である。どんなに立派な革命の戦略を持っていようとも、一局面を制する重大な戦闘で戦術を誤れば革命的大衆状況を何年も遅らせたり、あるいはその回復のために何年も待たなければならないのであり、戦闘において小さな失敗をしても大きな失敗は絶対にしないということである。そのための基本的原則は、①味方を保存し、味方を拡大し、敵をやっつける。②広範な人民大衆に依拠し、広範な人民大衆の集中した力でもって弱小な敵をやっつける。③大衆闘争における防衛戦と攻撃戦のダイナミズムについて深く理解する。④広範な人民大衆の実力闘争と遊撃戦との違いを明確に理解し、広範な人民大衆の実力闘争と遊撃戦を美事に結合させる。

ここでは昨年の闘いに学びながら③と④について考えてみよう。

（a）　五月二八日の闘いで教訓とすべきは、センターへ鈴木組が木刀で殴り込んだ時、鈴木組は単に一握りの鈴木組に反対する活動家集団を敵にしただけではなく、釜ヶ崎労働者を敵に回わしたということである。逆に、もしも一握りの活動家集団がその前日「鈴木組をやっつけるために事務所へ襲撃に行こう」と呼びかけたとする。鈴木組が誰でも知っている悪質な業者であるにもかかわらず呼びかけに答えなかったであろう。われわれは次の結論を下さないわけにはゆかない。広範な人民大衆を巻き込む闘争は、基本的に敵の攻撃に対する防衛戦であり、まさに鈴木組がセンターに殴り込んで来たことによって広範なセンターの労働者は初めて鈴木組を粉砕することを〝道理〟として認識したのである。この防衛戦の基本的特徴は、味方の勢力の強い範囲に敵をおびきよせ粉砕することである。これに対し、鈴木組を粉砕することを〝道理〟として認識した少数グループが鈴木組を襲撃する決意を固める時、これは攻撃戦を意味し、種々の条件が付与される。攻撃戦には、①味方の十分な訓練、敵に関する十分な調査。②迅速な攻撃、迅速な退却。

(b)　革命闘争は広範な人民大衆があらゆる形で参加する大事業である。各々のおかれた状況を敵を打倒する武器として最大限生かさなければならない。したがって、革命闘争とは広範な人民大衆の闘争であり、遊撃戦とは、広範な人民大衆の闘争の中から生み出されながらも大衆とは区別された、目的意識的な、戦士的カードルの闘争である。したがって、遊撃戦は広範な人民大衆の闘争を助け、広範な人民大衆の闘争を発展させるものでなければならない。広範な人民大衆がそれを〝道理〟として感性的に認識し、さらに遊撃戦が拡大するのは、闘う人民大衆が――やられたら倍にしてやりかえす――原則を忠実に実行することである。（略）

在日朝鮮人・部落大衆と釜ヶ崎。釜ヶ崎の山口組（略）

III

政治は人々を崇高にし醜悪にもする

1973

万国の労働者は
国境をつき破れ！

鹿島建設は戦前・戦中タコ部屋だった！

日本一の土建会社はタコ部屋・半タコから大きくなった

鹿島建設を頭目とする間組、熊谷組などの日本の大手建設業者は、戦中・敗戦直後、日本人労働者だけではなく、強制連行した朝鮮人、中国人をタコ部屋にぶちこみ、強制労働させ、虐待し、虐殺し、今のように「上品」な会社になった。大きな会社ほどアクドイことをやってきたのであり、それだけ労働者を虐待してきたのだ。日中国交回復の立て役者田中角栄も一九四一年、新潟で土建業（田中土建）を始め、朝鮮に進出し、四四年に田中は請負った工場の朝鮮への移転工事費が二〇〇〇万円（今の金で百億円）という仕事をやり、延べ三七万五〇〇〇人の朝鮮人労働者をごなりちらし、こき使った。タコ部屋へぶちこまれ、殺された労働者は数えることができない。みんな無念の涙を流して死んでいったのだ。

日中国交回復で浮かれているが、資本家（＝田中角栄）というのは、銭にならぬことはやらないのだ。

そこで《釜ヶ崎反入管通信》創刊号として、鹿島建設（当時は鹿島組）がごんなに残虐な犯罪企業であるかを暴露する。

花岡暴動（九八六人のうち、約半数が殺された）

一九四五年六月三〇日、秋田県花岡鉱山で中国人労働者約八〇〇名は、鹿島組の虐待、虐殺に対し、ついに蜂起した。これらの労働者は、日本軍によって親・兄弟から無理矢理ひきはがされ、つれ去られてきたのであり、当時、日本軍によって強制連行された中国人労働者は約四万人、その犠牲者は七〇〇〇人にのぼる。現場で、また収容所の「中山寮」で虐待された労働者の言葉。「……一日のノルマが果たせなかったといっては、なぐられ、歩き方がわるいといっては蹴られ、食事も一日にパン二つ、骨と皮ばかりになって仲間はつぎつぎと死んでいきました。多いときで一日に五、六人、二十年六月ごろがそのピークでした……」（洛沢著『花岡川の嵐』）

つるはし、スコップ、石を武器とし、ポリ公、憲兵、警防団など約二〇〇〇人の包囲に立ち向ったが、五〇人近い犠牲をだし、一週間後に全員逮捕された。その後炎天下に三日三晩、一滴の水も与えられず、集団拷問によって一一三名が殺された。

生き証人の証言

「花岡暴動が起った六月三十日を振り返るために、この間、テレビ局の人たちと、花岡に行きました。暴動の後、獅子ヶ森の山中を逃げ回ったあげく逮捕されて、引き戻された、花岡共楽館――あの建て物の前に立つと、当時のことがありありと思い出されました。――まだ少年だった看護班員の趙青兜（当時一九歳）と、腕をしばられたまま、三日三晩、共楽館まえに、さらしものにされた。飲まず食わずだったので、三日間で八〇名もの仲間が、死んでいった。共楽館のなかでは、残酷な拷問がある。景小風は両手の親指を針金で天井のハリにつるされ、水注射をされた。そして、水ぶくれになったからだを床に横たえると、さらにクツで腹部を強く踏みつける。すると、景小風の目や耳から水があふれて出た――。

思い出しても、身の毛がよだつ場面でした。寒中、裸足のままの重労働。リンゴかすのヌカまんじゅう。二度とあんな思いはイヤです。私は北京郊外のいなかで、婦人科・小児科のインターンをしていたが、戦闘が激しくなり、昼は日本軍、夜は馬賊と、おちおちしていられないので、八路軍のゲリラ（衛生兵）に入っていて、日本軍に捕まった。二七歳のときです。

それから、今日までの三十年近く、私たちは、どんな思いで生きてきたか。口ではいえないですよ。戦後すぐなど、金なし、親せきなしで路頭に迷いました。それに、私、中国に帰れない。日本で死んだ仲間が大ぜいいる。その人たちの、子供、兄弟が私たちをどんな目で見ているか。昭和三十八年、中国の兄貴から手紙がきました。〝きみは帰りたいというが、どの顔して、国に帰ってくるか〟ってね。それ以来、中国に帰る気持なくなりました……」――林樹森さんの話（『潮』10月号より）

「誰もがあすには、もう一人の〝李担子〟になりそうな毎日だった。二十歳になったばかりの李担子は、身体が弱く精薄児に近かったので、栄養失調と虐待のために連日むくろと化していく同胞の死体焼き場の番人をさせられていた。彼は毎日、中山寮のまくら元に木箱を大事に置いて、深夜みなが寝静まってから、こっそり木の箱を開けていた。ある夜、不審に思った私が、木箱に首を突っ込んでいる李担子を押しのけると、何と、くだけた箱の中から、人間の焼けた肉が飛び散ったのである。李担子は昼間、手に入れた同胞の死体の肉をむさぼり食っていたのだ。

だが、花岡中山寮の生き残りの一人は、〝人間の肉を食ったのは、李担子だけではなかった〟と証言している。あのとき、人間の肉だから食べることができないとか、食べられるとかは問題じゃなかった。あすにも、もう一人の〝李担子〟になりかねない飢えと疲弊に苦しんでいたのである。

――俘虜の中には、死んだ人、生き残った人の違いはあろうが、みなおなじように地獄の苦しみを味わったものばかりだ。鹿島組は、政府は、この問題について、これまで何ひとつ説明しようとはしなかった。政府は企業に賠償金を払ったというが、働いた人間には戦後一銭も与えていない……」――李振平さんの話。

抑圧のあるところに反抗がある！

〔釜ヶ崎反入管通信／創刊号／二月二一日／発行／釜ヶ崎反入管通信編集部〕

釜ヶ崎反入管通信
創刊号 2月21日
発行 釜ヶ崎反入管通信編集部
万国の労働者は国境をつき破れ！

日本一の土建会社はタコ部屋・半タコから大きくなった

鹿島建設は戦前・戦中タコ部屋だった、

鹿島建設を頭目とする間組、熊谷組などの日本の大手建設業者は、戦中、敗戦直後日本人労働者だけではなく、強制連行した朝鮮人、中国人をタコ部屋にぶちこみ、強制労働させ、虐待し、虐殺し、今のように「上品」な会社になった。大きな会社ほどアクドイことをやってきたのであり、それだけ労働者を虐待してきたのだ。日中国交回復の立て役者田中角栄も一九四一年、新潟で土建業を始め（田中土建）、朝鮮に進出し、四十四年に田中は請負った工場の朝鮮人の移転工事費が二千万円（今の金で百億円）という仕事をやり、延べ三十七万五千人の朝鮮人労働者をどなりちらし、こき使った。タコ部屋へぶちこまれ殺された労働者は数えることができない。みんな無念の涙を流して死んでいったのだ。

日中国交回復に浮かれているが、資本家（田中角栄）というのは許せないことをやっているのだ。

そこで《釜ヶ崎反入管通信》創刊号として鹿島建設（当時は鹿島組）がどんなに残虐な犯罪企業であるかを暴露する。

花岡暴動（九百八十六人のうち約半数が殺された）

一九四五年六月三十日、秋田県花岡鉱山で中国人労働者約八百名は、鹿島組の虐待虐殺に対し、ついに蜂起した。これらの労働者は、日本軍によって親、兄弟から無理矢理ひきはがされ、つれてこられたのであり、当時、日本軍によって強制連行された中国人労働者は約四万人、その犠牲者は七千人にのぼる。収容所（飯場のこと）の「中山寮」で虐待された労働者の言葉。「……一日のノルマが果せなかったといってはなぐられ、歩き方がわるいといっては蹴られ、食事も一日にパン三つ。青い皮ばかりになって仲間はつぎつぎと死んでいきました。多いときで一日に五、六人、二十年六月ごろがそのピークでした……」（河出書房「花岡川の嵐」）

つるはし、スコップ、石を武器とし、ポリ公、憲兵、警防団など約二千人の包囲に立ち向ったが、五〇人近い犠牲をだし、一週間後に全員逮捕された。その後炎天下に三日三晩、一滴の水も与えられず、集団拷問によって百十三名が殺された。

生きた証人の証言

「花岡暴動が起こった六月三十日を振り返るために、この間、テレビ局の人たちと花岡に行きました。暴動の後、獅子ヶ森の山中を逃げ回ったあげく逮捕されて、引き戻された、花岡共楽館──あの建物の前に立つと、当時のことがありありと思い出されました。

↓裏へつづく

──まだ少年だった看護班員の趙青児（当時17才）と、腕をしばられたまま、三日三晩、共楽館まえに、さらしものにされた。飲まず食わずだったので、三日間で八〇名ものの仲間が、死んでいった。共楽館のなかでは、残酷な拷問がある。李小風は両手の親指を針金で天井のハリにつるされ、水注射をされた。そして、水ぶくれになったからだを床に横たえると、さらにクツで腹部を強く踏みつける。すると、李小風の目や耳から水があふれて出た──。

思い出しても、身の毛がよだつ場面でした。寒中、裸足のままの重労働。りんごかすのヌカまんじゅう。二度とあんな思いはイヤです。私は北京郊外のいなかで、婦人科・小児科のインターンをしていたが、戦況が激しくなり、昼は日本軍、夜は馬賊と、おちおちしていられないので、八路軍のゲリラ（衛生兵）に入っていて、日本軍に捕まった。二十七才のときです。

それから、今日までの三〇年近く、私たちは、どんな思いで生きてきたか。口ではいえないですよ。戦後すぐは、金はなし、職はなしで路頭に迷いました。それに、私、中国に帰れない。日本で死んだ仲間が大ぜいいる。その人たちの、子供、兄弟が私たちをどんな目で見ているか。昭和三八年、中国の兄貴から手紙をもらいました。"きみは帰りたいというが、どの顔して、国に帰ってくるかい"ってね。それ以来、中国に帰る気持ちはなくなりました。……」

──林樹森さんの話（潮十月号より）

「誰もがあすには、もう一人の"李担子"になるような毎日だった。二〇才になったばかりの李担子は、身体が弱く精薄児に近かったので栄養失調と虐待のために連日もうろうと化していく同胞の死体焼き場の番人をさせられていた。彼は毎日、中山寮のまくら元に木箱を大事に置いて、深夜みなが寝静まってから、こっそり木の箱を開けていた。ある夜、不審に思った私が、木箱に首を突っ込んでいる李担子を押しのけると、何と、くだけた箱の中から、人間の焼けた肉が飛び散ったのである。李担子は昼間、手に入れた同胞の死体の肉をむさぼり食っていたのだ」

だが、花岡中山寮の生き残りの一人は、"人間の肉を食ったのは、李担子だけではなかった"と証言している。あのとき、人間の肉だから食べることができないとか、食べられるとかは問題じゃなかった。あすにも、もう一人の"李担子"になりかねない飢えと疲弊に苦しんでいたのである。

──修羅の中には、死んだ人、生き残った人の違いはあろうが、みなおなじように地獄の苦しみを味わったものばかりだ。鹿島組は、政府は、この問題について、これまで何ひとつ説明しようとはしなかった。政府は企業に賠償金を払ったというが、働らいた人間には戦後一銭も与えていない……」

──李振平さんの話

抑圧のあるところ反抗がある！

敵はある意図をもって釜ヶ崎を……

敵はある意図をもって釜ヶ崎を愛隣地区と改名した。その意図はあまりにもミエミエだったので釜ヶ崎のアンコは誰も喜ばなかった。歓迎したのはこの地区でアンコを喰いものにする寄生虫だけだった。これで少しは罪悪感も薄れようというものだ。福祉国家建設の錦の旗を国民統合の環とする白豚にとって、釜ヶ崎は《この世に存在してはならない》地域であり、《この世に存在しないことになっている》者どもが血の叫びをあげ、自己の存在を高らかに宣言するとき、白豚どもはホコロビをボロ切れでかくし、安あがりに傷口をふさごうとするのだ。アンコに対してではなく世間様に対して。

ところで、この世に存在しないことになっている者どもが自己の存在を示しはじめるとき、白豚どもはムチとアメを用意する。一つは従来どおりの労働者の呼称の上に不良・過激の形容詞をつけバトウし、いかに道理のない存在であるかを宣伝し、白豚どもの政策の正当性を世間様に対して申し開きすることであり、もう一つは労務者から労働者へと格上げし、労務者としての特殊な悲惨、特殊な困窮、特殊な抑圧の実態をインペイし、おおいかくそうとすることである。

われわれの基本的姿勢は、人民に対しては《労務者こそが未来をわがものにするところの労働者である》ことを公然と宣言し、白豚どもに対しては《労務者としての特殊な存在状況を奴らを打倒する武器に転化する》ことによって、存在を示しはじめた、この世に存在しないことになっている者どもの存在がいかに《道理》のある存在であるかを思い知らせることである。

一時、自己否定という言葉がはやったが、これは労務者の世界でははやらなかった。これを労務者風に理解すれば、自己の現にある在り方を否定すること、すなわち、それは、労務者から人夫出しに格上げすることではなく、労務者としての特殊な存在状況——若くて健康なときはチヤホヤされ、こき使われ、年老いて肉体がボロボロになれば路上に放り出され、野たれ死んだあと大学の解剖材料にされる状況——の中でアキラメ絶望し、白豚どもの言いなりになって反抗もしない自己の生き方を否定するということである。

したがって、自己否定とは明らかに格上げや格下げのケタオチの論理ではなく、《未来をわがものとする労働階級》の利益のために、現体制下においてもっとも世直しを必要としている「弱者」の利益のために、あらゆる階層の人民が自己の生存状況を制度を倒す武器に最大限転化することであり、ただそのことによってのみ格下げできる余裕のある人民は、必然的に制度がその身分を格下げてくれるであろう。

おおむね自己否定の論理を受け入れる感性の生存状況とは、自己が人民に対して高い所にいて、かつ、その犠牲の上にアグラをかいているという負い目の状況であり、この理論を基軸にして組織された階層の闘いは、坊主ザンゲの負い目の闘争であり、この闘争の必然的帰結は特殊身分の固定化であり、自己の階層のぶざまな居直りである。

われわれの組織方針の基本的観点は、「強者」の負い目を組織する観点ではなく、「弱者」の屈辱・怨念を組織する観点であり、われわれの闘争方針の基本的観点は、「弱者」の抑圧の状況、特殊な生存状況を武器にして闘う観点であり、他の全ての階層の人民に対して、「弱者」の利益のために自己の生存状況を最大限武器と化し、飼主＝国家に対して、ある時は公然と、ある時は非公然にかみつけということであり、国家から与えられた身分としての武器（＝知識）の保管人は、その武器を国家に向けるか、あるいは武器の使い方をもっとも知っている「弱者」に横流ししろという観点である。

ふつう、いなおり、ひらきなおることとは、自己の行為、自己の立場を「ごこが悪い」と正当化することであるといわれている。なるほど、自己否定の論理が闘争のバックボーンとなり、感性的に魂にひびいてくる階層にとって、闘争が収束に向う過程においてはいなおりの論理は気味悪くひびくであろう。このいなおりの論理が魂にひびいてくるのは、ただ「弱者」の世界においてのみである。それは、転落感、下へ落ちる不安におののく格下げの余裕のある階層にとって居直ることとは、自己の抑圧の状況を下へ向けることを意味し、怒りが上へ、制度へ向わないことを意味するが、格下げの余裕のない階層にとっては、怒りが上へ向う以外なく、自己のギリギリの生存状況における即時的闘いを唯一正当化する論理だからである。いなおり、ひらきなおる論理には常に、誰が誰に対して、どういうことに関してひらきなおっているのか、という問いが必要である。釜ヶ崎のアンコに投げつけられるありとあらゆるバリ雑言——怠け者、気狂い、前科者、犯罪者、ならず者、はみだし者、アル中、etc——は、まさに釜ヶ崎のアンコの即自的闘い、その特殊な制度への異議申し立てに対する白豚どもの潜在的恐怖感以外の何ものでもない。何故なら、それらの異議申し立てが弱々しいものであろうと強烈であろうと、白豚どものバリ雑言の内実は、アンコたちが従順な賃金奴隷でないことに対する批難か、あるいは労働力商品としての存在たることを全く拒絶していることに対する怒りだからである。それればかりではない。白豚どもによって悪意あるレッテルを貼られた不良労務者たちは市民秩序をドブネズミの如く荒らし回っている。釜ヶ崎を根城とする全国を股にかけたシノギ〔路上強盗〕グループ、強姦殺人狂荒井博則、有名人強盗新谷良人、山谷を拠点として山手線を荒したスリ・グループ、東京タワー事件の富村順一、横浜寿町を根城とした窃盗団等々……。永山則夫も川崎で日雇いをやっていた時期があった。

資本主義国家の歴史的特質は、経済的下部構造から政治的上部構造への分離という点にある。生産過程が資本の生産過程にすり変わり、生産過程における搾取−被搾取という階級支配の基本的構造が商品経済過程でおおわれ、**商品経済秩序**（＝**商品売買秩序**、

市民秩序）を維持することによって自動的に生産過程における搾取を貫徹することができるという極めて巧妙な制度であり、商品経済社会（＝市民社会）ではそれゆえ、資本家も労働者も対等（没階級的）な商品売買者として立ち現われ、階級的怒りや侮蔑が持てる者と持たざる者、富める者と貧しい者としての感性、ブルジョア的感性として現象する。したがって白豚どもは市民秩序の維持にヤッキとなり、ブルジョア国家が法治国家の衣をまとわざるをえないのである。

かかる事情からわかるように、資本主義制度における「不良労務者」は二重の意味において追放（隔離）される。一つは不良なる労働力商品としての生産過程からの追放であり、もう一つは秩序のカクラン者としての市民社会からの追放である。この国家の意志は、ファシズムにおいてもっとも本質的に貫徹される。ナチスによって大量にガス室におくられ虐殺された精神「異常」者は、明らかに二重の意味において抹殺された。一つには不能なる労働力商品として、もう一つには国家保安の観点から、秩序維持の、ではなく右の現状打破の阻害物として。

アンコたちの釜ヶ崎への回路は、農村であり漁村であり、未解放部落であり、朝鮮人部落であり、沖縄である。閉鎖された炭鉱、鉱山であり、国家の意志によって、一生懸命働いた結果農村を解体され、漁村を解体され、合理化によって首を切られ、沖縄から「強制連行」され、差別によってあるいは困窮の生活によって部落を追放された無告の民であり、釜ヶ崎地区とはこれらの無告の民の中継基地なのだ。国家の政治暴力によってふるさとを追い出され、家族を解体された無告の民の白豚どもに対するバリ雑言は、明らかに白豚どもの支配に対する抗議であり、制度への異議申し立てであり、アンコたちのいなおり、ひらきなおりには道理がある。だが、この闘いは、個別的、即時的状態にとどまっている限り、個別的に、隔離されて葬り去られる。われわれの基本的方針は、個別に分断されたアンコたちの闘いを、この闘いを基軸として全人民の闘争へと発展させることであり、一面の道理から普遍的道理へと発展させることである。個別に闘い続け、個……

〔未完〕

「朝鮮人・中国人は殺したってかまわない」

四月一二日未明、西成署と大阪腐警は、逮捕令状を七通用意し、釜共闘（暴力手配師追放釜ヶ崎共闘会議）のアジト五ヶ所を急襲した。これは、敵が釜ヶ崎の闘争に対し、並々ならぬ決意で臨んでいること、昨年までの弾圧の慣習（ひたすら暴力的に鎮圧する）だけにとどまらず、きわめて高度の政治判断にもとづくものであることを示した。

ポリ公の仕事

第一にそれは逮捕理由が越冬闘争の期間中の出来事であることから、今後はいくらでも些細な理由を見つけてパクるつもりでいること。（目撃者や証人や被害調書をデッチあげるためには時間がかかるのだ。）

第二にそれは、メーデーに対する予防検束であること。（昨年の十数回におよぶ釜ヶ崎暴動はメーデーから始まった。）

第三にそれは、すべての商業新聞が大阪版、関西版では三面記事のトップに載せながら、他の地方版では一行も報道していないことからみて、釜ヶ崎を平和と繁栄のこの世には存在しないことになっている地域として扱おうとしていることである。（これまでマスコミは釜ヶ崎で何か起る度に、貧困と悲惨を宣伝したものだ。つまり「貴方がたは幸福です、この世にはこんなに不幸な人々がいるのだから、資本家政府にもっと感謝しなさい」と。）

越冬闘争の後、例年の如く釜ヶ崎は沈滞していた。夏場の擬似的開放体制とは違って、仕事も少なく、したがって胃袋を人夫出しに牛耳られ、酒をたらふく飲めず、アオカンも出来ず、手配師がのさばる季節、これが釜ヶ崎の冬である。だが、四月一日、六日、朝のセンターで冬を耐え忍んだ釜ヶ崎労働者は、昨年の労働者の恨みのこもった鉄拳制裁の痛みを忘れ、ポリ公に空気を入れられ、デカイ顔をしはじめた悪質業者を粉砕するために立ち上がった。

特に四月六日は強調しておかなければならない。その日釜ヶ崎労働者はセンターで悪質業者を追い回した後、「釜ヶ崎労働者は怠け者だからタコ部屋へぶち込み、こき使わなければならない。……日本のためになるんやったら朝鮮人・中国人を殺したってかまわない」と、熊谷組の事務所で、中国人労働者Nさんに対し、堂々と帝国主義者の意図を代弁した大阪市土木局職員を糾弾するために、四ツ橋の事務所へ行き、関西徐支連の諸君と合流した。ちなみに、竹中工務店、鹿島建設、熊谷組等の大手建築業者は戦前・戦中、タコ部屋を経営し、労務者を大量に殺戮し、現在のような「上品」な大会社になった。

弱者こそ真の……

現実の階級闘争は、誰が何と言おうと、内部に三つの傾向をはらんでいる。そしてこれは、普通、それにふさわしい闘争戦術、組織形態を付与されずに一つの運動体に存在するとき、不断に動揺と分解を体験せざるをえない。それらの傾向は「強者」(釜ヶ崎ではポリ公、悪質業者、組織暴力団)に対して、

第一、「私たちは貴方がたを打倒しようなんて大それたことは考えていません。どうか私たちの要求をかなえて下さい」

第二、「俺たちの要求を呑まなければ、実力で呑ませるぞ」

第三、「『弱者』こそ真の強者なのだ。これまでの虐げられた恨みをたっぷり返すぞ」

というものである。

第一の傾向は、合法闘争の領域であり、現実の階級支配を認め、したがって安心して自己を公然化し敵を対等以上の交渉相手として設定する。この領域の革命への貢献は、敵が人民を懐柔するために与えた諸権利でもって、敵を金しばりにかけることであり、敵を大衆的に粉砕しやすくする条件を用意させることである。

第二は、半合法闘争の領域に属し敵を屈服させる意図を持つために、自己を半分公然化し、敵を対等以下の交渉相手として設定する。この領域の革命への貢献は、大衆的叛

乱闘争でもって敵を包囲することである。

第三は、非合法闘争の領域であり、敵を打倒する意図を持つために、敵に警戒されず、敵を安心させるような生存形態をとり、したがって敵を交渉相手と認めず、敵に自己の存在を知らせない非公然の労働者権力の意志である。この領域の革命への貢献は、まさしく自己を徹底した「弱者」として設定するが故に、第一の領域を支持者に、第二の領域を同調者にするような普遍的道理を行動に付与されざるをえず、階級闘争の総体を牽引する要となる。ブルジョアジーの政治支配を圧倒するプロレタリアートの武器の政治とは、この三つの領域を区別し、有機的に結合する路線を構築することに他ならない。

昨年の五月二八日の暴力団淡熊会系鈴木組を粉砕し、その後結成された釜共闘の「やられたらやりかえす」というスローガンは、寄せ場におけるヤクザ手配師の暴力支配のかわりに登場した国家権力の全面制圧の前に空洞化しつつある。現在、釜ヶ崎闘争に問われていることは、これらの三つの領域を区別し、これを敵に対する総力戦体系として有機的に結合させることでなければならない。

普遍的な運命

日本資本主義は、その出発から一貫して、建築、土木、運輸、港湾、炭鉱等の資本主義的生産の一般的前提の生産に関する基底産業ならびに鉄鋼、造船、車輌等の基幹産業部門に厖大な「自由労働者」を必要として来た。

戦前においては、国内に労務者が決定的に不足したので、暴力手配師＝皇軍が、大陸から、半島から中国人、朝鮮人を強制連行してきた。戦後においては、半島、大陸から労務者を強制連行できなくなったので、農村から漁村から、閉鎖した炭鉱・鉱山から労務者を「強制連行」する再生産構造をつくりだし、それでも不足したのでついに沖縄を本土復帰させた。そして日本資本主義と労務者の歴史の中で労務者としての特殊な悲惨、特殊な抑圧、特殊な困窮が集中し「死んだって、かまわない、不足すればどこからでも強制連行する」という帝国主義の労務者に対する国家意志が本質的に貫徹されたのは部落民労務者でもなく、農民労務者でもなく、漁民労務者でもなく、特殊朝鮮人労務者・中国人労務者に対してであった。われわれは、朝鮮人労務者・中国人労務者の中に労務者としての歴史的・普遍的な運命をみる。

さらにつけ加えれば、戦後の「解放」体制の中で、生活保護の対象となる者は強制送還の対象であるという入管令の規定で明らかなように、戦後日本帝国主義はごく一部の朝鮮人労務者を人夫出しに格上げし、釜ヶ崎における分断支配は巧妙に完成されているということである。（業者の八割が朝鮮人であるといわれている。）

ナチズムが下層労働者の資本家階級に対する憎悪を「小金持」ユダヤ民族に向け、ドイツ人民の現状打破のエネルギーを右に集約したように、下層社会においてこそ、重層的分断支配の統治様式は貫徹されているのであり、関東大震災に端的に証明される如く、日本帝国主義は過去、十分な実績を持っているのである。

現闘委の任務を立派に遂行するために

《1》現闘委が自分の仕事を立派にやりとげるためには、現闘委が自己の任務、下層労働者に対する自己の使命をはっきりと知る必要があり、現闘委が、またわれわれが右から左までの全ての闘争を、全てをひき受けきれるほどの立派な組織ではなく、またそれ程立派な活動家でないことを知れば、おのずから自己の任務、自己の限界がはっきりとし、いたずらにあせったり悲観的になることなく、任務を立派に果たすことができるであろう。

《2》現実に存在する階級闘争は、誰が何と言おうと必ず三つの傾向を内部にはらんでいる。異質な闘争原理、異質な組織原理を持つこれらの三つの傾向は、ふつう明確化されず一つの運動体の中に混在し、緊張とダイナミズムを与えている。この三つの傾向の一つは合法闘争の領域であり、二つは半合法闘争の領域であり、三つは非合法闘争の領域である。そしてこの三つの領域は、自己の法則性を知らず、それぞれが自己の領域を他の領域と区別できないとき、帝国主義分断支配統合様式の中で相互促進的に自己破滅する。一つの運動体、組織体の中に混在するときは不断に動揺と分解を体験せざるをえず、また一般的に現象する組合運動等の市民運動、新左翼等の大衆実力闘争、赤軍派等の革命戦争派として分化しても、前者が後者を背後から撃つ構造の中で、総体として帝国主義市民秩序の側に後戻りしようとする。

《註》六九年の全統労〔全都統一労働組合〕の崩壊は、全統労が叛乱をめざした組合組織であったが故に、叛乱的状況に直面すると対応できず、秩序の中に逃げこみ、しかもまた秩序には耐えきれず叛乱的気分に満ちあふれる、という自己矛盾に起因する。合法闘争の領域に属する組織原理をもって叛乱闘争を担おうとしたのである。これは赤軍派の大菩薩〔大菩薩峠事件〕になるともっと歴然とする。大衆カンパニアでもって武装闘争を遂行しようとしたのだから。連合赤軍になるともっと事情は悲劇的である。秩序派、反秩序派をも含めて、総体としてブルジョアジーと連合して武装闘争に反対している。

東日労〔東京日雇労働組合〕について加えておくならば、第一組合に対する第二組合として出発した。これが東日労の出生の秘密である。下部組合員の突きあげによって一時的に戦闘的になることがあっても、それはあくまでも下部組合員を組合につなぎとめるための手段であって、組合執行部が「戦闘性」を演出すればするほご、反面教師としての任務を立派に果たすであろう。

《3》ブルジョアジーの巧妙な政治支配、帝国主義の分断支配統合様式を突きくずし、形骸化させるプロレタリアートの政治とは、この三つの傾向を帝国主義に対する総力戦体系として有機的に結合することに他ならない。そして統一戦線とは、ある組織と他の組織との共闘のことをいうのではなく、この三つの運動領域を有機的に結合させることを指しているのであり、革命が広範な大衆の事業であるということは、この三つの運動領域が総体として帝国主義を包囲し、セン滅することを言っているのである。われわれは、この三つの運動領域についてよく研究し、区別し、ブルジョアジーの政治を圧倒するプロレタリアートの政治路線を構築し、帝国主義を打倒する軍事路線を構築し、帝国主義を包囲する大衆闘争路線を構築し、帝国主義を金しばりにかけ、帝国主義的市民をして支配階級内部に反革命に対する嫌悪の気分をマンエンさせるような市民運動の路線を構築しなければならない。そしてわれわれは、帝国主義がこの三つの運動領域を秩序の側へひっぱろうとするのに対し、一歩ずつ軍事の側へひっぱろうとしなければならない。

《註》ベトナム革命戦争に呼応して、アメリカ帝国主義本国での階級闘争は、非合法闘争の領域としてブラックパンサー、ウェザーマン等があり、半合法闘争領域としての各種の闘争、合法闘争領域としての広範な反戦運動に分化していた。実にこれらはベトナム革命戦争を基軸とする世界革命戦争にちゃんと参加しているのである。有機的に結合はしていなかったにもかかわらず、支配階級は団結してベトナム侵略にうちこめず、ベトナム戦争の実態を全て人民に暴露しては闘えなかった。ベトナム人民の英雄的闘いがアメ帝を敗退させたのだが、ペンタゴンは原爆を用意していたのであり、広範な大衆の反戦運動はペンタゴンを金しばりにかけ、ちゅうちょさせたのである。もっとも自国帝国主義打倒の武装闘争がもっと激化していれば、ベトナム侵略の暇などなくなっていたであろうが。

《4》　ここでは、一人の山谷労働者が背後に暴力団をひかえた悪質業者によってドツかれたことを想定し、三つの領域における「やりかえし方」が具体的にはどういうことを意味するかを展開し、三つの領域における闘争原理、組織原理を明らかにしよう。

(a)　合法闘争領域である組合の「やりかえし方」は、組合を人民の武器として転化することとは、ブルジョアジーが組合に与えたところの諸権利、資本家行政が遵守しなければならないことになっている法のタテマエをもって逆に敵を分裂させ、市民社会の道理でもって悪質業者を包囲することである。組合が、大衆カンパニアによって都の労働部・土木局を突きあげ、行政処分等のドウカツによって元請を追及し、元請から下請へ波及させることを作戦形態の特徴としていることからみて、組合的任務とは寄せ場にお

合法闘争領域（組合）	半合法闘争領域（現闘）	非合法闘争領域
ブルジョア的諸個人の、ブルジョア利益の日常的秩序の団結	非日常における戦闘意志の反乱的団結。日常時は核家族的グループに分化	思想的一致、戦士的団結
官僚主義、代行主義、執行部制度	持続的戦闘意志の行動の中核が指導部を構成	戦士の協議による
スケジュール闘争、大衆カンパニア、行政闘争、和解的階級闘争	大衆的実力闘争、半和解的階級闘争	非和解的階級闘争
ボス交路線 ちょうだい路線	大衆団交路線 ぶったくり路線	人民裁判 没収
都→元請→下請	下請→元請／下請→寄せ場制圧	——
公然	半公然	非公然
間接的圧力闘争	直接的圧力闘争	——
大衆のブルジョア的理性に依拠し、お説教路線	大衆の暴力性、内発的意志に依拠、共働路線	——
順法カンパニア	半合法 防衛戦 群集戦 正面戦 陣地戦 包囲し、分断する、孤立した敵をメタメタにやっつける	非合法 攻撃戦 組織戦 側面戦（遊撃戦） 運動戦

いて犬とヤクザが公然とユ着できない状況をつくりだし、犬が好き勝手に弾圧できないようにし、ヤクザを金しばりにかけ、大衆的に悪質業者を粉砕しやすい条件を用意することである。組合にはこれ以上のことはできず、また組合がこれ以上のことをやろうとすれば必ず大衆的な反動の状態をつくりだすことになる。何となれば、組合の組織原則が一人一票の多数決原理を軸とするブルジョア的諸個人のブルジョア利益の擁護を主目的とする秩序の組織であること、したがって組合的団結の中味もまた、ブルジョア利益の共同体の様相を呈し、「物を勝ちとってくれる」組合執行部の存在によってのみ活性化し、暴力闘争のための組織ではないからである。立派な組合執行部とは、資本家からアメ玉をとってきて組合員に分かち与える指導部のことであり、能書ばかりたれてアメ玉をとってこない組合執行部は交代させられるのであり、日常的世話焼き活動を組織軸とせざるをえないのである。そしてこの組合運動は、プロレタリアートが資本主義制度においてはブルジョア的諸個人として厳然として生存している以上、十分な存在基盤があるのであり、われわれは組合の限界とその任務をよく理解し、敵に対する総力戦体制の中に組み込み、組合的任務を立派に遂行させ、早くその使命を終らせなければならない。

(b) 半合法闘争領域である現闘委の「やりかえし方」は、ドヅかれた労働者の恨みを山谷労働者全体の恨みに転化し、悪質業者を大衆の中にひきずり込んで包囲粉砕する方法である。

現闘委の組織原理は、多数決原理を軸とする執行部体制ではなく、具体的な敵に対する怒り、恨みを感性的バネとする戦闘意志の一家的徒党の連合集団であり、持続的戦闘意志の中核体が指導部を構成する。

現闘委的団結は、組合的信頼が「労災問題・賃金未払いを解決してあげる」こと、「アメ玉をとってきてあげる」ことを基調とするのに対し、労働現場等で具体的な敵から同じ抑圧を受け、共に苦しみ、共に解決してゆく構造によって生成する兄弟的・仲間うち的結束である。

現闘委の闘争原理は、組合が大衆の日常的秩序の生活意識に依拠するのに対し、大衆の現状打破への暴力性、非日常の叛乱的気分に依拠し、戦闘形態が半合法闘争の領域に属するが故に、明確な組織体制をとってはならず、あくまでもウヨウヨとした戦闘集団としてのみ存在意義を持ち、それ故、群衆戦、防衛戦には力を発揮するが攻撃戦はとりえず、攻撃戦をとりえたとしても側面戦・迂回戦術である。現闘委が大衆の現状打破への暴力性に依拠した叛乱の集団であることは、非日常には活性化するが、他方、日常においては組合的性格を持たざるをえず、不断に秩序の側にひっぱられ、第一組合化し、日常権力に対しては無力であることを示している。現闘委が一家的徒党の集団としてではなく、組織性を付与されるということは、組合的組織性を付与されることを意味し、もっと露骨にいえば、去勢され、叛乱の阻害物に転化するということを意味する。

現闘委が日常と非日常のハザマで揺れ動くダイナミズムの不条理の存在であることを

確認したならば、現闘委の任務を次のように結論づけることができるだろう。

①非日常には速やかに集中し、日常には速やかに分散する。

②平時においては賃金未払い、労災等の組合的任務、財政、救対等の最低限度の組織体制の保持。

③大衆の中に分散し、工作活動を展開することによって、より広範な仲間うちを形成し、連絡体制、情報体制の密集をもって、より強大な戦闘集団として集中する。

④群衆戦・防衛戦を闘争戦術とし、むき出しにならず、常に人民大衆の中にひそみ、大衆的に敵をやっつけることを追求する。

（c）　非合法闘争領域における「やりかえし方」は、攻撃戦であり、しかも遊撃戦である。闘争形態は、群衆戦ではなく組織戦であり、組織原理は明らかに大衆闘争の中に基礎をおきながらも、大衆とは区別された目的意識的戦闘細胞であり、その団結の中味も、思想的一致、革命へのあくなき献身性を基軸とする戦士的団結である。日常の秩序の地獄に耐え、非日常の狂熱にも覚め、確実に目標を攻撃し、確実に退却する戦争の職人でなければならない。しかも、この闘争は、少数派の闘争であるが故に他の二つの領域を軍事の側にひっぱってゆく、あるいは他の二つの領域を納得させ、支援させるほどの普遍的道理がなければならず、ただ事実行為のみがこの闘争の存在を知る術であり、ただその事実行為に普遍的道理が付与されることによってのみ、この闘争が普遍化され、三つの運動領域が帝国主義に対する総力戦として有機的に結合しうる環となるのである。

《註》 三つの領域における思想的原理の違いについて、一つのたとえ話を中心にして展開してみよう。ある工場のトイレが水洗化され、経営者がケチってチリ紙を完備しないとする。そのとき、

①労働組合は広範な労働者に呼びかけ、代表団を結成し、会社側と交渉し要求を受け入れてもらう。②戦闘的青年労働者は闘争委員会を結成し、暴動を起すぐらいの実力闘争をやり、会社側を屈服させ、要求を呑ませる。③ある労働者は新聞紙等の固い紙でトイレをつまらせる。

——①は、現実の階級支配を認め、自己を「弱者」として固定し、敵を対等以上の交渉相手として設定し、自己の存在を敵に知らせ、陳情する。

——②は、現実の階級支配にいきどおり、自己を「強者」として示し、敵を対等以下の交渉相手として設定し、自己の存在を敵に半分知らせ、実力で要求を呑ませる。

——③は、現実の階級支配を恨み、自己を徹底した「弱者」として設定し、したがって自己の存在を敵に知らせず、かつ敵を交渉相手として認めず、隠花植物の如く恨みを食って生きる。結果的には会社側はトイレの修理代が馬鹿にならぬのでチリ紙を完備するであろうが、③の思想性は他の①や②と比較して異質である。第一に「弱者」としての自己に徹していること、第二にそれゆえ敵に自己の存在を知ら

せず、ただ事実行為によってのみその存在を示していること、第三に敵を交渉相手として設定しないために、この闘争は必然的に最初からプロレタリア権力として宣言していることである。②についてつけ加えておくならば、部分的改良要求のスローガンから工場叛乱に到達したとき、大衆が事実行為としての革命的行為＝資本に対する反逆に起っていることを自覚していないことにして、あくまでも資本家階級を交渉相手として認めている。すなわち打倒すべき相手として認めていない秩序派を内部階級闘争として打破することをためらったところに「フランスの五月」の結末があるのである。

以上、「やられたらやりかえす」ことが三つの領域においてどういう意味を持つのかということを簡単にのべたが、今後もこの三つの領域の法則性を具体的実践の中でよく研究し、それぞれの歴史的任務を正当に評価し、消滅すべきものは早くその使命を終らせ、総体を帝国主義に対する総力戦体系として有機的に結合し、ダイナミックに日本階級闘争を再編しよう。

《5》関東工作隊の任務は、大衆の生活に関心を寄せ、工作者としてのスタイルをとのえ、第一に寄せ場の調査・研究（味方の状況・敵の配置）、第二に新しい仲間うちの形成に努め、第三に全関東規模で山谷を包囲する陣型を構築することである。再び強調すれば現闘委は徒党の連合集団として敵に対する有効性を発揮するのであって、《速やかに集中し、速やかに分散する》体制を構築することと共に、決してむき出しにはならず、常に人民の中に労働細胞としてひそむことである。

暴動は下層労働者の自己表現

(1) 一九七三年・夏・釜ヶ崎

七月四日、前回団交（六月二八日）の確約に基づき、釜ヶ崎労働者と支援部隊合わせて約百名は、〝タコ部屋〟暴力業者＝山岡建設及びそれを温存している京都市開発局を追及すべく、京都市役所へ赴く。

それに対し、釜ヶ崎労働者の追及を恐れる京都市当局は、京都・大阪腐警と事前に打ち合わせ、シャッターを下し、機動隊と私服部隊によって市庁舎をかため、戒厳体制をもって団交を拒否した。

事の発端は、釜ヶ崎の一労働者Aさんの訴えにあった。

「楽な仕事」だと手配師に言われて行ったところが、実は朝の八時から夜の八時まで休憩抜きのバクバク強制労働、若い衆つきっきりの追い回しで五〇キロ位のブロックを一日中運ばされ、水一杯すら飲ませてくれないので、ドロ水を飲み、やっと三日目に着のみ着のままでトンコしてきたという。

これは戦前の話ではない。〝都市開発〟の美名の下に、〝革新市政〟の保護下で、今現在行なわれている事実である。

釜ヶ崎労働者Aさんが仕事に行ったのは、「山岡建設」という所で、その元請は「早川建設」及び「大栄建設」、そしてその発注元は京都市都市開発局、現場は「洛西ニュータウン嶋谷替地造成工事」の現場だった。

(2) 〝革新市政〟は悪徳暴力業者と癒着

第一回団交においても京都市開発局は、「今でも戦前のようなひどい飯場があるのですか」と開き直り、今回は、釜ヶ崎労働者の怒りの爆発を恐れて門前払いを喰らわせ、そのことで、今後も悪徳暴力業者と癒着する自らの体質を何ら変えることなく、あくまでも隠蔽し続け、下層労働者に対する暴力的搾取・収奪を黙認することを表明したのである。

七三年五・一メーデー闘争は釜ヶ崎をめぐる階級攻防において、どういう地平を切り拓いたのか。

それは先ず第一に、四月一二日にかけられてきた西成署と大阪腐警による〝メーデーに対する予防検束〟〝釜共闘壊滅作戦〟にもかかわらず、釜ヶ崎労働者の圧倒的な力を結集して勝ちとられたということ。

第二に、釜ヶ崎現地において、社民を圧倒する熱狂的な集会が勝ちとられた後、メーデー中央会場に一千名近くの釜ヶ崎労働者が戦闘的に登場することによって、労働者が闘うということはどういうことなのか、仲間がやられたとき黙って見ているのか、皆でやりかえすのか、そのことを事実行為によって、労働組合に統制された労働者にまざまざと示した。

しかし、第三に、一日夜の釜ヶ崎においても明らかになってきているように、敵＝権力の暴動早期鎮圧体制と釜共闘メンバーに対する金しばり体制によって、暴動の全面開花が困難になってきているということ。

だが、一方での〝活動家の金しばり状態〟にはかかわりなく、敵＝権力も活動家も知らない労働者が、弾圧の間隙をぬって、自由に動き回り、闘争の核として成長しているということ。

事実、六月一四日、突発的な騒乱状態の中で、一労働者が街路樹を引き抜き、ポリ公を薙（な）ぎ倒し、一〇人近くを負傷させながら当人はパクられないという痛快事をやってのけ、その後一週間以上にわたって騒乱状況が持続する。

権力、ブル・マス、そして新旧左翼は口を揃えて言う。曰く「暴動は、目標がなく、無政府的で、無意味だ」「あれはルンペンや浮浪者がやっている」「自然発生的で、組織性がない」等々……。

(3) 三十数回に及ぶ釜ヶ崎＝山谷暴動

一九六一年八月一日、交通事故にあって死んだ一老人に対する警官の非人間的扱い方に抗議して燃え上った釜ヶ崎第一次暴動は、四日間にわたって、近畿全警官一万一千のうち六千名の武装警官と日本刀で武装した私設暴力団数十名をひきずり出し、威嚇射撃をものともせず、一万人以上の労働者住民が、あらゆるものを武器に転化し、一名の死亡者を出しつつ、血で血を洗う死闘を繰り広げたのである。

その後の釜ヶ崎暴動、それよりも一、二年早く始まった山谷暴動は、合せて三十数回を越える。

釜ヶ崎＝山谷暴動に共通して言えることは、仲間が警官に差別的、非人間的に扱われたことに対する労働者の怒りの爆発として始まった点である。仲間がやられたことに対する、労働者個々人の日常的な屈辱感、怨念、怒りを背景とした大衆的反撃、下層労働者の階級的憎悪の集団的自己表現としての武装、これが暴動の内実である。

暴動とは、日常的にやられ続けて泣寝入りさせられてきた「弱者」の、「強者」たる敵＝権力に対する心底からの怨みをたたきつける闘いであり、そうであるが故に、その戦闘行為は優れてゲリラ的、非妥協的、非和解的な階級闘争である。

暴動は緒戦で日常的な差別・抑圧・暴力支配の総元締たる警察署を撃ち、敵が密集した大部隊を展開しだしたら、正面戦を回避し、流動制圧戦によって、大部隊としての敵の軍事力学的優位性を逆に桎梏に転化させてしまう。そして最も重要なことは、仲間が点である。

敵にパクられそうになると、必ず奪還しようと反撃する闘いが各所で展開されるという

(4) カンパニア新左翼との実践的分岐

七二年〝釜ヶ崎の五月〟は、圧殺され抹殺されてきた過去幾多の〝暴動〟とは明らかに異質な様相を呈した。

まず第一に、七二年五・一メーデーにおいてはっきりと現われたように、仲間がやられてもやり返さず、暴動を抑圧しようとする合法主義者=西成分会の統制を実力突破することによって、暴動が展開され、事実行為として、合法主義的、組合主義的潮流との実践的分岐が形成されたという点。

さらに第二に、五・二八鈴木組の武装襲撃に対する大衆自衛武装から、センターの制圧権をめぐっての追撃戦というかたちで連夜の暴動が展開され、暴動を肯定し、やられたら実力でやり返す革命的潮流の政治的表現として、〝釜共闘〟が釜ヶ崎労働者に大衆的に認知された点。

そして第三に、労働者大衆自身が要請する持続的暴動闘争の中での、大衆武装と戦術的勝利の追求、やられたら実力でやり返す具体性の追求という目的意識性において、党派的勢力誇示=カンパニアのための実力闘争派たる新左翼諸潮流との実践的分岐も明確に形成されている。

釜ヶ崎労働者にとって集会デモとは、即暴動のことであり、その中でポリ公をドヅき倒してやることである。

今年六月一五日、ある新左翼の党派は、釜ヶ崎の近くでの集会を提起し、釜ヶ崎の労働者を集めておきながらポリ公の阻止線突破を回避し、党派的勢力誇示のための合法デモでお茶をにごすことによって、釜ヶ崎労働者の戦闘意志と期待を裏切ったのである。合法デモの隊列を割っての、釜ヶ崎への進撃、これこそカンパニア新左翼に対する釜ヶ崎労働者の痛烈な批判であり、回答であった。

（桐島騎人）

政治は人々を崇高にし醜悪にもする

党派政治をのりこえ、人民のおおらかな政治を獲得しよう

この小文を、あさってのジョーたちにささげる

《1》　政治とは一体何だろうか？　階級社会でそれは、相互に対立し、しのぎをけずりあう二つの傾向、支配階級の政治と被支配階級の政治とに分類される。前者は民衆を抑圧し、搾取し、収奪し、永遠に民衆を支配し続けようとする政治であり、後者は抑圧をはねのけ、白豚どもの政治支配をぶち破ろうとする政治である。この二つは全く異質なものでありながら、しかし、たくみに融合しようとする。支配階級の政治は、基本的に同質ではあるが、タカ派とハト派の政治があり、前者はむきだしの露骨な政治支配を貫徹しようとし、後者は民衆の要求をある程度受け入れ、よい為政者を演出する。これがムチとアメの政治である。

他方、民衆の眼前には、被支配階級の政治として旧左翼政治と新左翼政治とがある。この区別は、革命の問題として、体制の平和的移行か、体制の暴力的テンプクか、であるといわれている。ともあれ、七〇年安保をめぐる日本列島の階級政治は、平和的であれ、実力的であれ、掲げる看板がどうであろうとも、内実がカンパニア政治であったこ

とは事実であり、そして山谷・釜ヶ崎地区を流動する労働者がこの新旧両左翼に指導されず闘い続けてきたこと、その表現が〝暴動〟であったこと、二千人も三千人も結集した闘争は都庁闘争でもなく、羽田闘争でもなかったこと、また羽田闘争などのカンパニア実力政治に参加する労働者が何人増えたかによってこの地区の闘争の質を測定する構造とも無縁であったことも事実である。これは集会やデモに参加した労働者の大半が二度と参加しようとしなかったことによって明らかである。人民の政治とは、誰かに服をつくってもらって、それを着る構造からではなく、民衆自身が自己の内発的意志、自立性によって、自分に一番ふさわしい服をつくり、自分でそれを着る構造からしか生まれない。人民大衆には三つのよい教師がいる。一つは支配階級の番犬であり、二つは左翼活動家であり、三つは自分自身である。人民大衆はこの三つの教師によって自己を戦士として改造してゆくのである。

三里塚闘争では、自民党支持の農民が闘争を通して自民党政治と訣別し、社共、新左翼を経て、農民自身の階級政治を徐々に現出させてきた。生活様式の総体を〝空港建設阻止〟のスローガンのもとに変革してきた。それまで仲のよかった家との交際も、賛成派とは口もきかなくなり、逆に、仲の悪かった家とも、反対派ならばより親密になった。門外不出の農作物の栽培方法を教えあい、伝えあい、逮捕者の出た家を援農し、その他、保育、教育の領域にわたって解決をはかってきた。

逮捕された闘争主体も、自己の正当性を主張し、ポリ公と論争する段階を経て、黙秘する主体へと自己を改造してきた。それは、闘争の利益を第一におく唯一の価値基準にてらし合わせることによって現出したのである。それは〝世界革命〟のスローガンからではなく、〝空港建設反対〟のスローガンから始まり、活動家のためのスローガンではなく、農民大衆のためのスローガンから開始された。変革とは未来のできごとではなく現在のできごとなのだ。自民党政治に包摂され、党派政治に規定され、動揺と幻滅の紆余曲折を経て農民自身の階級政治をつくりだしてきたのである。誰かに政治をあずけ、恨みがましいことを言う段階から、「なるほど、こういうやり方でやると負けるんだな、こういう組織では人民の支持を得られず、敵に勝てないのだな」ということを何度も何度も繰り返し、農民の政治をつくりだし、むしろ党派政治を農民の政治に包摂し、党派政治そのものを規定してきたのである。その政治が未だ他の被抑圧階級と連帯しうる普遍的な人民の政治ではないとはいえ、三里塚の農民は人民大衆の闘争がいかなる紆余曲折を経て自分自身の政治をつくりだしてゆくかを教えた。

《2》　世界情勢から日常の生活のササイな事柄にまで、支配階級の政治とそれに対応する被支配階級の政治は、複雑に、多様にからみあっている。われわれは釜ヶ崎・山谷の具体的闘争実践の中から、一歩ずつ、確実に、流動的労働者の政治をつくりだしてゆかなければならない。活動家の政治ではなく、流動的労働者の政治を、「強者」のための政治ではなく、「弱者」のための政治を、日雇労務者が敵に勝つ政治を、闘争の一つ一つを教訓化してゆく中でつくりだしてゆかなければならない。

たとえば、七月二〇日の対〔新井〕技建闘争の成功の要因の一つは「情報が事前に敵にもれなかった」ことであり、攻撃戦－組織戦を展開する最低原則「敵の存在を知り、敵におのれの存在を知らせない」現闘委の形態とは何か、を考えてゆかざるをえないだろう。また九月一一日の暴動で逮捕された仲間がリンチをされず、むしろポリ公に持ちあげられて釈放されたことを考えれば、敵の弾圧政治の変化を読みとれるだろう。

事実、過去の暴動におけるポリ公のやり方は、パクッた労働者をリンチし、泣きを入れさせ、デッチ上げによる刑務所への直行だったのだから。この敵の政治の変化は労働者大衆と活動家を分断し、労働者大衆を包摂し、活動家に対しやりたい放題に弾圧し、運動全体をポシャらせることをねらいとし、敵の政治がますます巧妙になっていることを示している。これに対してわれわれは、敵の政治に負けないような人民の政治、ひと握りの活動家の利益のための政治ではなく労働者全体の利益のための政治、「弱者」が「弱者」全体の利益のために自発的に立ちあがる政治をつくりあげてゆかなければならない。

《3》　山谷解放委員会の田村君が、『序章』に次のようなことを書いている。

〃新左翼諸君、われわれは激発型の活動家ではない。われわれは山谷のルンペン的な「弱者」ではない。われわれは最初から身体頑健な「強者」の集団として出発した。われわれは、やる気になれば、いつでも暴力手配師をやっつけることができるし、必勝不敗なのだ。したがって、われわれこそ真の武闘派なのだから、われわれを現在釜ヶ崎・山谷で闘っている激発型の活動家とは区別せよ〟

なるほど、確かにわれわれは、機関誌『山谷解放』と自己を明確に区別しなければならない。この機関誌『山谷解放』は全国津々浦々で読まれ、ともあれ、山谷での具体的実践が皆無であるにもかかわらず、山谷の存在を知らせる限りにおいて、世論づくりをやってきた。だがしかし、この機関誌『山谷解放』こそ、新左翼政治のもつ最悪の傾向を体現している。一般に、新左翼政治のもつ悪い傾向は、①党派の利益を第一におき、闘争の利益、人民の利益を第二におくこと、党派防衛のためならば闘争に敵対し、闘争をつぶすこともあること、②そのために闘争を私物化し、闘争を商品化し、他党派に対し闘争を演出すること、③代行主義＝請負主義であること、④それと表裏一体のものとしてある強者意識、大衆蔑視を体内に根強くもっていることである。闘うために組織をつくり、闘争を前進させるために組織を拡大し、敵の弾圧から仲間を守るために情宣する防衛し、また、味方を増やし、支援者を拡大し、敵を政治的に包囲するために情宣することと逆のことをやるということである。この新左翼政治のもつ転倒した傾向は、機関紙を定期的に発行するために、あるいは自己のアリバイ証明のために定期的にカンパニアをうつ構造に集約されるが、『山谷解放』ごときは山谷のどこにも運動主体として存在せず、山谷労働者と結合する回路を何一つ持っていないので、山谷で激発が起るたびに新左翼諸党派に対し一生懸命申し開きをやり、労働者大衆の現実の闘争に対し、背後から反対し、事実行為としてブル新と合体し、山谷・釜ヶ崎の闘争を政治的に包囲する敵の政治に合流する結末をむかえたのである。

《註》激発とは多分暴動のことである。暴動とは、山谷・釜ヶ崎地区を流動する下層労働者がもっとも自発的、もっとも主体的に、圧倒的に参加する大衆暴力闘争である。暴動に限って『山谷解放』が激発と呼びはじめたのは、日共がプロレタリア執権という表現を使用せざるをえなくなった事情によく似ている。なお、日雇労務者の存在形態を強調して形容するために「流動的」という言葉を使用するより没階級的に流民・窮民という言葉を使いたがる人々は、文学趣味的傾向の持主か、あるいは日雇労務者ではないかである。

革命とは、被抑圧階級である「弱者」が抑圧階級である「強者」を打倒し、「弱者」自身が「弱者」自身の政治をもって自己を律するということである。革命が広範な大衆の大事業であり、広範な大衆の決起なしには情勢は何ひとつ進展しないことを九月一一日の山谷暴動は示した。ひと握りの活動家の決起ではなく、圧倒的な山谷労働者の決起の前に夜の手配師時間はもろくも崩壊し、それによって種々な流動化状況をひきおこしている。山谷労働者の自発性・自立性に依拠した現闘委の一年余にわたるシンボウ強い工作、〝やられたらやりかえす〟というスローガンに象徴される工作思想をさらにととのえ、さらに前進しなければならない。「強者」が「弱者」を切り捨て、「強者」の利益を第一におく傾向をなくするようにし、また「弱者」であることに居直り、自分の私的利益のみを追求し、「弱者」全体の利益を考えない傾向をなくするようにし、これまでやられ続けてきた「弱者」総体の恨みを総力戦で晴らす思想性を広く浸透させてゆかなければならない。

われわれが工作活動に従事するにあたって、常に留意しなければならないことは、自己を大衆から区別するということである。自己を大衆から区別するということは、大衆を蔑視することでもなければ、自分が偉くなったわけでもなければ、またネクタイをしめ特異なスタイルで登場することでもない。工作目的を実現するために、現場でも、飲み屋でも、ドヤでも、いつでもどこでも工作目的をもって生き、工作目的を忘れないことである。ドヤのベッドで夜中に突然飛びおきて明日技建をやっつけようなどと言いだすことでないことは確かである。工作目的を実現するためには工作方法を身につけなければならない。区別して結合し、区別できなければ結合できないことに注意しなければならない。三里塚闘争でも、公団側の切り崩し工作に対し、反対派の農民は自己を賛成派から区別するところから始めたのであり、工作者は大衆の革命的側面に依拠し、革命的側面と結合することをはかり、反動的側面を徐々になくするようにはからなければならない。事実、その過程を通してのみ、われわれの反動的な側面はなくなるだろうし、革命的側面は発展するだろう。ところで、『山谷解放』の言うように、戦士は、はたして、地からわき、天から降ってくるものだろうか？　最初から戦士の集団として出発した「強者」である『山谷解放』が、これまで、釜ヶ崎や山谷で「弱者」がポリ公やヤー公に痛めつけられているとき、助けに来たことはただの一度もないのだ。戦士が零から生まれることは決してないのだ。初めて逮捕された仲間は、ポリ公のたくみな取調べによって自供してしまうか、あるいは闘争の正当性を主張したり、ポリ公と論争するだろう。しかし、釈放されて出たときいかにポリ公が嘘つきであるか、闘争を破壊するためならばどんなに卑劣な手段を使うか、を思い知らされるだろう。そのとき、闘争経験の深い仲間が、闘争経験が浅く、自供した仲間に対し、〝俺は「強者」だ。お前は「弱者」だ〟というような思想性で接したら、彼は闘争から離れてゆくだろう。また自供して出てきても、何ひとつ説得しようとせず、黙秘する活動家への転成をはからなければ、彼は一つの契機を失なうことになるのだ。自供する傾向と結合せず、黙秘する傾向と結合する、すなわち、区別して結合するとはこのことである。

われわれは、最初は、働く仲間うち的な徒党として出発した。ガリ切りも、シュッティングもロクロクできない、アホでトンマな徒党として出発した。新左翼諸党派に対し、幻想を持っては幻滅する不平不満の他者依存的な恨みがましい徒党として出発した。だが、闘争を通して徐々に変わってきた。そして、さらに変わってゆくだろう。立派な先生を沢山もっているおかげで。

機関誌『山谷解放』は、このたびついに「左翼株式会社」の正体を白日のもとに自己か、なくするためにはどうすればよいのか、を考え続けなければならない。

暴露したが、われわれは彼らから謙虚に学ばなければならない。彼らの思想傾向は非常に悪い思想傾向であり、それはどこから生まれてくるか、われわれの中にないのかどうか、なくするためにはどうすればよいのか、を考え続けなければならない。

《4》　九月一一日の山谷暴動における敵の弾圧政治の変化は、一〇月に入り、またたく内に現闘委の若手活動家九名を逮捕したことによって、四月一二日以降の釜共闘壊滅作戦と歩調を合わせて、より目的意識的な、より系統的な現闘委壊滅作戦に踏みだしたことを教えた。この間の弾圧の特徴は、①ブル新を総動員し、報道管制をしき、釜ヶ崎・山谷の闘争を政治的に包囲してきたこと。すなわち、釜ヶ崎で起ったことは他の地方に報道せず、大阪地方のみメチャクチャでデタラメな記事をのせ、釜ヶ崎の闘争を具体的に支援しうる人民大衆との分断をはかってきたことであり、山谷についても同じことが言えるであろう。②釜ヶ崎では防犯コーナー、山谷では『やまびこ』を発行し、活動家と労働者大衆の分断に血道をあげ、労働者大衆を敵の政治に包摂しようとし、活動家を労働者大衆から浮きあがらせてきたことである。③好き勝手に弾圧できる世論をつくり、活動家に対し集中攻撃をあびせ、令状を乱発し、デッチあげ逮捕を繰り返し、拘留し、起訴し、金しばりにかけてきたことである。④罠をしかけ、戦闘部分がむきだしになってヘタをうつのを待ってきたことである。それでは、こうした敵の政治に対し、われわれがまっ先にとるべき態度は何だろうか？　それは、後向きになるのではなく、前向きになることである。敵の政治を上回る流動的労働者の政治をつくりあげようとすることである。

(a) 敵がかしこくなったのであれば、それ以上にわれわれもかしこくなることである。敵が目的意識的、系統的に弾圧をかけてくるのであれば、われわれも目的意識的、系統的な路線をもった政治集団へ飛躍することをはからなければならない。

(b) 敵が労働者大衆を自己の政治に包摂しようとし、活動家を労働者大衆から浮きあがらせようとし、分断しようとするのであれば、われわれはますます労働者大衆の中に入り、労働者大衆と結合することをはかり、労働者大衆から浮きあがらないようにし、かつ新左翼諸党派の囲いこみ政治の真似（労働者大衆の中へ入ってゆくのではなく、来させようとすること）をせず、すなわち、活動家の政治に労働者大衆を包摂しようとするのではなく、労働者大衆の中に敵の政治を圧倒する内発的、自立的な政治をつくることをはかり、またそれを自らのものとしなければならない。

(c) 敵が好き勝手に弾圧できないような世論をつくり、逆に敵を政治的に包囲する陣型をつくりだし、あらゆる領域にわたる総力戦体制で敵をやっつけることをはからなければならない。

(d) 敵が罠をかけ、戦闘部分がヘタをうつのを待っているのであれば、われわれは敵の罠をいち早くかぎつけ、ヘタをうたないようにし、逆に、われわれの側で罠を用意し、敵がヘタをうつのを待たなければならない。

『旅友』発刊に向けて

すべての無産労働者諸君！
抑圧され虐げられた兄弟諸君！
なかんずく、労務者諸君！

これまで釜ヶ崎・山谷地区を流動する日雇労務者に代表される下層労働者は、市民社会（ブルジョアジーと読め！）の価値基準によってありとあらゆるレッテルを貼られてきた。怠け者、はみだし者、アル中、敗残者、かい性なし、ろくでなし、ならず者、前科者、気狂い等々、実に種々なレッテルを貼られてきた。

なるほど、確かに労務者は立派な人間ではない。苛酷な搾取・収奪・抑圧のもと、ポリ公とヤクザの暴力支配のもと、白豚どもの巧妙な分断支配のもとに、労務者はギリギリの生存状況に追いやられ、暗黒の未来に身震いし、実にデスペレートに生きてきた。

だが、白豚どもが貼ったこれらのレッテルの中味は、労務者に対する白豚どもの潜在的恐怖の表現以外の何ものでもない。何故なら労務者の生存状態それ自体が、アル中等の自己破滅的なものであろうと、また個別的犯罪にみられる積極的なものであろうとも、それらは資本主義制度に対する異議申し立て、階級支配に対する抗議を意味しているからだ。結局のところ、それらは、全人民的な共感を得ることができず、個別に分断され、個別に敗北を重ねる以外ない即時的抵抗の表現ではあるが……。

白豚どもは不良労務者に対し、二重の意味において非難する。一つは、生産過程において労働力商品として優良でないことに対して、二つは、市民社会における秩序の撹乱者であることに対して。

そして、これらのレッテルを貼る白豚どもの本質的意図は、白豚どもがいつまでも労務者を搾取し、収奪し、抑圧し、秩序の地獄にくくりつけ、白豚どもの階級支配を正当化するためであり、かつ労務者をして自分自身を金しばりにかけさせるため、すなわち「俺は駄目な人間だから支配されても仕方ない」とアキラメさせるためである。これは、日本人の朝鮮人に対する、白人の黒人に対する関係と同じく、支配者がいつでもどこでも用いる手口であり、白豚どもが人民の、肉体だけではなく心をも支配する常とう手段なのだ。

だが、レッテルは剥ぐためにのみ存在する。

今や、釜ヶ崎・山谷の闘争は、立派でない人間がいかに立派に闘うかを満天下に示した。

「強者」的闘争の潮流の中にあって、「弱者」として切り棄てられてきた無告の民が、白豚どもに勝利する異質な闘争原理、組織原理をもって階級闘争の前面に登場しつつあるのだ。

すべての無産労働者諸君!

とりわけ労務者諸君!

そしてまた、「強者」的政治潮流、新左翼主義にへき易している友人諸君!

ここに《旅友》を送り続ける。文字どおり、この《旅友》が、革命闘争の旅路の友として活用されんことを願う。

「弱者」が、いつまでも馬鹿で愚鈍でおとなしく支配されないことを白豚どもに思い知らせよ!

「弱者」の闘争、「弱者」の固い団結の前に、白豚どもをしてブルブル震撼せしめよ!

以上

IV

人民、ただ人民のみが
歴史を動かす
原動力である！

1974-1975

釜ヶ崎の闘う仲間たちへ

いよいよ犬はすさまじいデッチあげを本格的にはじめましたね。ラーメン屋の諸君が「自供」したというブル新の報道は全くのデタラメ。「やりもしないこと」を「自供」できるとすれば、こりゃー一体どういうことだ。ええかげんにしやがれ！　もう。犬の残虐な拷問のために、一時的に、苦痛から逃れるためにデタラメな「自供」をしたとしか考えられない。もし、「自供」したのであればだ！　「日の丸の犬」は拷問警察として戦前から実績がある。クソッたれめ！

さて、犬のデッチあげのしかたを教えます。

①飼い主である資本家に怒られる。「番犬のくせして、役立たずの能なしめ、早くパクれ」と。「無駄飯を喰わせるために飼っているのではない、アホタンめ」と。日本国民のみなさま方にも責められる。「警察はいったい何をしてるんだ、税金泥棒め」と。

②そうだ、誰でもいい、とにかくパクることに意味があるのだ。われわれが「犯人」だと断定した奴が「犯人」なのだ。やったとしてもおかしくない、と世間様に信じても

らえる奴、うっとうしい奴をこの際一掃してしまえ！
③要は技術と手続きの問題だ。「――の犯行との見方をつよめた」「――の情報をつかんだ」という報道をやって、時間をかけて、ジワジワと世論をつくりあげ、「一年三ヶ月ぶりに解決した」という具合にやるべえか！
④「一件落着、メデタシ、メデタシ」飼い主の資本家の皆さん、そして国民の皆さん、こんなに苦労して、ようやっと総パクリにしました。わたしたちは、みなさま方のために、日夜努力しています。今後ともよろしくおひきたての程お願いします。隅から隅までズッーとお手を拝借、チョチョンのチョン。
おふざけはこれぐらいにして、仲間たちよ！　問題はもっと深刻なのだ。この弾圧は単に「過激派壊滅作戦」としてあるのではない。犬の真の狙いは、
①犬にとって都合の悪い、うっとうしい連中を釜ヶ崎から一掃することによって、ふたたび犬とヤクザの「仲良しグループ」で釜ヶ崎を支配し、昔の状態に戻そうとしていること。
②「過激」な暴力闘争をとなえる部隊をセン滅し、合法主義の大合唱を釜ヶ崎で歌わせること。総体を帝国主義の統治様式――平和と市民民主主義――のもとに包みこむこと。（包み込めるかねえ！）（平和な釜ヶ崎！　手配師諸君！　安心してピンハネしたまえ！）
③運動の全体を公然化させ、総ガラス張りにすることによって、いつでも犬のお好み

しだいに、やりたい放題に弾圧できる体制をつくりあげることなのだ。

仲間たちよ！　この陰険にしてチンケな犬の攻撃に対して、反撃にうつらなければならない。そのためには、

①韓国や東南アジアの大衆闘争に学ぶこと。一〇人の仲間ができたら一人だけ公然化させ、残りの九人は非公然に活動するような巧妙な戦闘組織を無数につくること。

②自分一人になっても、仲間を非公然に組織し、非公然に闘っていけるような工作者を無数につくること。

③たかだか一〇〇〇人前後の㋖〔機動隊〕を、釜ヶ崎労働者の圧倒的決起によって粉砕するような人民の政治をつくること。釜ヶ崎労働者の内発性・主体性に依拠し、釜ヶ崎労働者が自分一人の利益のためだけではなく、労働者全体の利益のために自発的に立ちあがってゆく、自立した人民の政治をつくらなければならない。

④敵は倒れず、自らが倒れるワシらの生きざまを克服しなければならない。敵を倒さず、ワシらだけが倒れる、ワシらの闘い方の弱さを克服しなければならない。敵を倒し、ワシらは立派に生き残ってみせるという、ワシら自身の政治―軍事をつくり出さなければならない。

仲間たち、ベトナムのボー・グエン・ザップ将軍は、ワシらにこう教えている。〈革命とは、弱者が強者を打倒することである〉と。

戦術的には敵は「強者」であり、ワシらは「弱者」であるが、戦略的には、敵が「弱

者」であり、労働者・人民こそ真の「強者」なのだ。したがって、「弱者」であるワシらは、ワシら自身のもろい側面を克服しつつ、広範な「弱者」の団結の力でもって、ほんのひと握りの「強者」を打倒してゆかなければならない。「弱者」であるワシらは「弱者」全体の利益のために、常に最「弱者」の利益のために献身的に闘ってゆかなければならない。そのためには、ワシら自身のもろい側面の一つ一つを克服してゆかなければならない。

(イ)「弱者」であるワシらのもろい側面の一つは、「弱者」であるワシらが自分よりもっと弱い立場にある「弱者」をいじめることによって、「強者」からの抑圧を解消しようとすることである。関東大震災のときの朝鮮人虐殺や南京の大虐殺を見よ！

(ロ) 二つは、「強者」に依存し、「強者」の保護下に入り、支配されることに慣れきり、「弱者」として自立せず、「強者」に対して闘いをいどもうとしないことである。

(ハ) 三つは、「弱者」が「強者」になることによって、つまり山口組三代目や、松下コウノ助や、あしたのジョーにあこがれ、個人主義的に解決をはかろうとすること。手配師や、人夫出しや、大学生や、流行歌手になることによって、かつての同胞を忘れ、逆に支配する側、抑圧者の側に立つことである。

(ニ) 四つは「左翼」になることである。抑圧され、虐げられ、誰一人自分の言うことをきいてくれる者もなく、孤立した生活と暴力的に分断支配される中で、他人のことなどご考える余裕もなく、自分一人が生きるのがせいいっぱいという生活をしてきた下層の子弟は、左翼思想を身につけることによって初めて、このいびつなブルジョア社会の仕組、自己の抑圧された秘密を知ることができる。また、うちとけて話しあえる仲間ができ、自己表現できる場ができ、生きがいを見いだすようになる。だが、そのとき、かつての自分の生きざま、すなわち、同じような抑圧下に苦悶する仲間のことを考えることができず、自分一人が生きるのがせいいっぱい、自分一人でも救われようという体質を改善できなければ、左翼思想を身につけても、山谷の梶大介のように、「左翼」の名において「同胞を喰いものにする」傾向を持たざるをえない。しかし、またこれは、日本の左翼政治の反映であるのだ。つまり日本の旧新左翼政治が一貫して「下層を自己の党派政治に利用する」そういう政治の質しか保有していなかったこと、むしろ、梶大介は、日本の左翼政治の内実、その限界の直接的反映者といえるであろう。したがって、この誤った傾向の克服は、「弱者」が「弱者」全体の利益のために、自発的に立ちあがってゆく政治を人民大衆の中につくりあげてゆくこと、そのことによってのみ可能であり、まさに「人民が人民に服務する」「人民大衆が、まちがった左翼の病を直す」「人民大衆の政治の高度な質によって溶解し、不純物をたたきだす」そういう内実をもった、人民大衆の革命政治を人民大衆の外にではなく内部につくり出すことである。政治は人民を崇高にし、醜悪にもするということを片時も忘れてはならない。

《註1》梶大介の悪い傾向は、明らかに自己の私的利益を第一におき、下層労働者全体の利益を第二におく思想性から生まれる。それ故、下層大衆と結合することをせず、居心地のよい、小ブル左翼の世界に基盤を持つようになり、釜ヶ崎・山谷の下層労働者大衆が現実に闘いはじめると、大衆を恐怖し、この闘争を包囲し、孤立させるように、事実行為としてブル新と連合し、暗躍を始める。だからこそ、敵に反対されず労働者に反対されるのである。『序章』一一号の「山谷解放」委の田村論文がよい見本である。下層労働者が釜と山谷で血の叫びをあげているとき、一切支援しようとはせず、あろうことか、闘争の背後で、アレコレとお説教をたれる。「左翼株式会社」以外の何ものか?

《註2》 この(イ)~(ニ)は、ぼく自身も克服するべき問題なのだ。ぼくの親父は、猫の額のような田畑にしがみつく貧農の九人兄弟の三番目に生まれ、若い頃「満洲」に渡り、「満洲国警察官」となり、日本帝国主義の犬として「満洲人」を抑圧し、日本人の権益を守る役割を担い、一九四六年一月戦争犯罪者として八路軍によって人民裁判にかけられた後、銃殺刑に処せられた。「天皇陛下万歳」と叫んだそうである。五人の姉弟は、おふくろに連れられ伯父の家にひきあげた。引きあげ者もまた特殊な差別を受けることになる。ぼくはそういう環境で、特別奨学金の支給を日本国家から受け、高校、大学へ行き、グレて中退した。その当時、左手に酒を、右手に女を実践し、その後、女房と二人の娘を母子寮にぶち込んだ。日雇い生活とアル中生活を通して、ついに昨年は三回吐血した。つけ加えると、祖父の代に小作農から自営農に出世したそうである。なお、ぼくの名前は親父が獄中から命名した、実に呪われた名前であることを告白します。

さて仲間たち！　ぼくは逃げるために逃げていたのではなく逃げながら活動し、活動しながら逃げていたのであり、その活動の一部を報告します。

釜ヶ崎・山谷に代表される「寄せ場」は、全国の都市という都市に種々な形態をもって存在する。北は北海道から南は沖縄まで、どこでも寄せ場とドヤは存在する。そしてどこへ行っても「俺は山谷にいたことがある」とか「釜に一年いたことがある」とかいう話をきく。全国の寄せ場から寄せ場へ、飯場から飯場へ、港から港へ、工場から工場へ、あるときは土工として、あるときは社外工として、あるときは港湾労働者として、流れ動いている。ワシらのような「自由」な労働者を日本帝国主義が必要とし、また不断につくり出しているのが身をもってわかる。

北海道では現在、苫小牧を中心にして東部コンビナートがつくられ独占資本の土地収奪は着々とすすみ、農民は下層労働者に転化し、伊達の有珠では、アイヌ農民がコンビナートに電力を送る火力発電所建設反対闘争に起ちあがっている。

沖縄では、「男は低賃金労働力商品に、女は性的商品に！」のスローガンのもと、大和帝国主義がCTS設置、海洋博工事を軸に土地収奪をおしすすめ、農民を下層労働者へと転化し、大和に強制連行している。実際、サトウキビの生産では生きることができない沖縄の下層農民は、大和へドシドシ出稼ぎに来ている。

韓国では、日韓条約以降の日本帝国主義の資本輸出で農村経済はガタガタになり、「密航」という形での強制連行が行なわれている。沖縄のサトウキビ狩り、パイン狩りには、部分的には公然と朝鮮人民の強制連行が行なわれ、総評は日本帝国主義本国のプロレタリアートの小ブル的利益を守るために、この強制連行に反対している。

ワシらの態度は、資本家をやっつけるために共に闘うことである。釜ヶ崎や山谷の単身労働者が木の股から生まれるのではない以上、どこかに「低賃金労働力生産工場」があるわけであり、そのどこかとは、解体中の農村・漁村であり、アイヌ部落であり、沖縄であり、全国の未解放部落であり、合理化された炭鉱であり、朝鮮人部落であるのだ。

仲間達よ！

釜ヶ崎労働者は断じてルンペン・プロレタリアートではない。旧社会の汚物ではなく、帝国主義の必然的帰結・帝国主義が不断につくり出しているところの汚物なのだ。それ故、ワシらは日本帝国主義の支配下にある労働者階級の状態について次のように明確に断言しなければならない。

日本の労働者階級は、その存在形態・被抑圧形態・生活様式から上層⇅下層、市民的⇅非市民的、定着的⇅流動的、というように区別される、と。

そして、これまで一般的に言われてきた労働者階級とは前者をさし、これまで特殊であると言われてきた釜ヶ崎労働者は後者に属し、この後者に属する階級こそ一般的であり、マルクスが明言する、「未来をわがものとする階級」なのだ。量的にも質的にもだ。そして、前者の、いわゆる組織労働者が階級闘争総体のヘゲモニーを握るならば、それは必然的に帝国主義労働運動にならざるをえず、かつ、組織労働者の小ブル的利益のために、下層労働者を動員する結末をむかえる。

後者の大多数の未組織下層労働者が階級闘争のヘゲモニーを握るならば、それは必然的に帝国主義打倒の革命闘争に転化せざるをえず、かつ、組織労働者を革命の利益に従属させる結果となる。

何故なら、この後者こそ、マルクスの言う、「資本主義制度からひきおこされる諸結果に対し、部分的に対立する領域ではなく、資本主義制度の前提そのものに対し、全面的に対立する領域」、現状維持ではなく現状打破以外生き残る術のない〈暴力的人間〉、現体制の続く限り〈身も心も破滅する以外ない人間〉だからであり、この闘争は「ラディカルであるということは根本をつかみとる」闘争、すなわち革命闘争以外ありえない。

組織労働者とは社民に組織されうるところの労働者をいい、未組織労働者とは社民にはとうてい組織することのできない労働者のことをいう。労働力商品は、その商品的性格から必然的に流動的である。まさしく資本が下層労働者に与えた生存様式 - 流動性こそ、野たれ死に的状況こそ、最大限武器に転化しなければならない。釜ヶ崎を根城にして全国に出没したぶったくり集団などの流賊的傾向を排し、長征隊として、工作隊として活動することが問われている。

仲間たち！

アイヌ下層人民との連帯を獲得せよ！

（在日）朝鮮下層人民との連帯を獲得せよ！

下層のウチナンチューとの連帯を獲得せよ！

部落下層大衆との連帯を獲得せよ！

一般的・抽象的に、アイヌ、部落民、朝鮮人、沖縄人が存在しているわけではなく、多数は具体的に下層労働者大衆として存在し、彼らの闘争は釜ヶ崎労働者の闘争であり、釜ヶ崎労働者の闘争は実に彼らの闘争でもあるのだ。小ブル化した上層部分との連帯をはかるよりも、釜ヶ崎労働者がまっ先に感性的に連帯できるのは彼らをおいてはない。

釜ヶ崎労働者の三分の一は部落民であるといわれている。朝鮮人もいれば沖縄人もいるし、アイヌもいる。誰も他人の過去など聞かないし、また誰も言わないから正確な数字はわからない。だか他方、釜ヶ崎労働者に寄生するハイエナたち、ドヤ主、飯場、酒場、手配師、博徒、パチンコ屋もまた、多数が部落民であり朝鮮人であるといわれている。

一般的に部落差別、民族差別として現象せず、明確に搾取↕被搾取、収奪↕被収奪、支配↕被支配の関係として現出する流動的下層労働者密集居住区＝釜ヶ崎・山谷こそ、階級矛盾のもっとも激化している場所であり、日本帝国主義の労働者・人民に対する分断・支配統治様式の秘密が赤裸々に暴露されている場所であり、革命か反革命かの問題として常に鋭く突きつけられているこの地区の闘争こそ、まさに毛沢東の言う「一切の左翼が、彼らによって取捨選択される」――すなわち、一切の左翼思想・組織が、本物かニセ物かを常にバクロされる修羅場なのだ！

ベトナム人民を先頭とする全世界の被抑圧労働者・人民の闘いは、そのことをハッキリと教えている。

闘う労働者は最後的に必ず勝利する！

弾圧する豚どもは、最後的に必ず敗北する！

釜ヶ崎・山谷の戦闘的連帯万歳！

寄せ場叛乱の拡大万歳！

確信をもって前進しよう！

追伸

(1) 暴動に反対する潮流がバッコしている。だが、暴動は釜ヶ崎労働者が、もっとも自発的・内発的に参加する大衆暴力闘争である。これまで、またこれからも、この暴動に反対するのはⓐケイサツ、ⓑ地区内市民（パチンコ屋、ドヤ、商店）、ⓒ手配師、博徒である。したがって、暴動一般を否定する潮流は「左翼」の仮面をかぶった犬の手先とみなされなければならない。ただし、

①すでに㋖の十分な鎮圧体制がしかれ、敗北するのが目に見えている場合、②暴動の質的飛躍をはかり、過去の暴動を政治的にも、組織的にも、戦術的にものりこえるところの、勝利にむけた暴動略線の積極的な問題提起に対しては耳を傾けなければならない。過去二年間で、二〇〇名以上もの逮捕者が出た現実は厳しく総括されなければならない。

（2）種々な潮流が流れ込んでいる。これらに対しては、「山谷解放」委などの、釜ヶ崎・山谷の労働者が血を流して闘っているのに一切支援しようとしないばかりか、逆に闘争の背後でアレコレと陰口をたたき、自慰にふけっている部分は、ブル新と連合して「闘うな」と言い続けている部分であり、「左翼」の仮面をかぶった犬の手先とみなし、断固とした批判を展開する必要がある。また、新しく入って来てピンボケながら誠心誠意大衆と結合しようとする部分に対しては、自己の主観を第一におかず、大衆の状態に目を向けさせ、大衆の中にドップリ入ることによって、人民の利益、闘争の利益を第一におくよう教育し、連合赤軍、中核〔派〕、革マルにみられるような、小ブル内ゲバ病をなおしてやらなければならない。状況の総体の反映として、主観は幾重にも分化するものであり、自己の主観を第一におくならば、主観が純化された必然的帰結として、闘う仲間をつくれず、仲間と団結することができず、敵を殺さずして仲間を殺し、自分一人で闘わなければならなくなってしまう。釜共闘がつぶれずにここまでやって来れたのは、明らかに、種々な考えの仲間が結集し、それぞれ自分勝手にやって来たからであり、それぞれがお互いの違いを理解できないところからアツレキがあったとしても、それはまた一方で闘争のダイナミズムを生み出し、総体が前線⇅後方の総力戦体制として機能して来たからである。しかも、つねに大衆の先頭に立って闘う部分がヘゲモニーを握り、先頭に立たなくなるとヘゲモニーは他の元気のよい仲間に移行するという具合に、前衛と後衛の進退が極めてスムーズに展開されたが故に、敵を混乱させ、ヤクザに勝てたのである。昨年、全港湾神戸支部の委員長が自殺したことを思い出すとよい。組合組織では絶対ヤクザに勝つことができず、釜共闘が下層労働者の現状打破の暴力性に依拠し、群集戦に適した組織だからこそ、手配師との戦闘攻防において、寄せ場での力関係を逆転することができたのである。犬に対しては無力であったとしてもだ。

滅茶苦茶なデッチあげであるが、三月八日（爆取逮捕日〔船本全国指名手配の日〕）以降は身動きできないようだ。公開手配とは密告制度のことであり、今までのところは犬と出会わぬよう巧妙に動けばよかったが、これからは実際どうなるかわからない。犬が「自供」キャンペーンを流しても一切信用しないことです。犬の本当の意図に目を向け、闘争の実質的発展・飛躍を計り、更に前進しよう。

山谷解放委に反論する

演出左翼に反対

一

本紙〔『人民新聞』一九七四年〕五月十五日、二十五日の二回にわたって掲載された私の釜ヶ崎の闘う仲間たちにあてた手紙で、「左翼株式会社」の正体を簡単に暴露された山谷解放委がかみついてきている。

「黒を白と言いくるめる」文学的手法を駆使し、尊大なポーズで「強者」的にふるまいつつ、私に対する個人攻撃の体裁をとりつくろっているが、彼らのホンネがそのあたりにはない、ということはミエミエである。彼らのデマゴギーに対し、私自身が決して屈服しない、という態度表明をかねて、ずるがしこい大人の流儀ではなく子どもの流儀をもって一度は反撃しておく必要があるであろう。昨年の四月十二日以降の指名手配生活における逃走を闘争とするべく、全国工作隊の名称に固執して。

現在、山谷解放委を名のっている部分は、私を含む活動家部隊に造反された梶大介が一九六九年二月の「山谷大飯店事件」以降、孤立し、疲労困ぱいした状態で、梶が山谷にではなく外を存在基盤としていた関係から、当時山谷に出入りしてた宮田（田村新一）に懇願し、外からひき連れてきた活動家グループを出生の秘密とする。宮田自身が、『序章』14号で、〈長期の革命運動に耐えうる組織づくりをどのように為しとげてゆくのか、という本源的課題が、「山谷の暴れ者」集団から端を発したわれわれをして、五年前からきっぱりと山谷内自然発生的諸闘争を乗り越えて山谷と結びあう各重要拠点へ……〉と自己暴露しているように、山谷での実践は皆無、闘ったことがないからパクレたことがない、という全く奇妙キテレツな集団なのである。

また宮田自身が山谷解放委に加入したのは、あるいは元来実体がなかったので、新たに結成したとしても一九六九年三月か四月以降であり、『序章』11号の〈われわれは結成当時から、入れかわりたちかわり現われては消える「告発」型、「激怒多発」型山谷革命家諸君とは根本的に異なった諸特徴……〉なる文は全くのフキダシ物であり、つじつまの合わぬ矛盾したことだらけで、演出とアリバイ証明を目的としてのみ書かれたことが全面に露呈している。

事実関係も事実関係だが、思想性の悪いことも天下一品である。宮田の主観的願望にもかかわらず、長期の革命運動に耐えうる組織づくりは、雨や風にさらされ、大衆闘争という大暴風雨に見舞われなければ、試めされもせず、鍛えられもせず、ただそのことを通してのみ可能なのである。この毛沢東読みの毛沢東知らずの毛派版革マルの言う

「激怒多発」型とは、山谷では東日労、釜ヶ崎では〔全港湾〕西成分会のことを指し、「激怒多発」型とは現闘委や釜共闘のことを示しているが、『序章』11号、12号、14号の田村論文は、明確に山谷・釜ヶ崎の大衆闘争を包囲するために書かれたものであること、かつ、そうしなければならぬ事情が山谷解放委にあるのだ、ということを見ておかねばなるまい。

さて、五年前から山谷からきっぱりと消えた山谷解放委の言う「激怒多発」とは暴動の別表現である。暴動とは、山谷・釜ヶ崎を流動する無産労働者大衆が、最も主体的に内発的に参加する大衆暴力闘争のことを言い、暴動に限って山谷解放委が「激怒多発」という表現を使用せざるをえなくなった事情は、プロレタリア独裁をプロレタリア執権という表現を使用せざるをえなくなった日共の事情に酷似している。なお、かかる自然発生的な馬鹿に対しては、レーニンがいかに大衆の自然発生的運動を誉めたたえ、信頼していたか、『何をなすべきか』の一文を贈呈することにしよう。

「それどころか、彼らは、民衆の自然発生的高揚を応援することが自分たちの義務であることを生き生きと自覚して、これらのデモンストレーション（暴動と読め！――筆者註）に参加すると同時に、新聞をつうじて、全ロシアの同志たちにこれらのデモンストレーションのことを知らせ、同志たちがこの経験を活用する手助けをしたのである。彼らの目が黒い限り、彼らは革命をも見おとさないであろう。その革命がなによりも第一にわれわれに要求するのは、煽動における熟達と、あらゆる抗議を支持する（社会民主主義的なやり方で支持する）能力、自然発生的運動に方向をあたえ、それを味方の誤りからも敵のわなからも守る能力であろう！」

二

梶大介が未だに恨みがましく思っている「山谷大飯店事件」とは、梶がゲバルト的に自己批判を要求され、「私は山谷を喰い物にしました。本当に悪いと思っています。……」と自己批判書を提出し、私を含む三名を浅草署に告訴した事件のことである。私たちは黙秘を貫徹し、私を含む二名が証拠不十分で釈放され、他の一名は他の件で起訴された。このとき、市民左翼を存在基盤とする梶大介のすさまじい宣伝力によって、反革命だの、スパイだのメチャクチャなデマを流され、私たちは労働者に反対されず市民左翼から包囲されたのである。私たちが誰かのあやつり人形であるという梶の宣伝にもかかわらず、この事件は私たちの意志によってひき起こされたものであること、かつ、共産主義革命運動とは食堂経営を自己目的化することではなく、現実を廃棄する現実的な運動であること、梶が流したデマはそっくりそのまま梶自身に向けられるべきものであることを表明しておく。

さて、本紙六月二十五日号に掲載された、梶大介じこみのデマゴーグの正体を暴露するために、もう少し『序章』から引用することにしよう。

〈悪徳手配師への制裁、白色テロへの迎撃、暴力団との路上白兵戦等々ではわが戦闘団

は常に無敗を誇った〉（『序章』12号）
それにしては、釜ヶ崎でも山谷でも、釜共闘や現闘委が出現する以前は、随分暴力手配師が横行し、やりたい放題なことをやっていましたがねぇ。もっとうまく書かなくっちゃ、ウソがすぐバレてしまうではないか、宮田君よ。
〈われわれ解放委の本当の組織実体を知らずに集会の場で軽々しく挑発行為をかけてきた自称革命家ども――これらの連中もまた、どこからともなく忽然……〉（同12号）
それにしては何年か前、日比谷六・一五集会で、例の如くトビ職スタイルで『山谷解放』を売りさばいていたところ、東日労の組合員から「お前なんか山谷で見たことがネエ！」とぶち殴られたうわさを聴きましたが、痛みはもう癒えたでしょうか？　宮田君よ。
〈日比谷七・七集会で華青闘の泣き虫活動家諸君が「われわれは差別発言をうけた！」と仰々しくスネた際も、各派代表がこぞって「日本人＝差別・加害者であることの自己批判が足りなかった」などと平伏する中で公然たる非難意志表示に終始したのは、わが山谷解放委……〉（同11号）
我田引水もここまでくればご立派という他はない。反入管を闘った全ての諸君は答えよ。華青闘による新左翼批判の内実とは一体何であったのか？　プロレタリア国際主義とは一体何なのか、答えよ！
東に集会あれば東へ、西に集会あれば西へ、カンパニアのあるところどこにでも顔を出し、実践の反映の何ひとつない自画自賛の「山谷解放」を売りさばき、会場でオルグした若者に地下タビと七分ズボンをはかせ、金子架設工業中野班にぶち込む。なるほど、大衆には不透明で、権力には透明な、特異にして明解な活動スタイルではある。ちなみに、この金子架設工業は、この間闘う山谷労働者に対し武装襲撃を加え続けてきた、日の丸青年行動隊を裏からあやつっている「八日会」の構成メンバーであり、ケタオチ賃金のためトビ職がなかなか集まらないので、集会でオルグった若者をトビ職にしたてあげ、安く使おうというわけだ。もちろん、金子架設の親方と密約した上でである。宮田が依拠するという屈強な労働者とは、実にこの若者たちのことである。

〈われわれが活動上で依拠した労働者大衆が、がんじがらめの差別と抑圧体制の最底部で悶々として不平不満をかこつ労働者ではなく……体力も労働のウデも抜群の連中であったことである。前者は最もはやく闘争に決起するが体力的・精神的に持続性と規律性にかけ……不運にも、革命の最終局面でしか解放されえない人々であった〉（同11号）

　まさにこの文こそ、山谷解放委の組織と思想をあますところなくさらけ出している。すなわち、山谷・釜ヶ崎の無産大衆に依拠しないといっているのである。山谷・釜ヶ崎の現在の闘争に対し、闘っても無駄だから闘うな、といっているのである。そのホンネは、山谷・釜ヶ崎の労働者が闘うと困る事情がある、といっているのである。釜ヶ崎・山谷でどれ程多くの労働者が野たれ死のうが、賃金未払いで苦悶しようが、タコ部屋にぶち込まれ強制労働を強いられようが、事故死に見せかけられたたき殺されようが、

〈いわゆる抗議闘争の論理は、階級闘争の戦略戦術を否定し、大衆を「被害者」として宿命づけるだけでしかない。……手配師制度なる代物は、それを恐れる者には極めて強圧的で、恐れない者には極めて非力である。腕のいい労働者を十人そろえれば、たちまち一流の実働請負い単位として……〉（同12号）という訳で、闘わず沈黙せよ、というのである。なる程、資本家とゆ着する左翼版手配師としては、不平不満をかこつ労働者ではなく、従順な労働者が望ましかろう。この山谷解放委の釜ヶ崎・山谷の闘争に対する理解は、この間日共が釜ヶ崎暴動に対して投げ続けてきた非難と同一であるばかりではなく、かつ、山谷・釜ヶ崎労働者に対して狂人、ろくでなし、前科者、アル中、怠け者、敗残者等々のレッテルを貼りつけるブルジョアジーのそれである。

× × × ×

「俺はトビ職だ。強い人間だ。どうだ、立派だろう」と、所かまわずふれまわる宮田とは区別され、私の主張は、山谷・釜ヶ崎の労働者の生存状況がどんなに弱々しくみえようとも、本質は強く、資本家やポリ公が現象的にはどんなに強くみえても、本質は弱いこと、弱者は本質的に団結できるが、強者は個人主義のために本質的に団結できないこと、小英雄、小豪傑が弱者を救うという〝水滸伝〟的団結、この強者的なもろい団結ではなく、弱者の強固な団結をもって、自力で資本家を打倒してゆく、というものである。そのために、①敵は倒れず自らが倒れる弱者の生きざまを、個人主義的にではなく、全体として闘争を通して克服してゆくこと（越冬闘争等）、②敵は倒さず敵に倒される弱者の闘い方の欠点を克服し、③敵を倒し自らは立派に生き残ってみせるという弱者の政治＝軍事をつくり出すこと、これが私の主張である。

ブルジョア社会学者よろしく、現象を本質であるかの如くふれ回る宮田の主張は、百歩譲って好意的に解釈しても、「あなた方は革命の最終局面でしか解放されえないかわいそうな人々であり、いつか山谷解放委が革命を起して救ってあげるから、それまで沈黙し、屈服しておきなさい」という代物であるが、これは彼らが市民左翼を存在基盤とするが故に、この闘争を支援しようとする心ある友人に対して、〝支援するな〟という犬の包囲網の一環としてあるばかりではなく、同時にまた、精神「障害」者、身体「障害」者の自己解放の闘争に対する極めて悪質な反革命的敵対である。

×　×　×　×

この文に対する山谷解放委の再批判を一切受けつけない。私は、山谷解放委というハイエナ集団から反対されることは、本当に良いことだと信じている。このハイエナは山谷のごこにも運動体として存在せず、大衆が沈黙し、屈服し、闘っていない限りにおいてデカイ顔（つら）をしてふれ回る連中であり、この類いは、ひとたび大衆が闘い始めると、あれこれとその闘争に難くせをつけアリバイ証明に奔走し、闘争が敗北し、沈滞するのをみるや、それみたことかと手をたたいて喜び、再びデカイ顔をし始めるのである。

永山則夫を筆頭とする獄中にとらわれた無産大衆の最良の息子たちよ、私はあなた方に対してのみ、彼らのいうことを一切信用するな、といいたい。何故ならあなた方は真実を確かめる一切の手段を剥奪されているからである。その他の諸君は、実際に、両方の眼で事実を確かめればよいであろう。

人民、ただ人民のみが歴史を動かす原動力である！

1

個人の経験しうる現実は限られており、現実総体はとらえがたい。個人に襲いかかる矛盾が切迫していればいるほど、その根本はつかみにくく出口がない。だが、矛盾が切迫していればいるほど、それを解決できる根拠は必ずあり、また解決せざるをえない能力＝力が必ずかくされている。

そして、**現実の総体を背負わされた存在は、現実総体と対決しなければ解放されえない存在であるがゆえに、現実総体の姿を見ぬきうる存在なのである。**

2

ベトナム革命戦争、パレスチナ解放闘争とは、まさにそういう存在ではないだろうか？

釜ヶ崎―山谷―横浜寿町―沖縄―部落下層大衆―アイヌ下層人民―（在日）中・朝下層人民とは、まさにそういう存在ではないだろうか？

3

東南アジアの抗日暴動は、日本帝国主義の海外経済侵略によってもたらされた帝国主義市民社会における〝平和と繁栄〟、超過利潤の上に惰眠する〈帝国主義的労働運動〉に対して何ひとつ突きつけるものはないのか？

田中角栄が東南アジアの人民から追放され羽田に逃げ帰ったときの泣きごと、「バンコック・ジャカルタの暴動は、釜ヶ崎・山谷の暴動を合わせたようなものだった」という恐怖の言葉に連帯しうる感性、東南アジアの人民に包囲されているというこの恐怖の感性は、ブルジョアジーとその手先だけのものであり、この暴動を真先に支持し、**頭だけではなく肉体をもって呼応しようとする領域**、この領域こそ、ブルジョアジーに飼いならされ眠りこけている領域とは区別された〝正真正銘〟のプロレタリアート、すなわち広範な下層労働者大衆のことである。

《註1》プロレタリアとは、時間ぎめ、一日ぎめ、あるいは月ぎめで（知的商品や性的商品や反革命ゲバルト商品などではなく）自己の**労働力商品を資本家に売り渡すことによって生活している賃金労働者**のことを言い、日本語訳は無産労働者・無産大衆などと訳すのが正しい。ところが、いつの頃からか、マルクス主義を武装解除しようとする極悪人どもが現われてメチャクチャな解釈を始めた。たとえば、刑務所以上の刑務所＝精神病院の看護人を医療労働者と呼んでみたり、プロレタリアート・人民の子弟を帝国主義市民秩序に順応させる洗脳専門家＝教師のことを教育労働者と呼んでみたりだ。最近では犬の中ですら、俺も労働者だ、という馬鹿がいるそうだ。プロレタリア革命の利益に従属し、プロレタリア革命に奉仕する**医療労働者・教育労働者**などは、人民と呼ぶのが正しい。ここでは、マルクス主義を武装解除しようとする極悪人どもが流布したプロレタリアに関するメチャクチャな概念がすでに一般化しているため、下層だの、未組織などの形容詞を労働者の上にくっつけることによって、極悪人どもが流布したメチャクチャな概念からプロレタリアを区別するために一定のニュアンスを持たせるにとどめた。

《註2》アイヌ人民、（在日）中・朝人民、部落大衆、大和に〈強制連行〉された沖縄人民が抽象的個人として存在している訳ではない。最大多数は、具体的に、下層労働者大衆として存在する。日韓条約以降、日本独占資本の資本輸出による韓国経済の高度成長政策は、韓国の農村経済をガタガタにし、喰いつめた農民を土地からたたき出し、下層労働者として都市へ囲い込み、一部を密航という形式でもって日帝本国へ〈強制連行〉している。戦前も戦後も、朝鮮人民は一般的・抽象的に〈強制連行〉されてきたのではなくて、**鮮人労務者**として〈強制連行〉されてきたのである。

旧社会からの**汚物**ではなく、帝国主義の必然的帰結にして、帝国主義が不断につくりだしているところの**汚物**――釜ヶ崎・山谷に代表される流動的下層労働者の〝低賃金労働力商品生産工場〟は、解体された農・漁村であり、合理化された炭鉱であり、未解放部落であり、朝鮮半島であり、(日帝本国内)朝鮮人部落であり、アイヌ部落であり、そして、沖縄なのだ。**土地・財産・生産手段から自由な労働力商品は基本的に流動的である**。さて、官許マルクス主義者諸君。そもそも、流動的ではない労働力商品とは一体何ものであるのか?!

4

本年〔一九七四年〕一月二〇日、ブルジョアジーの番犬は、番犬としての任務を立派に遂行するため**警戒警報**を発令した。「今年の春闘が釜ヶ崎・山谷のような暴動の様相をおびる可能性がある」と。(全国警察本部長会議における長官談話)

ところで、**過去**、ブルジョアジーによって〝暴動〟のレッテルを貼られなかった革命闘争が果たして存在したであろうか? ブルジョアジーの番犬どもは、釜ヶ崎・山谷のいわゆる暴動闘争が帝国主義市民社会の総体に波及することを極度に警戒しているのだ。(過去二年半の間に、二五〇名もの闘う労働者をパクりさった大阪府警・西成署を見よ!)

どこかで誰かがこんなことを言わなかったか？「一般的なものの中に特殊が含まれるのではなく、特殊なものの中に一般が含まれる」と。更に、「資本主義は、プロレタリアートという特殊な階級を生みだし、この特殊な領域こそ、未来をわがものとする階級である」と。

ということは、歴史が、〝春闘〟という一般闘争、この〈帝国主義的労働運動〉に対して破産宣告を突きつけ、〝暴動〟という特殊な闘争に対して立派に任務を遂行しなさい、と要求しているのである。すなわち、**革命闘争を一般的闘争とせよ**、と。

5

現代革命は、世界革命戦争の過程としてのみあり、世界革命勢力、世界反帝勢力、世界反革命勢力、これらが織りなす種々な力——矛盾——国際政治から解放された「一国革命」はありえず、また「一国革命」後も解放されえない。前衛は後衛となり、あるいはソ連のように反革命勢力に転落し、後衛は前衛になるという、現代革命とはいわば世界革命への巨大なシンフォニーなのである。もしもこのシンフォニーから解放された「一国革命」が存在しうるとすれば、それは和解的左翼の主観においてのみであり、**世界革命は「一国革命の総和」ではない**のだ。

6

世界的に、革命勢力、反帝勢力、反革命勢力がしのぎあう場所、もっとも矛盾が激化している場所、そして**革命勢力と反革命勢力とが「死地とは闘う場所」、すなわち「倒すか、倒されるか」もっとも激突している場所、まさにこれこそがブルジョアジーにとってもプロレタリアートにとっても世界革命戦争の前線であり、前線⇄後方の世界的視角からのみプロレタリア国際主義の内実が問われ、かつ明らかにされる**のである。

この前線⇄後方の世界的視角を欠落した組織は、急速に反革命へと転落を開始する。歴史のクズカゴを覗いてみれば、そういう例が多すぎて悪感を覚える。たとえば、アルジェリア解放闘争に対するフランス共産党の態度は、口先では支持し、実質的に圧殺した。すなわち、フランス帝国主義本国で内部叛乱を起そうとせず、事実行為をもってこの闘争を支持し、連帯しようとする領域の活動を妨害し、フランス帝国主義のアルジェリアに対する旧植民地主義から新植民地主義への転換の手助けをし、フランス帝国主義本国プロレタリアート・人民の帝国主義的市民主義的利益を守るために、この闘争に反対したのである。「アルジェリア人民よ、お前たちは奴隷のままでいよ、そして私たちに安楽な生活を保証してくれ、闘うな」と。

7

帝国主義本国における〈党〉の任務は明白である。世界反革命勢力の巨大な後方にして、かつ世界反革命勢力の頭目の一人、日本帝国主義が支配・統治する日本列島のプロ

レタリアート・人民の国際的任務は、防御→対峙→反攻の政治＝軍事の戦略に基づき、

(1) 世界反革命勢力の後方活動を妨害し、世界革命勢力の後方活動に従事すること。

(2) 世界反革命勢力の後方を世界革命勢力の後方につくりかえてゆくこと。武装蜂起の陣型の構築をプロレタリアート・人民の中につくりだしてゆくこと。

(3) 革命勢力として自己を鍛え、日本列島を世界革命戦争の前線へとおしあげてゆくこと。

(4) 徹底的に、世界革命の利益に従属すること、これである。

8

たとえば、ベトナム革命戦争に対する日本帝国主義本国プロレタリアート・人民は、社・共という社民に指導された組織労働者の〈帝国主義的労働運動〉を解体・止揚し（そうしない限り、田中角栄が味わった恐怖と感性的に連帯する運命にあるのだ）、日本帝国主義のベトナム革命戦争に対する反革命後方活動を妨害し、かつ介入する余裕をなくさせるような闘争を組むことであったし、現に今でもそうである。

今ひとつ沖縄。沖縄の米軍基地従業員の国際的任務は、いかに引き裂かれた存在であろうとも、ベトナム人民の頭上に降りそそぐナパーム弾を爆撃機につめこむことではなく、執ようにサボタージュすること、反革命の後方補給活動を執ように妨害することでなければならなかったし、現に今でもそうである。

〈遅かれ早かれ首を切られる運命にあるのだ。「復帰」後の合理化による大量解雇は、基地従業員を下層労働者に転化し、続々と大和へ〈強制連行〉している。こういう風にハッキリ言うと、諸君はこの文の筆者に対して怒りを感じるかも知れない。この文の筆者の母もまた、占領軍基地従業員であった。――帝国主義分断支配統治様式総体の下層に集中する過重、基地に勤めなければ生きてゆけない現実に眼を向け、屈辱と負い目の全てを煮えたぎる憤怒に変え、帝国主義ブルジョアジーのどてっ腹にぶち込め！〉

沖縄における〈党〉は、まさにそこが、世界反革命勢力の極東における最大の後方補給基地として、疑う余地もなく、誰の眼にも明らかに厳然として存在しているがゆえに、避けることができない、日和ることができない、まさしく〈党〉の名に値する重要な任務をもつ。本物か、ニセ物か、常に暴露されざるをえない厳しい試練を受ける。なぜなら、事実行為として敵を悩まし、事実行為として敵を苦しめ、事実行為として敵を打倒する、ただそのことだけが、緊要な課題として、常に鋭く突きつけられているからである。単に、基地従業員による反革命の後方補給活動の妨害ばかりではなく、沖縄人民の総力をあげた全島ぐるみの妨害活動、基地機能麻痺を惹起せしめるような人民の革命政治の現出、このことが問われているのである。〃あるべきところの党〃の任務としてではなく、〃現にあるところの党〃の任務としてだ！

9

ということは、現在のところ、事実行為として、世界革命戦争のヘゲモニーをベトナム人民・パレスチナ人民が握り、現実問題として〈世界党〉の内実と普遍性を彼らが保有しているのであり、**プロレタリアートの部分的利益のためではなく、普遍的利益をめざして闘う〈党〉の任務**は、彼らの利益を明確に守り、その普遍的利益に従属することでなければならない。したがって、帝国主義本国における〈党〉の現在的任務は、防御↓対峙↓反攻の政治＝軍事の戦略にもとづき、プロレタリアート・人民の中に潜み、**プロレタリアート・人民の中に根をはり、**「百ダースの綱領よりも現実の運動の一歩、一歩」を実践することによって、世界反革命勢力の巨大な後方の中に世界革命勢力の後方を一歩ずつ獲得し、かつそれをおし広げてゆくことでなければならない。武装蜂起の陣型の構築、ベトナム革命戦争・パレスチナ解放闘争と事実行為をもって連帯しうる**革命勢力としての公然とした登場**は、ただそのことを通してのみ可能となるのである。まさにこれが、白色政治支配下における〈世界単一党〉の任務の内実を形成しうる闘いの現実的な形態なのだ。

《註1》どこかで誰かがこんなことを言わなかったか？「真の金城鉄壁とは何か？それは武器ではなく人である。**人が武器を握ること**である。人民こそ真の金城鉄壁である。」

《註2》　犬から丸見えの、自己目的化されたカンパニア集会・デモしかやらず、非合法党建設もないもんだ。「頭は革命戦争、肉体はカンパニア市民運動」というこの観念左翼には、犬が彼らの主観的願望から独立した客観的存在であることがわからないのであろうか？　プロレタリアート・人民の中に入ろうとはせず、プロレタリアート・人民に向って呼びかけようとはせず、大衆の言葉で語ろうとはしないこの観念左翼の空疎にして難解なアジテーション、難解な文章は、プチ・ブルジョアの自慰行為であり、かつみすぼらしい情況の直接的反映なのだ。**情況の総体を急進化させようとはせず、頭だけが急進化するプチ・ブル体質**の終着駅は、ニヒリズム以外ありえない。

「革命なぞ夢物語だ。俺がいくら頑張ってみたところで、誰もついて来ない。労働者は起ちあがりはしない」と、ブルジョアジーに対して怒りを向けるかわりに、逆にその怒りを労働者に向けるようになり、帝国主義本国市民としての生活にドップリと身を沈め、吉本隆明などを読みあさり「個人（市民社会の市民と読め！）」として「自立」するためにあれやこれや〝厖大な徒労〟を始めるのである。吉本隆明の「自立の思想」とは、**市民社会の廃棄**ではなく、「醜悪にしてうす汚れた市民社会」を拒絶しようとする市民の処世の方法のことに他ならない。

《註3》　このプチ・ブル体質のニヒリズムは「破滅の思想」としても立ち現われ

る。高橋和巳は、下層労働者大衆に向って、釜ヶ崎へ〝転落〟してくる彼の小説の主人公を通して、こう言いたいのである。「お前たちに明日はない。お前たちの闘いは敗北するほか術はないのだ。お前たちは永遠に負け続けよ。そして餓死せよ、野たれ死ね!」と。なるほど、**この日雇いどもは恥**を知るだろう。釜ヶ崎のかかる現実をいつまでも続行させることにだ。そして、必ずや**釜ヶ崎のかかる現実を廃棄する**であろう。勝利の女神は闘う労働者に微笑を投げかけるだろう。

だが、高橋和巳よ。本当は、君の方こそ**恥**を知らなければならなかったのだ。君が学び、思索し、通った、そして君の青春から君の「わが解体」まで、君自身をくくりつけた京都帝国主義大学は、他ならぬ**この日雇いども**が所属する無産労働者大衆の労働生産物なのであり、**この日雇いども**は建造物が完成した途端、君にとってはまるで自然物として存在しえた**それ**から冷たく拒絶されたのである。

高橋和巳よ。だが君は、「恥を知れ、このプチ・ブルども!」と言うべきではないのだ。君は、君に対して、負い目とうしろめたさを与え続けた帝国主義市民社会を、あくまでもあの世から呪い続けるべきなのだ。その意味において君は、少しも誠実ではなかったが、**良心的知識人**であった。合掌。

〝転落〟とは上から下へ落ちることを意味する。したがってマルクス主義者は〝転化〟という表現を使用すべきである。プチ・ブルがプロレタリアになることに何の不都合があろうか? ない。ただし、農・漁村にかけられた帝国主義の攻撃、これに対する農・漁民の抵抗闘争を断固支持し、連帯して非和解的に闘うことはマルクス主義者の義務である。

《註4》 さて、プチ・ブル体質のニヒリズムは、奇妙なことにオプティミズムとして立ち現われることもある。情況がみすぼらしければみすぼらしいほど、観念は肥大化し、自己運動を始め、空想の世界がますますすばらしくなる事実は、マルクス主義の科学としての正しさを証明するよい見本である。天空に舞い上った観念は、具体的実践活動の中であらわにされる現実的諸関係の矛盾によってしか明らかにされず、かつ地上にひきずり戻されることはない。神の代理人の許可なしには乗ることができない〝ノアの方舟〟――天空にうちたてられた「世界ソビエト社会主義共和国」――この「個人」が占有する観念的世界、アイヌ人民や沖縄人民を天空に浮かぶ〝方舟〟に乗せようと企むかかる手合いの予言者には、マルクスのフォイエルバッハに関するテーゼがふさわしい。

「世俗的基礎自身がそれ自身から離脱して、自身のために一つの自立的な王国を雲のなかにしつらえる事実は、まさにただこの世俗的基礎の自己滅裂状態と自己矛盾からのみ明らかにされるべきである。それゆえにこの世俗的基礎そのものがまず第一にそれの矛盾において理解され、次いでこの矛盾の除去によって実践的に変革されねばならない――それゆえフォイエルバッハは「宗教的心情」そのものが一つの**社会的産物**であること、**そして彼の分析する抽象的個人が現実にはある特定の社会**

形態に属することを見ない。――社会的生活は本質的に**実践的**である。観想を神秘主義へ誘うあらゆる神秘はその合理的解決を人間的実践のうちとこの実践の把握のうちに見いだす。」

地上から視つめられていることも知らず、天空から地上を見おろし、地上の闘争を評論し続けるこの予言者は、世界革命をすでに為しとげているのだから〝日なたぼっこ〟でもしておればよいと思われるが、そこはそれ、空想の世界でいくら満腹しても、胃袋という肉体は依然として実践に飢えているのだ。われわれは、かかる手合いの、プチ・ブル的かつ**自己救済的思考様式から自己を解放**し、この地上の現実を常に出発点となし、この地上に世界ソビエト社会主義共和国をうちたてるのだ。そして、われわれが直面している地上の現実とは、世界反革命勢力の巨大な後方にして世界反革命勢力の頭目の一人・日本帝国主義ブルジョアジー。議会主義、かつそれに包摂されるところの〈帝国主義的労働運動〉を政治内容とする旧左翼社民政治。みすぼらしい情況の総体の直接的反映として主観の数だけ分裂するのではないか、と思われる、かつその分裂によって犬の眼前でさえも内ゲバを繰り返す新左翼党派政治。われわれは、実に、このみすぼらしい地上の現実から出発するのである。なぜか？　この地上の現実のみすぼらしさを滅ぼすためにだ！

「地上の家族が聖なる家族の秘密としてあばかれた以上は、こんごは前者そのものが理論的に批判されて実践的に変革されねばならない。」

10

今では誰の眼にも明らかだが、日本列島における戦後階級闘争の左翼政治は、社民に指導された、たかだか一千万たらずの組織労働者が階級闘争のヘゲモニーを握り、彼らの帝国主義的市民主義的利益の実現のために、その帰結として、地域住民の社会福祉を軸とした行政要求をアメ玉とし、未組織下層労働者大衆を利用し、選挙戦に動員する構造、すなわち、階級闘争が議会内取引体制――ブルジョアジー代表としての自民党と、プロレタリアート代表としての社・共とが肉弾戦をもって相対峙する国会内茶番劇として収束する構造、これが旧左翼の政治的内実であり、主流であった。

ところで、新左翼政治もまた、彼らの主観、掲げる看板がどうであろうとも、その中味は、社民と同じ土俵で組織労働者の囲いこみ合戦をやり、**客観的に社民の左に位置**していたことも明らかである。社・共の旧左翼政治に対する思想的批判として始まった新左翼の、その批判の根幹が「一国革命主義（一国革命のためなら世界革命に敵対する意味）」であったこと、それが今では社民をもちあげ、誉めたたえていたようなものであったこと。逆に「一国革命主義」の批判は、むしろ社民と同じ土俵で「本工組合主義」「左翼組合主義」まるだしの新左翼政治にこそ投げつけられなければならなくなった。時の経過とは恐ろしいものです。七〇年安保をめぐる日本列島の階級攻防が一切を暴露してしまった。前者がカンパニアの「平和」版なら、後者はカンパニアの「実力」

版、前者が国会内茶番劇なら、後者は国会・首相官邸包囲劇という具合に、相互補完的に右足と左足で、もちつもたれつよくぞ歩いて来られました。大した内ゲバもやらずに。もっとも両者の主張によれば外ゲバということになるが。

《註1》プロレタリアは一方では市民的存在としての私的労働力商品所有者であると同時に、他方では生産過程における被搾取者、資本の支配による被抑圧者であるがゆえに、自らの根本的解放が資本主義搾取・抑圧制度と根本的に相容れない存在であることから、資本主義搾取制度に対する自然発生的闘いは、一方では搾取制度の枠内での私的労働力商品所有者としての価値上昇という市民的、改良要求の側面を必然的に伴ない、他方同時に、市民的、改良要求には包摂しえないところの搾取・抑圧の現実、階級支配の現実そのものに対する怒り、怨み、憎悪といった革命的側面を含んでいる。したがってプロレタリアートの自然発生的闘争は、プロレタリアが私的労働力商品として立ち現われる市民社会の、市民的、改良要求的側面に依拠する社民を生みだすと同時にまた、部分的改良要求を闘争の端緒としながらも、それには決して包摂されえないプロレタリアートの革命的側面に依拠した、すなわち、敵との具体的な戦闘攻防を通して、事実行為をもって社民の市民的改良主義的固定化を粉砕し、支配↕被支配の階級関係そのものを転覆してゆくプロレタリアートの革命政治の現出、かつそれを可能ならしめるところの〈前衛〉の出生を必然化せしめる秘密をもつプロレタリアートは、ブルジョアジーとの具体的戦闘攻防、非和解的階級闘争を通してのみ、社民の正体を見ぬき、帝国主義市民秩序にくくりつけ、ブルジョアジーとプロレタリアートを和解させようとする社民のくびきから解放されるのである。したがって、社民に対する批判の武器を武器の批判におきかえるときは、プロレタリアートのブルジョアジーに対する非和解的闘争の敵対者として社民が登場するとき、プロレタリアート自らが社民を明確な敵として認定するかぎりにおいてである。プロレタリアがブルジョア的私的個人として立ち現われるブルジョア社会で、社民もプロレタリアートの中に基盤をもち、その基盤を握りくずし、突きくずし、社民を反革命ゲバルト集団としてプロレタリアートから浮かびあがらせ、丸裸にするためには、情況の総体を急進化させる以外ないのである。

《註2》さて、革共同の両派諸君！

諸君らが社民の卵でないのならば、かつ**諸君らの世界観からすれば**、どう考えてみても血を流す相手を間違えていると思うのだが。

ブルジョアジーに対して武器の批判を向けず、社民に対してすら武器の批判を向けない諸君らの情況は、客観的に帝国主義の補完物——**左のポーズをとっているがゆえに、もっともタチの悪い補完物**である、と考えざるをえない。特にこの間、労働組合運動で躍進のめざましい革マル派の諸君にあっては、特にだ！プロレタリアートは『赤旗』の記事に賛意を表明している。「敵に泳がされている」と。主要な敵、ブルジョアジーに武器の批判を向けよ！

11

社・共という社民が指導する〈帝国主義的労働運動〉の政治的内実は、①日本帝国主義ブルジョアジーの帝国主義本国プロレタリアート・人民に対する分断支配統治の一つの様式であること、支配↕被支配の階級関係を転覆せんとするプロレタリアート・人民の闘争を、その自然発生性のゆえに、帝国主義市民秩序に包摂し、吸収するための安全弁であること、②日本帝国主義ブルジョアジーの海外経済侵略の強化のための物質力であること。かつ組織労働者の帝国主義的市民主義的利益のあくなき追求は、日本帝国主義をして「新植民地主義」への傾斜をひたすら強制し、事実、そういうものとして機能してきたことである。

ところで、革マル型労働運動に代表される新左翼という社民の卵の「組織労働者諸君、悔いあらためよ」という路線は、肉体はズブズブの帝国主義市民にして「実力」版社民でありながら、頭だけがどこかの四畳半（会場、公園、場所はどこだってよいのだ）で、「階級意識にめざめ、プロレタリア的人間へと自己改造される」という全くの二律背反、全くの観念論、全くの形而上学であるがゆえに、この自己救済にして観念的自慰行為の必然的帰結は、肉体という下部構造に規定され、強制され、唯物弁証法――この法則は全く正しい――にそのまま適用されて、日本帝国主義ブルジョアジーの利益と帝国主義本国プロレタリアート・人民の帝国主義的市民主義的利益を守るために、いずれ大政翼賛型人民戦線へと急傾斜せざるをえない。現在のところ、せいいっぱい革新あるいは左の粉飾をほごこして運動していても、そのうす汚れた政治内容は、プロレタリアート・人民の裏切り者以外の何ものでもなく、同時にまた革命に敵対する未来を客観的にさし示しているのである。

今や、〝正真正銘〟のプロレタリアート＝下層労働者大衆は、そういう粉飾にだまされはしないのだ。

12

連赤を含む七〇年安保後の沈滞と混迷の中で、四畳半、自己目的化されたカンパニア集会・デモ、内ゲバで繁殖する、憂うつ、かつ醜悪な新左翼党派政治は、まさにその自然発生性ゆえに、今や両極に分岐しつつある。すなわち、一方は帝国主義の分断支配統治の一つの様式＝帝国主義的労働運動を「実力」的に「爆発」的に推進し、社民の大政翼賛型人民戦線へ傾斜してゆく傾向と、他方は日本帝国主義分断支配統治様式総体の過重、その深部から吹き起る未組織下層労働者大衆の、階級闘争の前面に登場しつつある潮流に流出する傾向とに。

さて今年の、社・共という社民と新左翼革マル型社民の卵が指導した「弱者のための国民春闘」の三つの特徴は、

（1）　組織労働者の帝国主義的市民主義的利益の実現のために、「弱者」を利用し、動員する従来のパターンで収束したこと。
（2）　インフレ・石油危機・物不足として現象する日本帝国主義の攻撃が、組織労働者にとって「国民的共同利害」として立ち現われていること、「弱者諸君、海外経済侵略をもっとドンドンやらせなければ、今までのようにぼくらが安楽に暮らせないばかりか、君らだって野たれ死んじゃうよ」という訳で、「国民総動員体制」でもって、日本帝国主義を更なる〈新植民地主義〉へと追い込み、七〇年代型大東亜共栄圏をめざしていること。（組織労働者に向って闘うな！　と言っているのではない。和解的階級闘争をやめよ！　と言っているのだ。社民の統制・鎖を断ち切れ！　と言っているのだ。かの予言者のように、帝国主義に怒りを向けず、一般的に「諸君の月給を減らすよう要求する」と言ったのでは、ブルジョアジーは大喜びするであろう。だからこの敵はかの予言者を害なきものとして、その存在を許しているのである。）
（3）　六八年以降目立ち始めた中小未組織下層労働者の職場叛乱、下部組織労働者の「山猫」型叛乱、全国学園叛乱、地域住民闘争——七〇年安保を基軸にして社民の指導と無関係に吹き起る大衆実力闘争が次第に社民の基盤を突きくずし、掘りくずしつつあることである。

そして、釜ヶ崎・山谷を先頭とする広範な「弱者」に包囲されつつあるという社民の恐怖がかかる看板を掲げさせたこと、これである。（「弱者」の闘争とは、「ラディカルであるということは根本をつかみとる」闘争、すなわち非和解的階級闘争以外ありえない。なるほど、社民もまた革命に手を貸すのである。やがて追放されるために。)

《註1》下層労働者として大和に〈強制連行〉された沖縄人民の苦痛、山口君の「犯罪」や、高田馬場で日雇労働していてフジタ工業の現場で「労災事故死」として合法的に抹殺された東江君の死がとりあげられ、具体的に闘争として展開され始めた事実は一体何を物語っているのだろう。これまで問題にもされず、見向きもされなかった悲惨な現実が何故最近になって耳目を集めるようになったのだろう、プチ・ブル左翼諸君よ。無産労働者大衆は、諸君のあずかり知らぬところで、個人的にであれ、徒党的にであれ、「犯罪者」のレッテルを貼られ、「精神異常」のレッテルを貼られ、闘い続けてきたのだ。階級矛盾のあるところ、必ず階級闘争は存在し、ブルジョアジーが投げつけるこれらのレッテルは、無産労働者大衆の闘争がいかに非和解的であるかを証明するブルジョアジーの恐怖の表現以外の何ものでもない。たとえそれらが、全人民的な共感を得ることができず、個別に分断され、個別に敗北を重ねる以外ない即自的抵抗の表現であったとしてもだ。

旧・新左翼の指導とは無関係なところで、未組織下層労働者大衆の闘争はいくらでも勃発している。六〇年安保闘争以降、繰り返し起され繰り返し圧殺された山谷・釜ヶ崎の暴動を筆頭に、数えあげたらきりがない。まさにこの闘争が非和解的であるがゆえに、ブルジョアジーは恐怖をもって圧殺し、和解的左翼はブル新と連合してせいいっぱいの中傷を投げつけ、この闘争に反対し続けているのである。《註2》ボー・グエン・ザップは、〈革命とは弱者が強者を打倒することである〉と明記している。

すなわち、政治＝軍事的に、戦術的には敵は強者であり、わが方は弱者であるが、戦略的には敵こそ弱者であり、わが方こそ真の強者であると明言しているのである。と、同時にこれは、小英雄・小豪傑が「弱者」を**救う**という〝水滸伝的団結〟「強者」のもろい団結ではなく、「弱者」の強固な団結をもって帝国主義ブルジョアジーとその手先を**自力**で打倒しなさい、と言っているのである。更に、①敵は倒れず、自らが倒れる「弱者」の生きざまを、「弱者」全体の団結した力で克服してゆくこと、②敵を倒さず、敵に倒される「弱者」の闘い方の欠点を克服すること、③敵を倒し、自らは立派に生き残ってみせるという「弱者」の政治＝軍事をつくりだすこと、これをわがものとせよ、と言っているのだ。

13

それでは、こうした旧・新左翼政治のうす汚れた政治的内実から訣別するところのプロレタリアート・人民の革命政治の現出——プロレタリアートの普遍的利益をめざして闘う〈党〉の任務とはなにか？

(1) 世界革命の利益に従属し、国際的課題に答えようとすることである。(強調しても強調しすぎることはない。ここは帝国主義本国であり、世界反革命勢力の巨大な後方なのだ。考えてもみよ。プロレタリアート・人民の敵は、過去、中国大陸、東南アジアに反革命の前線をつくりだし、つい先頃までずっと反革命勢力として活躍しつづけた「小野田少尉」のような優秀な反革命の軍隊を保有する日本帝国主義であり、かつ巧妙な分断支配のもと、下層農民を、部落大衆を、沖縄人民を、台湾の高砂族を、朝鮮人民を、アイヌ人民を反革命の前線活動に従事させた凶悪な反革命ブルジョア政治であり、そして、プロレタリアート・人民の闘争は鎮圧され、圧殺され、左翼政治は反革命ブルジョア政治に屈服し、敗北しつづけてきたのである。)

(2) 日本帝国主義のプロレタリアート・人民に対する分断支配統治様式総体の下層に集中する過重、その深部から吹き起る未組織下層労働者大衆の闘争に徹底的に依拠すること、その自然発生性の克服、(イ)帝国主義市民秩序に包摂され、吸収されようとする傾向の克服、(ロ)右の現状打破へと流出する傾向を克服することである。下層労働者大衆の左への現状打破の側面に依拠し、非和解的階級闘争を前進させることである。

(3) 最大多数の未組織下層労働者大衆の闘争が、組織労働者、プチ・ブル学生市民層の闘争を規定する構造をつくりだし、階級闘争をブルジョアジーと和解させようとする媒酌人＝社民と社民の卵のくびきをプロレタリアート・人民自らが解き放ち、帝国主義ブルジョアジーとその手先に対し、自発的・内発的に起ちあがるところのプロレタリアート・人民の革命政治を創出すること、日本列島における旧・新左翼政治を解体・止揚し、**組織労働者、プチ・ブル学生市民層をプロレタリアートの普遍的利益・革命の利益に従属させること**である。

（4）具体的に任務に着手することである。「頭は革命闘争、肉体はカンパニア市民運動」という観念左翼、プチ・ブル左翼の最悪の傾向を払拭し、下層労働者大衆の中に身を潜め、下層労働者大衆にかけられた抑圧を共にひきうけ、共に闘ってゆくことである。事実行為をもって敵を悩まし、事実行為をもって敵を苦しめ、事実行為をもって敵を打倒してゆくことである。戦略的な敵と戦術的な敵とを区別し、「敵進めば我退き、敵立ちどまれば我これを悩まし、敵退けば我進む」の戦法で、敵の支配の一つ一つを部分化し、空洞化させ、突きくずし、掘りくずし、やっつけることである。仲間を守り、仲間を増してゆくことである。一人で解決すべき問題と、仲間と協力して解決しなければならない問題とを区別し、速決戦で解決すべき問題と、持久戦で解決しなければならない問題とを区別しつつ、執念深く工作活動に従事することである。**国家権力の包囲集中弾圧を受けてもつぶれず、持久戦に耐えぬくことができる前線⇅後方の総力戦体制の陣型を、部分的・局地的ながらもプロレタリアート・人民の中につくりだしてゆくこと**である。戦士的戦闘組織、戦闘団的戦闘組織、仲間の会的防衛集団、医療、保育、救援、支援等々、あらゆる領域にわたる総力戦体制でもって敵を打倒することである。

《註1》 帝国主義の分断支配統治様式総体の下層に集中する過重とは、プチ・ブル左翼諸君の生存状況とは区別され、胃袋の生殺与奪を敵に握られているため、言うことを聞かぬと飯を喰わせないぞ、とドウカツされたり、家族がひどい仕うちを受けたり、殴られたり、けつられたり、殺されたりする、ということを意味する。したがって、この闘争は、闘おうにも闘えない情況におかれているということを意味する。したがって、この闘争は、必然、「戦いか然らずんば死、血みどろの闘争か然らずんば無。問題は厳としてこのように提起されている」ことを意味する。戦中、**華・鮮労務者**は、中国革命、朝鮮半島における武力解放闘争に呼応し、炭鉱・鉱山を軸に叛乱を起し、孤立して圧殺された。

帝国主義本国において〈党〉が、本気で世界プロ独樹立を掲げるなら、産業資本→金融資本→国家独占資本、この資本の発展過程における階級分化の激化に真先に目を向けたがらない新左翼の傾向は、彼らが自己の出身階級に規定されたプチ・ブルの自然発生的党派に過ぎないこと、出生の秘密を自己暴露しているようなものである。

《註2》 レーニン読みのレーニン知らずの自然発生的プチ・ブル党派が、自らあずかり知らぬ未組織下層労働者大衆の闘争（特にコザ・山谷・釜ヶ崎の暴動など）に対し、馬鹿の一つ覚えよろしく、自己の無能力・無定見を隠蔽するために「大衆の闘争は自然発生的に起るものだ。だから俺たちが苦労して大衆闘争を起す必要はない」「あの闘争は自然発生的だから駄目だ」「あの闘争は無政府的だ」などと、闘争の背後であれこれと評価し、ブル新と連合して、大衆の闘争を孤立させ、包囲しようとしている。彼らが投げつける非難は、ブルジョアジーがこの闘争に示す恐怖と同じく、下層労働者大衆の闘争がいかに非和解的であるかを測る尺度であり、彼らが期待する大衆闘争とは、和解的にして秩序ある闘争、すなわちブルジョアジーの期待するそれであり、彼らがこの闘争に投げつけるタワ言は、レーニンに対する一知半解からではなく、明確に彼らの生存状況から発せられたタワ言である。こういうチンケなバカタレどもを、歴史は、無慈悲にもゴメンナサイネとも言わず、ゴミタメの中にぶちこむであろう。**闘うな！ と言い続けてきた罪と罰をひきうけるがいい。**

なお、こういうバカに対しては、レーニンがいかに大衆の自然発生的運動を信頼していたか、誉めたたえていたか、を『何をなすべきか』の一文をさし示すことによって、少しばかり賢くしてあげよう。

「それどころか、彼らは、民衆の自然発生的高揚を応援することが自分たちの義務であることを生きいきと自覚して、これらのデモンストレーションに参加すると同時に、新聞をつうじて、全ロシアの同志たちにこれらのデモンストレーションのことを知らせ、同志たちがこの経験を活用する手助けをしたのである。彼らの目が黒い限り、彼らは革命をも見おとさないであろう。その革命がなによりも第一にわれわれに要求するのは、煽動における熟達と、あらゆる抗議を支持する（社会民主主義的なやり方で支持する）能力、自然発生的運動に方向をあたえ、それを味方の誤りからも敵のわなからも守る能力であろう！」

レーニンが大衆を責めたことがあったか？　なかった。レーニンは、大衆闘争の自然発生性の克服の問題として、かつ自然発生性への拝跪として〈前衛〉**の無能力を責めたてたのである。われとわが身を責めたのだ！**

《註3》　長期にわたる革命運動に耐えうる組織づくりは、雨や風にさらされ、大衆闘争という大暴風雨の中でしか鍛えられず、試されもせず、ただそのことを通してのみ可能なのである。

さて、太田竜君。

君の著書『世界革命』は、「無知の涙」を流していたこの文の筆者の目を大きく開かせるものがあった。だが、**一九七四年二月一日**現在、君は、『序章』14号で、具体的実践の反映の何ひとつない「山谷解放株式会社」代表取締役の駄文の、**ちょうど右に位置する**。

このままでは君は、大衆の闘争が敗北するや、その失敗から何ひとつ学ぼうとせず、それみたことかと手をたたいて喜び、背後から鉄砲を撃つ輩と同類になるだろう。この類は、**大衆が抑圧され、沈黙し、闘っていない限りにおいて発言力を持つ連中**であり、一たび大衆が決起すると、自らの存在を闘争のごこにも見出すことができないので、弁解じみたアリバイ証明をやり、あれやこれや申し開きをやり、それでも駄目だとわかると、逆に、この闘争にアレコレと難癖をつけはじめ、ブル新と連合してこの闘争の孤立化を企み、犬と合体して包囲しはじめるのである。

太田竜君。横浜寿町に行ってみたまえ。そこで君は**アイヌ労務者**と出会うでしょう。東室蘭の新日鉄の工場に行ってみたまえ。そこで君は**アイヌ社外工**と出会うでしょう。橋根直彦氏が**山谷労務者**であったように、君にとって、辺境最深部への退却とは、君の住居からわずか数キロメートルしか離れていないところにある山谷へ行くことではないか？　日本帝国主義分断支配統治様式総体の下層に集中する過重をはねのけて闘いを続行し、現在、日の丸権力・右翼暴力団・和解的左翼の包囲集中弾圧下で苦悶する流動的下層労働者密集居住区＝釜ヶ崎・山谷こそ、一般的に部落差別・民族差別として現象せず、明確に搾取↕被搾取、収奪↕被収奪、支配↕被支配の肉眼で見え、肉体でわかる階級関係、すなわち日本帝国主義の分断支配統治様式の秘密が赤裸々に暴露されている場所であり、現在のところ階級矛盾のもっとも激化している場所であり、現状打破か、奴隷状態の固定化か、常に鋭く突きつけられているこの地区の闘争こそ、左への現状打破か、右への現状打破か、すなわち革命か反革命かの問題として、まさしく毛沢東が言うとおりに「一切の左翼思想、組織が彼らによって取捨選択される」のである。釜共闘もまたその例外ではありえない。だが、革命運動とは未来のあるべきところの運動ではなく、**現実を廃棄する**

運動である。犬の包囲集中弾圧に対して無力であったとしても、釜共闘は暴力手配師との戦闘攻防において、**寄せ場の力関係を逆転する**ことに本領を発揮し、組合方式では不可能であったことをやり遂げたのである。

群集戦に適し、暴動をもってヤクザをセン滅し、犬の小部隊に打撃を与える、これが**釜共闘の組織しうる戦闘形態の意義**である。

さて、太田竜君。君の革命思想が、大衆闘争の中で**具体的には**どういう形態で展開されるのか、ちょっと試されてはどうですか？

太田竜君。あえてこの文の筆者は要請する。

ラテン・アメリカ革命闘争や、黒人解放闘争の翻訳・紹介をもっぱらとし、下層労働者大衆が自己の闘争を世界的視角からとらえ直すことができるような任務に従事していただきたい。もちろん、アイヌ人民の歴史・アイヌ人民の闘争、ブルジョアジーと御用学者が隠蔽するこの歴史と闘争を発掘し、発表することが、その任務を立派に果たすことを意味する、ということは言うまでもない。

《註4》 太田竜君とは区別され、この文の筆者が、かかる長文を書いた理由は、(1) 暇ができたこと、(2) 下層労働者大衆の闘争をブル新と連合して包囲している左のポーズをとった観念左翼、和解的左翼に対して逆包囲の陣型を構築すること、この二つである。

「魔女狩り」に関する若干の考察

もし奴らが朝あなたを連れていったら、
夜には私たちを連れにやってくる

1

爆取適用は、反ゲリラ戦略の主要な武器である。対ゲリラ弾圧の全体的な戦略は、ゲリラ戦士の拡大再生産の回路を断つこと、前線部隊のみならず、同時に不特定多数の後方領域そのものの破壊、すなわち焦土作戦の展開にある。爆取適用は単なる個別爆弾闘争への弾圧にとどまらず、階級闘争全体の革命戦争への飛躍の傾向への対応戦略の一環として展開され、人民が死をも恐れず突撃する時代の、敵＝反革命の危機的な反撃である。

反ゲリラ戦略における敵の合言葉はこうだ。

「一人のゲリラらしき人物を発見したら、その周辺を皆殺しにしろ！　一つの村を焼きつくせ！」

2

したがって、爆取適用は、対ゲリラ戦の弾圧法則を忠実に貫徹する。

(1) 死刑↓ゲリラらしき人物の実体的セン滅↓索敵掃討作戦

(2) 「疑わしきは罰す」↓爆弾闘争の匿名性・非公然性をつきくずし、**「犯人」は必ずあげられる**ことを印象づけるために「犯人」を捏造（フレーム・アップ）し、爆弾闘争へと決起する人民に自己規制の枷をはめる↓イケニエ

(3) 犯人蔵匿隠滅の重罪規定↓爆弾闘争の戦士を支援し支持する人民へのドウカッ↓見せしめ

(4) 告知義務↓反ゲリラ・キャンペーンへの地域住民（市民）の組織化↓相互総スパイ体制

3

爆取弾圧の手口――

爆取弾圧における犬の基本路線は、科学的証拠にもとづいて「犯人」を割り出すのではなく、先ず政治的意図と断片的情況証拠からセン滅したい人物を何人か特定し、それぞれ「犯行」の役割を与えつつ筋書（シナリオ）をデッチ上げ、「真犯人」らしく見せるために、科学的、非科学的、合法、非合法のあらゆる手段、人員を総動員する。

（1）筋書にそって狙いをつけた活動家、そのシンパ、友人、知人等、それも活動経験の少ない弱い部分から、見込み捜査、別件逮捕で身柄を拘束し、

（2）分断し、孤立させ、情報を遮断した上で、一日十数時間の拷問、脅迫によって精神的、肉体的に消耗させ、正常な判断ができなくなった状態において「虚偽の供述」を強制し、

（3）「虚偽の供述」をひき出すために、たとえば「しゃべればすぐ出してやる。罪は軽くなる」というニセの法知識を一方的に信じ込ませようとしたり、「すでにAは全部しゃべっている。黙秘しているのはお前だけだ」といってニセ情報を一方的に信じこませようとし、仲間に対する猜疑心を植えつけようとしたり、弁護士の悪口を言ってみたり、犬への警戒心を武装解除しようとする。

（4）それでも自白しなければ、再逮捕を何度も繰り返し、自白するまで長期にわたって拘留し、外の世界から遮断する。

（5）無実を証明しようとしてアリバイなどをしゃべると、それはたちまち「アリバイ工作」にすり替えられてしまい、その自供をネタに新たに逮捕者の輪がくり広げられ、部分的に修正した筋書の再自白を強制される。（爆取のデッチ上げにかかったら、犬に一言の情報も与えるな。自分だけ助かりたい、という幻想を捨てよ。）

4　反爆取の事前対策――

（1）　爆取でパクられた場合、おれたちの武器は完黙であり、それ以外にない。しかし犬にとっての決め手が自白以外ない以上、犬もまたこの完黙をつきくずすことに全力量を傾注してくる。だから、単に完黙の決意一般、犬に対する憎しみ一般だけでは不十分である。

（2）　完黙を武器とした防衛戦を完璧ならしめるためには、先ず犬の「取り調べ」自体を拒否し、それに応じないことはもとより、完黙を解除しようとして仕掛けてくる個々の攻撃（罠）の意図を一つ一つ見ぬき、罠にはまることを回避する意識性によって、逆に完黙への意志を具体的に打ち固めていくような思想的準備をあらかじめ行なっておくこと。それが爆弾闘争の付近にいて、フレーム・アップのやり玉にあげられた戦士の義務である。

（3）　完黙するか否かは、具体的には犬と被拘束戦士（人民）との面つき合わせた攻防戦の一つの帰結ではあるが、それは単に戦士の個人的資質のみに帰せられるべきではなく、その戦士と闘争・組織との関係、闘争・組織の思想・政治内容の問題である。その戦士が担い関ってきた闘争・組織が、戦士をして、犬に対して決意主義的に歯を喰いしばって完黙を強いる構造ではなく、内的にも外的にも自然に、必然的に、完黙を選択する、そういった構造でなければ、持久戦に勝ち抜くことはできない。完黙を自己の内的・外的必然性として貫徹する思想・政治内容と、どんな虚偽の自供を前提としても崩壊しない組織形態との結合をいかに勝ちとるかという課題こそ、おれたちが一連の爆取弾圧の手痛い敗北を反面教師として学ぶべき痛苦な実践的内容である。

5

日常的な警戒心を肉体化せよ！　爆取弾圧に対する予防対策の原則は、一にも二にも犬に一片の情報も与えないことにある。それゆえにおれたちは以下のことを心がけよう。無駄に公然化するな！　犬を警戒させるような演出はやるな！　自己の任務遂行に必要のない仲間うちの情報を知ろうとするな！　誰が何をやったとか、誰が何をしてるとか、興味本位に話題にするな！　人脈関係・内部矛盾を犬にかぎつけられるな！　特に活動家は、知人・友人関係をかくし、犬の焦土作戦の餌食を増さぬように心がけよう！

人民武装有理！

革命無罪！

世界反革命勢力の後方を世界革命戦争の前線へ転化せよ

これはイショではない
私は生きるために死ぬのだから

1　皇太子暗殺を企てるも、彼我の情勢から客観的に不可能となった。したがって、死をかけた闘争ではなく、死をもって抗議する。

皇太子来沖阻止！

朝鮮革命戦争に対する反革命出撃基地粉砕！

米帝の北朝鮮に対する核攻撃を断固阻止せよ！

2　現象的には敵を殺さず、自らを殺す闘い方ではあるが、それは彼我の情勢から考えてみれば、単独者の為しうる唯一の闘い方となった。私は人民のために死ぬ。人は死を忌み嫌う。特に沖縄ではそうである。だが、沖縄決戦で殺りくされた無告の民衆を見よ。原爆投下で一瞬の中に虐殺された広島・長崎の何十万という民衆を見よ。日本帝国主義・米帝国主義に対して闘わない限り、いずれそういう運命が待っているのだ。敵を殺すか敵に殺されるか、本来階級闘争とはそういうものである。闘わずして殺されるぐらいなら闘って死のうではないか？　ベトナム革命戦争で殺された無数の戦士たちは、幸運にも生き残っている戦士たちの中で生き続けているのである。敵を倒し、自らは立派に生き残ってみせるという「弱者」の政治＝軍事をわがものとしたベトナム人民は、われわれの立派な手本である。

3　ベトナム人民を先頭とするインドシナ人民の英雄的闘争は、米軍をインドシナからたたき出し、東アジアに革命と反革命の激突の時代が到来したことを告げ知らせている。沖縄を要とし、日本列島全体が朝鮮革命戦争に対する反革命出撃基地としてキバをむいている今、韓国の支配情況を基準にすえ、物事を考える時代が来たことを知らせているのである。北ベトナムに対して為したごとく、現在、米帝は北朝鮮に対し核攻撃のドウカツを加えつづけている。だが、最後の勝利は朝鮮人民のものである。サイゴンで見せた醜態を米軍は再び演じることになるだろう。だが、その前に、沖縄でこそ、米軍にその醜態を演じさせなければならないのだ。そのためには、今こそ、「頭は革命戦争、肉体はカンパニア市民運動」というエセ武闘派と沖縄人民はきっぱりと手を切らねばならない。特に、公然と地下体制への転換を宣言するエセ武闘派とはである。

4　私は、現在、多くの悪意に囲まれている。私が「人の名前を出す」という形でエセ武闘派がホンネをかくして包囲している。彼らの政治的意図は明確に一つの政治潮流を抹殺するために私をイケニエにしようとしているのである。人民の利益を守るために暴露はしないが、それはテメエの方ではないのか、ということを表明しておく。私は肝心なことは絶対に言わぬ人間である。わかる人間は、わかっているはずなのである。

5　この白色政治支配下で赤軍派が公然と赤軍派を名のること自体が、すでに自己矛盾であり、主観主義である。日本帝国主義には新植民地韓国よりも支配体制に余裕があること、これが赤軍派が公然と存在することのできる根拠である。そして、その他の諸々の武闘派が『序章』誌をにぎわしているゆえんなのだ。

①、赤軍派が公然と赤軍派を名のることの肯定的役割は「人民の軍隊がなければ人民の全てはない」こと、敵を倒す唯一の方法は武装闘争であること、武装闘争のアドバルーンとして人民大衆を教育する宣伝機関であること、それゆえ権力の弾圧が彼らに集中し、権力の眼が彼らに釘づけになることによって、真の武闘派を権力から守るためのカモフラージュであること。

②、否定的役割は、武装闘争に共鳴する逮捕歴のない、権力にマークされていない戦士の卵たちを、幻想でオルグり、権力の前で公然化させ、彼らが決して武装闘争を担えぬ存在とすること、あるいは一発で破産する武闘しか展開できぬ存在とすることである。マンツーマンで尾行され、24時間監視されている武闘派とは一体何ものなのだろう。権力から泳がされている存在とはまさに彼らのことを言うのである。したがって武装闘争に共鳴する戦士の卵たちは決して彼らと接触してはならぬ。独立独歩でガンバルべきである。

現在拘留中の三名のラーメン屋の諸君は、全くのデッチあげであることを表明する。前途有望の三名の仲間をただちに釈放せよ！　越冬闘争の準備に追いまくられ、権力に24時間監視されている情況で、いかなるはなれわざを使って実行したというのであろうか？

6　東アジア反日武装戦線の戦士諸君！　諸君の闘争こそが東アジアの明日を動かすことを広範な人民大衆に高らかに宣言した。この闘争は未だ開始されたばかりであり、諸君たちの闘争は更に持続し、拡大してゆくであろうと信ずる。ブル・マスが最大限、この闘争から政治性をハク奪し、ワイ少化攻撃を加えているが〝正真正銘〟のプロレタリアートはそういうデマゴギーに決してだまされるものではない。この闘争は次から次へと広がってゆくに違いない。

7　山谷・釜ヶ崎の仲間たちよ！　黙って野たれ死ぬな！　未来は無産大衆のものであり、最後の勝利は闘う労働者のものである。確信をもって前進せよ！

8　武装闘争を成功させる秘訣は、黙ってやること。わからぬようにやること、声明も何も出さぬこと。エセ武闘派に嫌疑がかかるようにやること。独立した戦闘グループが相互に接触を持たず、自立してやること。民衆に理解できるようにやること、公然活動領域と接触せず事実行為で連帯すること。武装闘争にデッチあげはつきものである。デッチあげのない武装闘争とは敗北した武

装闘争であること。デッチあげがどんなにくりかえされようとも、ちゅうちょせずに
闘争を続行すること。
闘争の利益は人民に
不利益は活動家に
不利益は組織に

1975・6・25

昭和20年12月23日生れ　船本洲治

世界反革命勢力の後方を世界革命戦争の前線へ転化せよ!

1) 皇太子暗殺を企てるも、彼我の情勢から客観的に不可能となった。したがって死をかけた斗争ではなく、死をもって抗議する。

皇太子来沖阻止!
朝鮮革命戦争に対する反革命出撃基地粉砕!

2) 敵を倒さず、自らが倒れる斗い方であるが、それは、現在の彼我の情勢では現象的なものである。私は人民のために死ぬのであることを信ずる。人は元来、死を忌み嫌う。特に沖縄ではそうである。だが、沖縄決戦で虐殺された無告の民衆を見よ。原爆投下で一瞬の中に虐殺された広島・長崎の何十万という無告の民衆を見よ。斗わない限り、いずれ、そういう運命にあるのである。これらの人々は、ある日突然殺されたのではなく、日々、少しずつ殺された結果として、ある日突然大量に虐殺されたのである。斗わずして殺されるぐらいなら、斗って死のうではないか? [illegible]

3) 敵を殺すか、敵に殺されるか、階級斗争とは本来そういうものである。ベトナム革命で殺された無数の戦士たちは、現在、生き残っている戦士たちの中で立派に生き続けているのである。

4) ベトナム人民を先頭とするインドシナ人民の英雄的斗争は、米軍をインドシナからたたき出し、東アジアに革命と反革命の激突の時代が到来したことを告げ知らせている。沖縄を基軸とし、日本列島全体が朝鮮革命戦争に対する反革命出撃基地として、牙をとぎすましている。米帝は北ベトナムに対し核攻撃のドウカツを加えてきたように、現在北朝鮮に対し、核攻撃のドウカツを加えつづけている。だが、最後の勝利は朝鮮人民のものである。サイゴンで見せた醜態を最後的に米軍は再び演じることになるであろう。その前に、沖縄でこそ、その醜態を演じさせなければならない。そのためには、今こそ「頭は革命戦争、肉体はカンパニア市民運動」というエセ武斗派と沖縄人民はきっぱりと手を切らねばならない。特に、公然と地下体制への転換を宣言するエセ武斗派とはである。

5) 私は今、多くの悪意に囲まれている。私が「人の名前を出す」という形でエセ武斗派がい本ンネをかくして私を包囲している。だが、それは、テメエたちの方ではないのか？人民の利益を守るために暴露はしない」。だが、報復を受けることは覚悟するがいい。悔いあらためない限りだ。
~~同志よ、信じて欲しい。だが、同志への手紙が届かないことを。~~

6) この白色政治支配下で、赤軍派が公然と赤軍派を名のること自体がすでに自己矛盾であり、主観主義である。韓国の情況を基準にすればよくわかる筈である。日本帝国主義が朴政权よりも支配体制に余裕があること。これが公然と[redacted]赤軍派の存在しうるゆえんである。
(イ) 赤軍派が公然と赤軍派を名のることの肯定的役割は「人民の軍隊がなければ人民の全てはないこと」、武装斗争のアドバルーンとして、敵を倒す唯一の方法は武装斗争であることを宣伝する機関であること、それゆえ、弾圧が彼らに集中し、真の武斗派を权力の攻撃から守るためのカモフラージュであること。
(ロ) 否定的役割は、武装斗争に共感し、共鳴する逮捕歴のない、权力に知られていない戦士たちを幻想でオルグし、彼らが決して武装斗争を担えぬ存在にすることである。あるいは、一発で破産する武斗しか展開できぬことである。マンツーマンで尾行され、24時間監視されている武斗派とは一体何ものか？ 权力に泳がされているというのはまさに彼らのことを言うのである。現在拘留中の三名のラーメン屋の諸君は全くのデッチあげであることを表明する。前途有望の三名の仲間をただちに釈放するよう要求する。

7) 東アジア反日武装戦線の戦士諸君！諸君の斗争こそが東アジアの明日を動かすことを広範な人民大衆に教えた。この斗争は未だ端緒であり、諸君たちは部分的に敗北しただけである。私は、諸君と共に、生き続けたいために死ぬのである。

8) 山谷、釜ケ崎の仲間たちよ。黙って野たれ死ぬな！胸には熱いものがこみあげて、これ以上は書けぬ。

1975．6．24　労務者　船本洲治

武装斗争を成功させる秘訣は黙ってやること、
わからぬようにやること、声明も何も出さぬこと、
エセ武斗派に嫌疑がかかるようにやること、
事実行為だけで民衆によく理解できるようにやること、
独立した戦斗グループが相互に自立してやること
相互に接触せぬこと、事実行為で連帯すること、
公然活動領域と接触せず、事実行為で連帯すること、
武装斗争にデッチあげはつきものであり、デッチあげのない武装とは敗北した武装斗争である。
デッチあげがいかに波及しようともちゅうちょせずに斗争を続行すること。

解題

自己のおかれた情況を武器にして、人民に奉仕しよう

一九七三年三月二四日、京都で開かれた「三・二四差別分断・生活破壊と闘う全国労学交流集会」(主催・京大同学会、全臨闘)での船本の発言。七五年秋『船本洲治論文集 政治は人々を崇高にし醜悪にもする』に収録。ここでは、①戦前強制連行された朝鮮人労務者と釜ヶ崎の日雇労務者との通底性、②既存の労働組合運動に対する批判、③三種の味方の提起、④分断支配構造の暴露――などが述べられ、闘争とは、「弱者」=虐げられた者の立場に立って、なおかつ、自分の置かれた情況で何が出来るか、すなわち、己のおかれた情況を帝国主義体制を打倒する武器に転化することであること、それなくして分断支配を超えられないし、革命闘争の勝利もないことを船本は熱っぽく、わかりやすく語っている。

山谷解放闘争の総括と現局面

一九六八年一二月発行の「プロレタリア解放同盟（プロ解同）」の機関誌『解放戦線』に載せられた。なお、同誌には、鈴木国男が起草し船本らとの討議のうえでまとめられた「十月綱領」（本書巻末資料、三一五頁以下参照）が掲載されている。同綱領の意義は、第一に山谷の運動を革命運動のなかに明確に位置づけようとしたことにある。六月の山谷暴動ののち、反弾圧集会、カンパ活動を組織した船本らはいったん広島へ帰り、プロ解同を結成。政治組織の形態をととのえたうえで八月下旬ふたたび上京、梶大介らの山谷解放委員会に介入し、以後一貫して寄せ場の解放闘争の先頭に立つ。一〇月一日、山谷自立合同労組を結成（一九六九年七月、全都統一労働組合山谷支部に）、一二月一日、同書記局派として梶派と分裂。しかしプロ解同－全統労は、暴動を圧力闘争にすりかえた戦闘的な対行政（都庁）改良要求闘争をこえられず、路線上の混迷から六九年八月に崩壊する。文中の義人党とは、主に土建業に巣くう右翼暴力団で、七三年四月には日の丸青年行動隊を名のり、「闇手配師追放」を掲げ行なった東京日雇労働組合（東日労）の山谷デモを襲撃している。

自己批判と闘いの開始の意味をこめて

一九七一年末記。六九年にプロレタリア解放同盟－全都統一労働組合が崩壊してのち、その原因を、①生産点での闘争の欠落、②暴動に耐えうる組織性の欠如、として総括しつつあった船本が、数人の意識的労働者とアジトをつくり、労働と総括作業をともにしていたころ、「谷山・ガン」の署名で書いたもの。ここで、六〇年安保闘争以降の山谷・釜ヶ崎の大衆運動を三期にわけて総括し、現在の運動は第三期の延長にあり、第四期の闘いへ飛躍が求められるとして労働者解放旅団評議会の組織構想が出される。同時に、主観や綱領的願望からの武装闘争は百害あって一利のないことが力説され、労働者のおかれている現実の矛盾から出発することが提起される。船本は、六八年以降の自己の闘いと一時の空白の時期への自己批判と総括のもと、新たな闘いの開始を決意してこの文章を書いたと思われる。文中のパレスとは、山谷の旅館組合会長帰山仁之助が経営するマンモスドヤ、茶店建設とは、労働者が日々気軽に顔をだせる場のこと。

全ての精神「異常」者ならびに「犯罪」者は、S闘争支援共闘会議に結集せよ！

一九七二年二月八日発行の『裸賊の旗』に掲載、『裸賊』第8号（一九七二年八月）に転載された。この年の一月一七日に逮捕され、その後措置入院させられた〝デカパン〟こと鈴木国男（一九七六年二月一六日、大阪拘置所にて虐殺される）を支援するために結成された〈S闘争支援共闘会議〉への結集を呼びかけたもの。この文章は、個別Sの救援にとごまらず、「個別Sの背後に横たわる山谷・釜ヶ崎に代表される流動的下層労働者」の階級矛盾、階級抑圧の下での苦闘を分析、暴露しようとしたものである。そして、「狂気」を現状打破のエネルギーとして階級的にとらえた船本は、それを下層人民、山谷・釜ヶ崎に代表される流動的下層労働者の革命闘争へ転化しようと主張する。

『裸賊』より

一九六八年から山谷労働者によって発行された詩誌『裸賊』に載ったもの。船本は、同誌に「さとうきゅうめい」「むろたにつねお」名で一〇篇の詩を発表している。この『裸賊』には、組合活動ともクロスしながら、活動家の言辞になじめない人たちが集まっていた。『裸賊』は、七二年八月、前文の鈴木国男の保安処分問題（S闘争支援共闘会議に結集せよ！）とM・S・Tという三人の飯場闘争を報告する第8号で終わり、釜ヶ崎・山谷の熱い闘いへと引き継がれた。

山谷・釜ヶ崎を軸とする都市人民戦争を闘いぬこう！

一九七二年五月一三日、自筆のガリパンフとして「労働者解放旅団第二連隊」名で発行。のちにこれを『同志社大学新聞』が「プロレタリアートの武器の政治を構築せよ！」と改題して掲載した。この年の二月頃に山谷から釜ヶ崎に移った船本は、五・一釜ヶ崎メーデー夜の暴動を体験するなかでこの文章を書く。ここで、船本は、寄せ場における支配－被支配関係を日常的に逆転させる闘争、主要には現場闘争を軸とする新しい運動の展開を組織体制をも含め提起し、暴動として全面開花させる戦略を立てる。この提起が寄せ場の闘いの画期となる五月二八日の鈴木組闘争を準備した、といっても過言ではない。

釜ヶ崎労働者の闘いを見殺しにするな

一九七二年七月記。五・二八鈴木組闘争の事後弾圧が六月二八日にあり（一〇名逮捕）、船本は鈴木国男とともに西成警察署前での抗議行動の先頭に起つ。抗議行動は暴動へと展開する。この文章は六月三日に結成された〝暴力手配師追放釜ヶ崎共闘会議（釜共闘）〟への弾圧に対する支援を呼びかけたものである。そのため、「釜ヶ崎救援会」名で出されている。船本は以下の多くの文章も含め、自らB4判でガリを切り、袋とじにして仲間に配布していた。また船本自身、鈴木組闘争の第二次弾圧（七月八日）で指名手配されており、この文章は京都大学の寮あたりで書かれたはずである。文中の「野鳥の会」とは、釜ヶ崎の種々の主要な運動グループの共同事務所。釜共闘以外に「医療を考える会」「釜ヶ崎救援会」などが利用した。

持久戦を闘いぬく組織体制を確立するために

一九七二年七月記。この文章は前文と書き出しが同じであるが、鈴木組闘争－弾圧－暴動へと展開する状況をふまえて、釜共闘の仲間に対して〝釜ヶ崎の五月〟の評価と弾圧に耐えうる組織体制をめざして書かれた。五月の闘いは、六一年の第一次釜ヶ崎暴動以降圧殺されつづけてきた過去の幾多の暴動とも明らかに質を画する闘争であり、手配師・暴力団を制圧し、その力関係を逆転させたこと、そして国家権力による弾圧が右翼暴力団にかわって前面に登場してきたことに特徴があった。

人民の力強い友になろう

一九七二年七月記。「釜ヶ崎労働者の闘いを見殺しにするな」、「持久戦を闘いぬく組織体制を確立するために」とほぼ同時期に書かれている。船本はいう。「われわれが仲間である唯一の証明は、やられたらやり返すこと、これである」。そしてセンター（あいりん総合センター）を制するものは釜ヶ崎を制する。五、六月に獲得された地平を発展させ、より多くの仲間と結合するために現場闘争の具体的戦術を提起している。現場闘争とは、現場⇅センターの闘いの往還を通じて敵を圧倒的労働者のまえにひきずりだし、粉砕することで、敵の支配権を覆す闘いである。そして闘いはしばしば暴動へと発展する。こうして多くの仲間が多様な形で現場闘争を展開し、釜共闘は労働者の信頼をかちとっていくのである。

釜共闘を
発展させるために

一九七二年一〇月二一日記。釜共闘は暴力手配師追放を行動スローガンとする大衆闘争組織であり、種々の方向性をはらんでいた。この時期までに、人夫出し業者「親睦会」の頭目であった鈴木組との闘い（五月）、夏祭りに襲撃を仕掛けてきた右翼政治結社大日本正義団、暴力団横山組を撃退（八月）、飯場手配師の「協力会」との闘いの勝利（一〇月）を経て、釜ヶ崎における労働者へゲモニーを確立してきていた。そこで問われたのは、仲間の諸方向が総力戦体制として有機的に結合できるかどうかであった。この文章はそのため釜共闘の発展をめざして「釜共闘事務局」名で書かれた。

前線（＝戦場）と後方（＝補給）基地の関係について／
味方の内部矛盾を正しく解決しよう／団結を強化し、更に前進するために

前文同様、「釜共闘事務局」名で書かれている。鈴木組闘争の第二次弾圧で潜伏中の船本は七二年七月以降、主要に釜ヶ崎の闘いを孤立させないための支援網づくりに〝全国工作隊〟としてとりくんだ。ここで船本は、釜ヶ崎の闘いが、全国の流動的下層労働者の象徴的かつ突出した闘いであり、現下の日本階級闘争の最前線をになう重要な闘争であることを強調している。こうした闘いであるからこそ、敵は総力をあげて釜ヶ崎での闘いを圧殺しようとする。だから、われわれは、前線と後方のダイナミックな有機的関係をつくり、総力戦体制を構築しなければならない、と提起する。それにつづく文章は、そうした体制をつくるためにもまず、内部の矛盾を正しく解決し、団結を打ち固める必要があるとして書かれた。この時期を船本は、釜共闘の闘いの転機と考え、事務局を形成し、数々の提起を行なっている。

怨念と屈辱の生活の総体を熱いダイナマイトにかえて敵のドテッパラにぶちこめ!

一九七二年一〇月記。「釜ヶ崎医療を考える会」のパンフレット『いのち』第二号に掲載されたもの。この文章はご船本の心情を吐露したものは他に見あたらない。トビ仕事でレコ（墜落）して死んだダチ（友達）を通して、下層労働者の「野たれ死に」の運命をみる。翌月一一月二三日の「勤牢感謝の日」に船本は医療を考える会のメンバーとともに朝のセンター（あいりん総合センター）で無縁仏追悼集会を開き、「黙って野たれ死ぬな！　無念追悼」（本書三五四頁参照）と題するビラをまいた。なお、本文のタイトルを笑止にも権力は、この年暮のセンター爆破事件デッチ上げのキャンペーンに利用するのである。

七二年夏、おれたちは何を獲得したか？
七二年冬、何を守らねばならないか？

一九七二年一二月記。この文章は、七二－七三越冬闘争を前に、釜ヶ崎の熱い五月にはじまる七二年の闘いを総括し、越冬闘争への参加を呼びかけたパンフレット『冬将軍を撃て！』に「釜共闘」名で掲載された。釜共闘は、敵に対する〝攻撃〟というよりむしろ大衆的な〝自衛武装〟の闘いとして発展してきたこと、そのスローガンが〝やられたらやりかえせ〟であることの確認がなされた。そして本格化した警察権力の弾圧（壊滅作戦）に抗し、寄せ場間および内外を貫く支援体制の構築が急務とされた。一二月四日、山谷において〝悪質業者追放現場闘争委員会（現闘委）〟（七二年八月一日結成）への第一次弾圧、八日には争議封じ込めを目的に悪質業者団体「八日会」（八日会包囲網）が結成されたことに対し、一〇日、釜共闘は六〇名の部隊で支援にかけつけた。船本は、この日、ビラ「殺らしや参上」をまく。

釜ヶ崎解放闘争の主要な課題

一九七三年一月記。第三回釜ヶ崎越冬闘争後に釜共闘「工作隊」名で書かれた。〝黙って野たれ死ぬな、生きて奴等に仕返ししよう〟とのスローガンの下に闘われた第三回越冬闘争は、それまでよりも大規模なテント村をつくり、多くの支援者の参加のもとに行なわれた。また七二年の闘いの総括と方針をめぐり様々な意見の対立と問題が生じた越年越冬でもあった。これらの問題を整理するとともに、越冬闘争が釜ヶ崎労働者にとって衣食住総体の問題の解決をふくめた普遍的な課題であることを確認するためにこの文章は書かれた。船本のすばらしいところは、常に問題点をまとめて仲間に提起するところにあった。しかし残念ながら、その提起を全体で討議し、共有することが当時の釜共闘では少なかった。

鹿島建設は
戦前・戦中タコ部屋だった!

一九七三年二月二一日記。寄せ場には、在日朝鮮人、沖縄人、アイヌ、被差別部落民、「障害者」などの被抑圧民族、被差別大衆が多い。そして、労働者のなかには、日頃の搾取、収奪に対する怒りを民族差別、民族排外主義にすりかえてしまう傾向が存在する。こうした傾向を克服しないかぎり、闘いは真に階級的とはなりえない。船本流にいえば、〝右〟の現状打破に取り込まれてしまう。こうした問題意識のもとに船本は「釜ヶ崎反入管通信」を発行し、この文章を書いたのである。

敵はある意図をもって釜ヶ崎を……

一九七三年三月記。この頃から労務者あるいは弱者ということばを意識的に使い始めている。労務者こそが未来をわがものとするところの労働者であり、労務者としての特殊な存在状況を奴らを打倒する武器に転化することが問われる。この時期は、七二年の一年間の闘いによって暴力手配師をほぼ制圧しえた頃であり、船本は今後の闘いの飛躍のためにも思想的深化が必要と考え、この文章を書いたと思われるが、残念なことに未完に終わっている。

「朝鮮人・中国人は殺したってかまわない」

一九七三年五月二一日発行の『日本読者新聞』に「日雇労務者・奥田一行」名義で掲載された。釜共闘は七三年四月六日、大阪市の民族差別による就職差別と闘う「関西徐さん支援連絡会議」の仲間とともに、表題のような差別発言を居なおる大阪市土木局職員に対する糾弾闘争を行ない、船本は先頭で闘いぬいた。この文章での「われわれは、朝鮮人・中国人労務者の中に労務者としての歴史的・普遍的な運命をみる」という国際主義の観点は重要である。この観点をもたないかぎり、帝国主義本国人民の現状打破のエネルギーが〝右〟に集約されてしまうことは、歴史をみれば明らかであろう。船本は、下層社会においてこそ露骨に貫徹されている重層的分断支配を打ち破る方向をめざし、この文章を投稿した。原題は「メーデーに対する予防検束」。

現闘委の任務を
立派に遂行するために

一九七三年七月記。船本自身によるガリパンフ。関西建設闘争の第二次弾圧で七三年四月に指名手配された船本は地下潜行をつづける。彼は単に逃げ回るのでなく、山谷周辺に潜行し、自らを「現闘委関東工作隊」と位置づけて活動していた。この文章は、釜ヶ崎と連動して山谷の地において、暴力手配師・悪質業者追放を掲げて闘ってきた現闘委の闘いの成果をふまえ、その飛躍を模索しつつ書かれた。ここでの特徴は、公然、半公然、非公然の三つの運動領域を総力戦としてどのように有機的に統合しうるか、そして現闘委という行動機関を山谷解放運動の全体のイメージ（たとえば、権力の弾圧と八日会包囲網を突破し、「全関東規模で山谷を包囲する陣型」）のなかでとらえかえそうとする試行錯誤がなされていることである。しかしこの提起は、あまりに形態論すぎるとして現闘委内ではじゅうぶん討議されず、現場闘争の深化として暴力飯場を系統的に撃つという方針がとられた。七月二〇日、高田馬場で暴力飯場、新井技建（元請＝鹿島建設）に対する闘争が組まれている。

暴動は下層労働者の自己表現

一九七三年八月、『日本読書新聞』に投稿。潜行中であったため船本は「桐島騎人」の署名で書いている。この年六月から七月末にかけ、釜ヶ崎では〝タコ部屋〟暴力業者山岡建設とその工事発注元である京都市開発局に対する糾弾闘争がとりくまれた。この文章には、船本の山谷・釜ヶ崎の〝暴動観〟が端的に示されている。すなわち、山谷・釜ヶ崎暴動の内実は、労働者個々人の日常的な屈辱感、怨念、怒りを背景とした大衆的反撃、下層労働者の階級的憎悪の集団的自己表現である、と。

政治は人々を崇高にし醜悪にもする

一九七三年一〇月記。船本自身によるガリパンフ、のちに『やられたらやりかえせ』(田畑書店、一九七四年八月)に収録。「現闘委関東工作隊」名義で書かれた。九月一一日、パレス裏で夕方から飯場への手配を行なっていた極東組系手配師が失地回復をはからんと現闘委に対決してきた。これへの大衆的反撃が契機となり暴動へと発展する。ところで船本は、こうした暴動を最高の表現とする労働者の自発的な闘いを「激発型」であり一揆主義であるとして非難する田村新一らの「山谷解放委員会」を痛烈に批判した。船本の新・旧左翼の党派政治に対する批判は一貫している。特に、党派利益を第一におくカンパニア政治、根強くある強者意識、大衆蔑視の傾向に対して。敵に打ち勝つための人民のおおらかな政治を獲得すること、そして活動家の政治に労働者大衆を包摂しようとするのではなく、労働者大衆のなかに敵の政治を圧倒する内発的、自立的な政治をつくること——等、この文章は今なお、我々に多くの示唆を与えている。

『旅友』発刊に向けて

一九七三年六月一日記。リーフレット『旅友』のまえがきとして書かれた。『旅友』は黒川芳正とともに、「現闘委の任務を立派に遂行するために」の末尾にかかげた〝表〟に示される三領域の闘いの理論化をすすめたもので、この実践は寄せ場大衆運動においては実を結ばなかったが、のちに東アジア反日武装戦線「さそり」部隊結成の契機となった。

釜ヶ崎の闘う仲間たちへ

一九七四年五月、『人民新聞』に「釜共闘全国工作隊」名で投稿、一五日と二五日の二回に分けて掲載された。七四年三月七日、大阪府警は、七二年一二月の「あいりん」

センター爆破容疑で三名逮捕、船本を全国指名手配するデッチ上げ弾圧を行なう。大阪府警はそれまでの一年数ヵ月、別件逮捕を含む悪辣な手段をもちい、「筋書」を捏造したのである。しかし、奴らの目論見は、起訴された二名が一審、二審とも無罪をかちとることで粉砕された。だが、少年であったため釈放された並木英男がその後自決に追い込まれ、船本もまた厳しい潜行生活を余儀なくされて、沖縄の地で焼身決起したことを考えるならば、この権力犯罪に対する怒りは、今も消えることはない。この文章は、爆取デッチ上げ弾圧に抗するための「檄」として、釜ヶ崎の仲間に送り届けられたものである。船本は、七四年初頭には沖縄に渡ったと推測される。また、三月に爆取によって指名手配されたのちの、六、七月頃にはそれまでの那覇市からコザ市へひそかに潜伏先を移している。なお文中冒頭の「ラーメン屋」とは、当時釜ヶ崎にあった赤軍派がやっていた店のこと。ラーメン屋とは名ばかりの、インスタントラーメンが供された。

山谷解放委に反論する

一九七四年一〇月記。『人民新聞』への投稿。前文の一節で山谷解放委を名のる田村新一を「左翼株式会社」と批判したことに対して、田村がすぐさま「反論」を同紙に掲載した。田村らは、それまでにも『序章』誌などを通じて、山谷・釜ヶ崎の運動への誹謗をくりかえしている。船本は、梶大介をルーツとする「山谷解放委員会」が寄せ場においてなんら運動の実体をもたないことはもとより、またその主張の根底にある労働者軽視、「強者が弱者を救う」という水滸伝的、市民左翼的発想を痛烈に批判している。文中にある「山谷大飯店事件」が起こったのは一九六九年二月のこと、また前述したようにその前年の一二月には山谷自立合同労働組合が分裂し、船本は梶大介らと決別している。

人民、ただ人民のみが歴史を動かす原動力である!

一九七四年秋頃記。『序章』一六号（冬・春合併号、一九七五年四月）に投稿、「「魔女狩り」に関する若干の考察」とともに「釜ヶ崎共闘会議」名義で掲載された。この文章は残されたもののなかでもっとも長文であり、船本の立場と思想の全面展開が試みられている。釜ヶ崎・山谷に代表される流動的下層労働者は、帝国主義の必然的帰結、帝国主義が不断につくりだす労務者＝労働者であると把握し、そのうえでプロレタリア国際主義の実践の内実こそが問われている、と主張する。特筆すべきは、タイトルにあるように革命の主体はあくまでプロレタリアート・人民であり、新・旧左翼のカンパニア闘争とは一線を画した、世界反革命戦争勢力の後方を世界革命戦争の前線におしあげる闘いにこそ帝国主義本国における〈党〉の役割があると述べていることである。あわせて、沖縄における党の任務も提起されている。

世界反革命勢力の後方を
世界革命戦争の前線へ転化せよ

朝鮮戦争が勃発した日から二五年目の六月二五日、船本は、沖縄米軍嘉手納基地第二ゲート前において、「皇太子来沖阻止！　朝鮮革命戦争に対する反革命出撃地粉砕！……」を叫びながら、その身を炎と化した。享年二九歳。船本の焼身決起前の絶筆は、六月二四日付、翌二五日付と二通ある。前者は序章社に送りつけられたもので、これは二カ所ボールペンで消した跡があり、決起前の苦渋がにじみでている（本書二九二―二九四頁の自筆文章参照）。後者は、救援連絡センターを経由して釜ヶ崎に送り届けられた。文章の最後にある「闘争の利益は人民に　不利益は活動家に　不利益は組織に」こそ、彼の思想の神髄であるといえるだろう。文末の船本の署名の上に記された「12月23日生まれ」には傍線が付されている。この日は、かれがまさに訪沖を阻止せんとした皇太子明仁（平成天皇）の誕生日でもある。

1975年6月28日、船本洲治焼身決起後の嘉手納基地第2ゲート前。
（岩田秀一「船本の屍に様をみて」本書326頁以下参照）

資料

山谷解放委員会
一九六八年十月綱領

山谷解放委員会

激動の六、七月闘争を、山谷労働者の「先頭」に立って闘いぬいた山谷解放委員会は、一〇月に入り、この間の闘いを不十分ながらも総括するなかで、新たな展望のもとに、いままさに山谷労働者解放闘争に凝縮されたプロレタリア日本革命・世界革命の先頭に立って、その巨歩をおし進めんとしている。

こうしたなかにあって、われわれが現段階において到達し、一致した山谷解放闘争の革命的な意義づけと闘いの基本的方向を「山谷解放委員会一九六八年一〇月綱領」として、わが理論誌『解放戦線』の創刊号において公表することは、われわれにとっても、またようやくにして山谷解放闘争に注目をよせはじめた闘う兄弟同志諸君にとっても、大いに意義あることだと確信する。

「一ダースの綱領より、現実の運動の一歩一歩」と言われるなかで、運動の合間に書かれたきわめて不十分なものではあるが、兄弟同志諸君の建設的・同志的批判を期待するものである。なお、綱領を、世界資本主義・日本資本主義の現状分析にふまえて、歴史的・論理的に詳細にわたって展開するものは、後日「山谷解放宣言」として発表したいと思っている。

綱領

現代は、ブルジョア生産諸関係を基底とした搾取・被搾取、抑圧・被抑圧の資本主義階級社会が、プロレタリアートのブルジョア支配階級に対する解放闘争とその勝利を通じて、各人の自由な発展が万人の自由な発展の条件となるような一つの無階級共同社会に向かう、革命的過渡の時代である。

生産の実体的担い手である労働者は、資本主義の成立・発展の全過程を通じて、資本家による苛酷な搾取と抑圧をこうむってきた。

したがって、今日ブルジョアジーに敵対しているすべての階級のなかで、ひとりプロレタリアートだけが真に革命的な階級であり、わけても下層労働者は、もっとも革命的な階層として存在している。

この労働者階級の解放は、労働者階級自身によって闘いとられなければならない。

資本主義経済は、世界経済としてあるので、各国労働者階級の利害は、密接不可分であり、基本的に同一である。

したがって、労働者階級の解放は、一地方、一国内ではありえず、その解放闘争は、すべての労働者が参加する歴史的・世界的な大事業である。

すなわち、労働者階級の解放は、プロレタリア世界革命の達成によってのみ勝ちとられるのであり、プロレタリア日本革命は、プロレタリア世界革命の主要な一歩としてある。


日本ブルジョアジーは、その階級支配にあたって、職員・本工・臨時工・社外工・日雇いと、幾重にも分断支配し、労働者の統一した反抗を押さえている。

ブルジョアジーの分断支配によってつくりだされた圧倒的多数の下層労働者は、資本の矛盾を全身に荷わされ、資本のむきだしの支配のままに、もっとも苛酷な労働を強いられており、強度な搾取と収奪は、日本資本主義の発展（ブルジョアジーのみの暴利と繁栄）を保障してきた最大の源泉である。


山谷の労働者は、それらの分断された労働者の最下層を構成しているが、土木・建築・港湾・運輸・鉄鋼と、日本の基幹産業を、実体的に根底から支えているもっとも労働者らしい労働者であり、断じてルンペン・プロレタリアートではない。

山谷は、こうした日本経済の実体を根底から支えている労働者の密集した居住地域の典型である。

山谷の労働者は、日本経済・基幹産業の実体を根底から担っているにもかかわらず、いるからこそ、資本主義制度のもたらす全ての社会的悲惨——搾取・抑圧・差別——をもっとも苛酷におしつけられている。

そのため山谷の労働者は、資本主義制度そのものに、資本家階級全体に、全面的に対立している。

したがって山谷の労働者は、資本主義制度そのもの、資本家階級全体を打倒することなくしては、すなわち全ての労働者・全ての人間を解放しないでは自らを解放することができない。

それゆえ、山谷労働者の解放は、プロレタリア日本革命・プロレタリア世界革命の達成によってのみ現実化される。

プロレタリア日本革命は、日本資本主義の階級支配構造に規定され、下層労働者密集居住地域の「プロレタリア解放戦線」＝「革命的労働者の戦闘的（生活）共同体」を中軸・拠点とした各地域解放戦線の建設、さらに地域解放戦線の工場部隊・産業部隊を前衛・中核とした企業（工場）内解放戦線（それは中小企業より大企業へと発展する）の建設へと進み、地域解放戦線・企業（工場）内解放戦線の相互促進・複合的な拡大・発展を通じて、両解放戦線を前線・中核とした労働者階級全体の地域占拠・街頭制圧・工場占拠ゼネストへと発展し、地域コミューン・工場ソビエトの確立へと向かい、プロレタリアートによる全国生産管理、ブルジョア支配権力の実力打倒、プロレタリア自己権力の確立、プロレタリアートの革命的独裁、「戦時共産主義」の徹底として勝ちとられ、世界革命への拡大・発展を通じて、階級支配と階級そのものの廃止へと向かうであろう。

首都東京における下層プロレタリア密集地域＝「山谷」は、日本革命を目指す「プロレタリア解放戦線」の第一の起点であり、巨大な根拠地である。

労働者解放＝プロレタリア日本革命に向かう闘いにおいて、山谷に代表される下層労働者は、もっとも搾取され、抑圧されているがゆえに、資本主義制度・資本家階級に全面的に敵対して闘うもっとも先進的・革命的な部隊として位置づけられる。

山谷解放委員会は、山谷労働者の自立解放を任務とし、その実現のために、日本革命への展望の中で、山谷労働者の「山谷解放戦線」への結集・組織化、「山谷解放戦線」を前衛・中核とした労働者の山谷地域占拠、自治解放区、さらに全国解放戦線の拠点となる山谷地域のコミューン化を目指し、その先頭に立って闘う革命的労働者の前衛組織である。

山谷解放委員会は、たんに山谷労働者、あるいは山谷労働者に代表される下層労働者の解放闘争の先頭に立って闘うだけでなく、全体としての被搾取者・被抑圧者の立場に立ち、労働者階級・被抑圧人民の解放闘争と連帯して闘う。

山谷解放委員会は、解放闘争の発展に従って、プロレタリア日本革命を目指す革命的労働者前衛党の主要な一地方委員会となる。また山谷解放委員会は、そのような前衛党の結成に向かって邁進する。

山谷解放委員会は、自らの組織が、人間の真実の人間的な関係を、全面的に開花させる実体的な基礎となるように、また人間の資本主義的自己疎外を現在的に止揚して行くための人間変革の場、共産主義的人間＝革命的プロレタリアートの創造の場となるように、不断に努力する。さらに、「戦時共産主義」は、解放闘争の全過程において、解放委員会をつらぬく革命的大原則である。

山谷解放委員会々員各自は、それぞれ自己の解放が、山谷に代表される下層労働者の解放の中に含まれており、したがって自らの解放を勝ちとるためには、山谷に代表される下層労働者・労働者全体の解放を勝ちとらなければならないことを自覚するとともに、その解放闘争の先頭に立って闘うことに、限りない誇りと喜びを感じるものである。

〔プロレタリア解放同盟・山谷解放委員会機関誌『解放戦線』創刊号（一九六八年一二月二〇日発行）所収。同綱領は、鈴木国男が起草し船本ら解放委員会内での討議をふまえ公表された〕

船本洲治同志を追悼する

船本同志は労働者人民の闘いの中に生きており、不死身である……

暴力手配師追放釜ヶ崎共闘会議
山谷悪質業者追放現場闘争委員会

I

一九七五年六月二五日、船本洲治同志（コーちゃん）は沖縄の米軍嘉手納基地前において、海洋博粉砕！　皇太子来沖阻止！　朝鮮革命戦争に対する反革命出撃基地粉砕！米帝の北朝鮮に対する核攻撃を断固阻止せよ！　と叫びながら焼身した。

船本同志（コーちゃん）は警察権力の悪らつな攻撃によって、公然と闘う場を奪われながらも、新たなる闘いのため、全国工作隊として活動し、闘いの最先端を切り開いてきた。それに対し、とうとう最後まで彼の苦闘を共有できなかった我々は、現在語るべきことばを持たない。

船本同志（コーちゃん）の突然の「死」を前に我々は深い悲しみと憤りをおぼえる。それはまず、彼の闘いに対する敵権力のドス黒い野望への憎しみであり、同時に、彼につづいてなすべきことをなしえなかった我々自身へのくやしさでもある。

船本同志(コーちゃん)は、人民のために生き、人民のために死んだ。生きるために死んだのであり、闘いの中で倒れたのである。孤立して死んだのではなく、闘う労働者人民の中に永遠に生き続けているのである。

II

船本同志(コーちゃん)はよきトビでもあり土方でもあった。彼はわれわれの解放の闘いを大きく前進させた。一九六八年山谷において開始されたその闘いの小さな火花は、一九七二年五月以降、釜ヶ崎・山谷の大衆的な闘いとして燃え広がった。その中で船本同志(コーちゃん)は常にその先頭となって闘い、仲間たちに非常に多くのことを教え、また身をもって示した。

まず第一に、労務者とよばれる流動的下層労働者こそが最も労働者らしい労働者であり、未来をわがものとする階級であること。

次に、今の社会で全てを奪われ、「弱者」としてさげすまれている者こそが敵を倒す力強い団結を作ることができ、全てを獲得できる存在であること。現象的には「強者」とみえる敵を打ち倒すためには、自らの抑圧された状況を武器として闘い、敵を倒し自らは立派に生き残ってみせるという「弱者」の政治=軍事をわがものとすること。

第三に、下層労働者の団結の発展強化のためには、(在日)朝鮮人民、アイヌ人民、沖縄人民、被差別部落大衆との連帯を獲得することが必要不可欠であり、またその連帯は下層労働者としての団結を基礎としてのみ獲得できるし、そうしなければならないのだ、ということ。

第四に、ベトナム人民の英雄的勝利以後、革命と反革命の激突の場が主要に東アジアにうつされ、沖縄を要(かなめ)とし、日本列島全体が朝鮮革命戦争の反革命出撃基地としてキバをむいている今、「韓国」の支配者情況を基準にすえ、物事を考える時代がきたということ、日帝の朝鮮革命戦争に対する反革命後方活動を妨害しかつ介入する余裕をなくさせるような闘争を組み、革命勢力として自己を鍛え、日本列島を世界革命戦争の前線へと転化しなければならない、ということ。これである。

III

船本同志(コーちゃん)はその最後の闘いを通して、奴隷として命を保つよりは、闘って倒れる方が何倍も光栄であると考えるという**プロレタリアートの赤い魂**をさし示した。それは彼の、仲間への、一日一日を真剣に生き、闘い、黙って野たれ死ぬな！ という日頃の教えを身をもって示したものである。

船本同志(コーちゃん)は「死」の直前において、釜ヶ崎・山谷の仲間たちに呼びかけている。「黙って野たれ死ぬな！ 闘わずして殺されるぐらいなら闘って死のうではないか！」と。つまり、若くて健康なときはチヤホヤされ、こき使われ、年老いて肉体がボロボロになれば路上に放り出され、野たれ死んだ後、大学の解剖材料にされる状況の中で、アキラメと絶望でブタ共とそのしっぽ共の言いなりになって反抗もしない生き方を否定することである。

　船本同志（コーちゃん）は、全てを奪われた労務者としての存在を逆に武器に転化し、その壮絶な「死」をもって我々が獲得すべき人生観を提起した。

　船本同志（コーちゃん）の「死」を敗北的自殺としてかたづける「評論家」は我々の敵である。人民のために死ぬ用意もないヤカラが彼の「死」をとやかく言うのを断じて我々は許しはしない。

Ⅳ

　船本同志（コーちゃん）の「死」を無駄にするな！

　船本同志（コーちゃん）がそうしたように、**心に**仕事現場で死んでいった仲間たち、ドヤのベッドでひっそりと死んでいった仲間たち、誰にも認められず、誰一人として悲しむ者とてなく、無念の涙を流して死んでいった無数の仲間たちを想い、その無念をはらそうではないか！

　目を世界に向け、東アジア人民とりわけ朝鮮人民とともに反米反日の闘いに続こうではないか！

　おれたちはここに誓う。船本同志（コーちゃん）の遺志を受継ぎ彼の願いを達成するために、労働者階級解放の旗を高々とかかげ、必ずや野たれ死ぬ前にブルジョア階級のブタ共と毅然として闘いぬくことを。

おれたちは、船本洲治同志の名を心に刻み、誇り、闘いつづけ、勝利はわがものであることを確信し、前進する。

〔一九七五年七月四日夜、大阪市西成市民館（釜ヶ崎地区）で、船本の人民葬が行なわれたとき発表された追悼文。船本洲治遺稿集『立棺』より。なお、船本は釜ヶ崎において「上田耕平」を名のって活動しており、仲間から「コーちゃん」と愛称で呼ばれていた〕

船本の屍に様をみて

沖縄現地調査報告

釜ヶ崎救援会　岩田秀一

沖縄から帰ったある日の夕刻、釜ヶ崎の街は突然の激しい雨に右往左往していた。逃げ込んだ商店街のアーケードで、僕は一人の労働者の姿に思わず足を止めた。その労働者は酔いにまかせて、雑踏の中で寝転んでいるのだった。似ている。もしかして船本じゃないか。あの大酒飲みは、こんな所でキスグレしてやがったのか、人騒がせな。そんなありもしないことも期待して、その労働者の顔をのぞき込む僕であった。そんな狼狽は、沖縄を発つ前日、六月二九日の夕刻、突然の雷雨で身動きのとれなかった時の思いと重なっている。

遺体との対面

六月二七日午前一一時五分、僕とNを乗せた飛行機は那覇空港に着いた。飛行機の狭い窓から注いでくる沖縄の陽射しはすでに真夏のそれであった。同じ便で来沖するはずだった御遺族三人（兄、おじ、母）は、都合で一便遅れたため、我々は空港でその到着を待った。

一一時五五分に着かれた御遺族は緊張と心労のせいであろうか、口は重かった。交わす言葉もあまりないまま、御遺族は所轄のコザ署へ向かわれた。我々はその後を追い、一足先に船本の遺体が安置されている中部病院に向かった。中部病院は沖縄県立の大きな総合病院で、那覇空港より車で四〇分程行った具志川市にあった。彼の遺体は一階の救急手当室の近くにある霊安室に納められていた。十畳程度の広さの霊安室の中央に据えつけられた二m×一・二m程度の二段式の冷蔵庫の下段が、その時の彼のベッドであった。

友人としての遺体との対面は、病院の庶務課長の非常にていねいな案内のもと、することができた。引出しを引くようにして、彼の遺体は胸から上の部分が出てきた。首から下は、すべて包帯でくるまれ、火傷のひどさを想像させるに充分であった。顔は、予期せぬ程きれいな形をとどめていた。来沖の前日に御遺族から聞いていた「顔も焼けただれていて判別がつきにくい」という話（これは警察からの情報である）とはちがっている。しかし、三、四ヶ所の火傷のタダレと、死後のむくみは眼前にある死体が真実彼であるという確信を僕とNに与えてくれなかった。彼を知るかぎり、ずっとスポーツ刈（角刈）であった頭髪が、潜行生活のためにオールバックに変っていたこともその一つの理由であった。

僕は以前行った釜ヶ崎での無縁仏調査の際数多くの変死体の写真を見ている。その経験から言えば、六、七割の確率で彼であろうと僕は思った。しかし十年来の親友であり、一貫して闘争仲間であったNの判断は「彼だと言えば彼のような気がする、そうでないと言えばそうでないような気がする」というあいまいなものであった。

やはり、これ程残酷なことはなかった。例えどんなグロテスクな変死体であっても、以前僕が数多く見たものは、あくまで他人事であった。それを思えば、僕よりもなおあいまいな判断しかできないNの事が理解できた。

三時少し前、御遺族が病院に到着された。コザ署で船本が沖縄にいたことを知っていたんじゃないかということをしつこく聞かれたという。遺体との対面もさておいて、そんな判り切った事を聞く卑劣な警察のやり方には怒りを覚えた。

お母さんを除いて、お兄さんとおじさんが遺体と対面された。おじさんはものの一分もたたず霊安室から出て来た。「洲治にまちがいないわ」ときっぱり言い切り、それを聞いたお母さんは「やっぱりな」とだけうなずく。しばらくして出てきたお兄さんの目がしらは赤くはれていた。中で涙をぬぐっていたのだろう。

お母さんは言う。「もう死んだもんは帰ってこんしの。そんな焼けた顔をみてしもたら、死ぬまで頭から離れんやろ」と。大陸で夫を亡くし、引き揚げてきてから四人兄弟を女手一つで広島の呉占領軍基地での洗濯婦の少い収入で育てた気丈さと自信がそういわせるのだろう。

四時半。病院の支払い（五、六万円程度）、火葬等の手続きが済み、コザ署パトカーの先導で遺体は病院を離れた。約二〇分程車は走り、那覇市郊外にある安謝火葬場に着いた。市役所が手配してくれたのだろうか、僧侶の上げる読経は僕には聞こえなかった。この時、僕は船本は大馬鹿野郎だと思った。体がふるえて涙がとまらなかった。五時半、御遺族の手により点火、ダビに付された。

付き添ってきていたコザ署警備課長以下六人の私服達は「御遺族の面倒をよろしくたのむ」とだけ僕に言い残し帰っていった。その後すぐにNが買ってきた泡盛はまるで水のようであった。二人は歩いた。

死に様について

翌日二人はまず中部病院を訪ね、船本の病院での様子を聞いた。応対にでてくれたのは医事課長で、カルテも見せてくれるなど実にていねいなものであった。

船本は二五日夜九時二〇分、救急車で病院に搬入された。「95~100%の火傷」と診断された彼は、体温、脈拍、血圧など計る余裕もなく、酸素吸入、右股部を切開したうえでのリンゲル輸液という救急措置がとられた。担当は当日の当直医師四人全員ということである。

救急手当が済み病室に移されたのは一〇時一五分。ゼーゼーという呼吸音(喘鳴)が強く、タンを吸引してもその音は一向に軽くならない。彼はベッドの上で体を激しく動かし、そのはずみで輸液のゴム管がはずれたりする。尿が吸引しても一滴も出ないという危篤状態の中、彼は「早く殺せ」と言ったという。さらに自分で意識的に呼吸を止めようとしたため呼吸状態がおかしくなる。二六日午前一時二〇分呼吸停止、同一時三〇分、ついに死亡するにいたった。

話を聞いた限りでは、病院側は死ぬことが判り切っている人間に対してもなし得る手当を全てやったと考えてよい。病院側に手落ちは認められないだろう。

我々二人は病院に礼を述べ、車で米軍嘉手納空軍基地の第二ゲートに向かった。嘉手納基地は四千メートルの滑走路を持ち、米軍にとって文字通り東洋のかなめ的基地であり、全軍労の闘いにおいても中心となるところである。第二ゲート前の通りは、横文字の看板で埋められ、基地の街そのものであり、PAWNSHOP、つまりアメリカ流の質屋が目立つ。

船本がガソリンをかぶり、自ら点火したという現場は、ゲートに向かって左手すぐの所で、アスファルトが黒く変色しているのですぐ見つけることができた。現場には誰がたむけてくれたのか、新聞紙でくるまれた菊の花束がそっとおかれていた。後の調査で判明したことだが、この菊の花は沖縄で闘う部分が、彼の遺志を皇太子来沖阻止に向けて受け継ぐことの意思表明としてたむけられたものであった。

我々は最も近いパーンショップを訪ねた。そこの店員は一応現場にいたが、「何かが燃えて動いているので、表に出てみるとその燃えているものが人間であったので、とにかく驚いて……」とのことで、今でもうまく説明できないということであった。詳しい話は、隣りの具志堅さんがよく知っているので行ってみた方がよいとていねいに教えてくれた。

具志堅さんは、新聞にも目撃者として名前の出ている人で、新聞記事もこの人の目撃状況にそって構成されているようだ。具志堅さんの店は同じくパーンショップであったが、少しゴタついているようだったので、すぐ近くで客待ちしているタクシーの運転手に声をかけてみた。沖縄で生れ育ったという二人の運ちゃんは直接現場をみておらず、また聞きの話ばかりで事実関係とは若干ズレがあると思わざるを得なかった。

彼らは船本が「最後のことばとして『沖縄のみなさん』とかいうようなことを言ったらしいよ」という。このことは他の目撃者の人からは確認できていないが、ありうることであろう。彼らは我々の質問をさえぎり「何故そんなことを聞くのか、あんたらも赤軍か」などと言い出し、「死ぬことはひきょうだし、やってもいないのなら逃げることもないだろ。それにもし、あの火が店につきでもして迷惑をかけたらどうするんだ」というようなことを言うのである。

そのような事で論争するほど我々には精神的余裕はなかったので早々に退散した。そうこうするうち、具志堅さんと会うことができた。彼は非常に誠実で、知っていることなら全て話しましょうという姿勢で対応してくれ、同時に近所の人も三、四人程が話に参加してくれた。

彼は船本がガソリンをかぶり火をつけた時の事は見ていない。いっしょに話を聞かせてくれたある人は、彼が燃えているのを見て、頭髪がちぢれていて黒人だと思ったという。炎は高く上り、皆は一様に何が起こったのか気が動転してわけがわからなかったのだ。燃え上った船本は、そのままウロウロ歩きながら、

「(日本は) 北朝鮮 (に対して) 侵略 (……)」

「皇太子来沖阻止」

「海洋博 (反対もしくは粉砕)」

(注、以上丸カッコ内は不正確な部分、それ以外は確実に聞きとれた彼の発言である)

の三つをくり返し、叫ぶとまではいえない程度の声でしゃべっていたのであった。

彼は約十分間 (具志堅さんの話では動転していたのでもう少し短かかったかもしれないとのこと) 燃えつづけた。火が消えたのは、第二ゲートを少し入った所にある警備詰所から黒人兵が備え付の消火器を持って飛び出してきて、まず体の前面を消した。そして具志堅さん達がバケツに水をくんで、まだ燃えていた背中の部分を消し、ようやく全部消えたのであった。その時でも具志堅さんが近づこうとすると「かまうな」と言い、自分で離れようとした。その様子は具志堅さんの言葉を借りて言えば、「人に迷惑をかけないための配慮」であった。

火が消えた後も船本は少し歩いた。すでに口がきけないような状態であって、しゃべろうとして口ごもり、そのたびにヨダレが流れ出ていた。具志堅さんの店の前に止めて

あったライトバンにもたれかかるような、少し前のめりになった姿勢で彼は立ちつくした。

救急車が到着したのは、火が消えて五分後くらいの時であった。救急隊員はまず彼の体にバケツで水をかけ、タンカも水に濡した。隊員は彼の後にまわり、ポンと肩を叩き「すわりなさい」というと彼は極く自然にゆっくりと腰を落して座り、そのままあおむけの姿勢になった。具志堅さんの話によると「自分の意思で座っていたし、まだ耳は聞こえるのだなあと思った」とのことであった。

具志堅さん達に、唯一人の第一目撃者のことを教えてもらい、その人が勤めているホテルに足を運んだが、新聞記者、警察に追いまわされ疲労で仕事を休んでいるとのことであった。名前も教えてもらえず、ただあきらめるしかなかった。他の目撃者のまた聞きの話によれば——その第一目撃者の後を船本が歩いていて、目撃者がふり返ったとたんライターで火をつけた、とのこと。彼の体が濡れていたのは暑いから水でもかぶっているのだろうと思っていた矢先のことであったらしい。彼の着衣については一切不明である。

屍体をしばりつける

船本洲治、こうちゃんが残した遺留品はペンシル型ライター一個だけであった。彼が、新聞報道にいうような「追い込まれての自殺」をするような貧弱な男ではないことを信じていた仲間の一人として、彼の死は「遺書」を読むまでは不可解なものであった。何故死んだのか、ということを考えようとしても、手の平からもれていく水の如く、ただむなしいものであった。調査ではっきりした「死ぬこと、そのことが目的」であればあるほど、彼が死をかけて提起しようとしたものが、とてつもなく大きなものに思えてならなかったのだ。

彼が釜ヶ崎にいたころから主張していた「事実行為による連帯」ということの、彼の我々に対する連帯のための事実行為が「自らを殺す闘い」であったがため、僕は彼の遺体を眼前にした時、彼に語るべき言葉を持たなかった。闘いに生き、闘いとして死んだ彼にとっての闘いの意味の重さに、僕は沈黙を守らざるを得なかったのである。

彼は田村隆一の「立棺」という詩が好きであった。かつて、僕の前でその詩を読もうとした時、僕は「あんたに詩がわかるんか」とからかったことがあった。彼は「ヘッヘッ」と笑い、「いや、おれは詩人なんだぜ」と答えたことを覚えている。

わたしの屍体は
文明のなかに吊るして
腐らせよ

われわれには火がない

われわれには屍体を焼くべき火がない

彼が安謝の火葬場でダビに付されている時、僕はわけもわからず彼の死体は焼くべきではないと思った。そして今、つくづくと思う。彼の焼けただれた屍体は、あのみにくい嘉手納基地の金網に、八番線ぐらいの針金でしばりつけて帰ってくるべきだったと。船本よ。あんたは「救援」というものの闘争における役割と重要さを真に理解している数少い仲間の一人だった。あんたは死ぬことを選んだが、僕はみにくく老いさらばうまで生きるだろう。そしてボチボチと、できたら着実に今の仕事を続けていきたいと思うのだ。

同志船本の死に乾杯！

〔船本洲治遺稿集『立棺』より〕

F6・25の思想性

山岡強一

船本洲治氏の檄文から以下のことが明らかである。

①聖戦の名のもとに沖縄人民を虐殺した天皇の戦争責任をうやむやにして、再び天皇を用いて沖縄を大和へ同化させんとする皇太子来沖阻止！

②朝鮮革命戦争に対する反革命出撃基地粉砕！

この二点を主要な行動提起とし、その認識の基礎は「韓国の支配情況を基準にすえ、物事を考える時代が来た」というものである。

③「東アジア反日武装戦線の闘争こそが東アジアの明日を動かすことを広範な人民大衆に高らかに宣言した」という主体の表明。

④「山谷・釜ケ崎の仲間たち！……未来は無産大衆のものであり、最後の勝利は闘う労働者のものである」という階級的立脚点。

以上四点からF6・25の政治的意図と思想を汲み取ることができる。

それは下層労働者としての階級的任務を、在日朝鮮人・ウチナンチュー等の被植民地人民との歴史的・現在的関係において摑み、遂行せんとするプロレタリア国際主義の立場である。更にそれは〈下層労働者と被植民地人民との闘いの水路構築に向けた〉優れた実践である。

(a) F6・25が何故我々の課題であるのか、という問題を明らかにしておかねばならない。

寄せ場における被植民地人民の問題というのは、朝鮮に対する植民地侵略−支配の結果渡日せざるをえなくなった朝鮮人の〈在日〉としての問題であり、またウチナンチュー、シマンチュー、アイヌ等のように国内植民地化されたために同化と貧困を強制されているという問題である。そしてそれは、「……帝国主義の労務者に対する国家意志が本質的に貫徹されるのは部落民労務者でもなく、農民労務者でもなく、漁民労務者でもなく、特殊朝鮮人労務者・中国人労務者に対してであった。われわれは、朝鮮人労務者・中国人労務者の中に労務者としての歴史的・普遍的な運命をみる」(一九七三年五月二一日)という船本洲治氏の言葉にみられるように、帝国主義というものは植民地支配−収奪を源基とするものであり、その支配の底辺を成すものとしての被植民地人民の本国労働力への組み込みにこそ下層というものの実相があるということにほかならない。ここに労務者(↓下層)としての通底性を、帝国主義を撃っていく武器へと転化する要があり、F6・25はそれをラジカルな形で提起したものにほかならない。

(b) このことは更に次のことを意味する。

戦前・戦中を通して労務者としてタコ部屋支配の内部から決起したのは、朝鮮人労務者・中国人労務者であり、日本人労務者の多くは、それに連帯も連動もできず、時には敵対したという歴史的現実が何を意味するかである。それはこの点にこそ帝国主義支配というものの在り方があるということにほかならない。すなわち、日本人労務者にはその全社会的な重圧をはね返す主体的条件が即自的には形成されなかったということであり、それに対し、帝国主義そのものの展開の中で植民地資本制化において階級として創出された「在日」朝鮮人をはじめとする被植民地人民にとっては、自己の解放を祖国解放として本国－植民地を貫いて闘わざるをえない位置性に規定された主体をそこに見い出すのである。この本国人労務者としての我々の困難性と被植民地人民との通底性を、労務者の歴史的・現在的在り様からその階級性を捉えることによって克服していこうとした実践こそF6・25である。

(c)　F6・25に関し、我々は次の点を我々総体の負の問題として総括しなければならない。

船本洲治氏が単独者として決起するという過程には、72－73年の山谷・釜ヶ崎の闘争潰しとして発動された爆取弾圧の中で彼がデッチ上げられ、単身地下へ潜行せざるをえなくなるということに対し、我々は敵を包囲することによって彼を孤立させないというふうに闘えなかった、すなわち、彼を単独者としてしまったという問題である。このことは現闘委崩壊の闘争－運動論的混迷と組織的無政府性という問題の中で考えるなら、単独者でしかも地下潜行という厳しい現実を背負い、しかもなお革命者としての道を歩み続けた彼から我々は学び尽くしていかねばならない。

(d) F6・25における東アジア反日武装戦線との一体の表明を、どう受けとめるべきか。

厳しい地下潜行という制約の中でなされた〈飛躍〉について完全に知ることはできない。しかし、下層というものが本国人下層と被植民地人民の下層の基層構造として在り、そこに帝国主義というものの象徴的在り様と奴らが自身の力では解決しえぬ矛盾を見ていたFにとって、当時（74－75年）武装闘争をもって本国人の歴史的・現在的な侵略反革命性を否定することを宣し、唯一本国内で根源的に闘っているのは、山谷・釜ケ崎の流動的下層労働者であるとする東アジア反日武装戦線に共感を寄せ、そこに共闘の可能性を見ていたであろうことは充分考えられる。

更に一九七五年六月二五日という〈時代〉を考えてみると、それは①一九五〇年六月二五日の朝鮮祖国解放戦争から二五年目、②四月三〇日サイゴンが解放され、ベトナムにおける米軍の敗北、③このベトナムにおける米帝の敗北とは、ニクソン・ショック、石油恐慌と連動する戦後世界経済の危機であり、④戦後世界体制そのものの破綻、⑤それは日本経済の六〇年代からの高度成長型の終焉、⑥そしてポスト・ベトナムを巡る帝国主義による東南アジアの再編、という政治的・経済的課題が日米両帝国主義の至上命令としてあったという状況にあり、⑦その植民地再編の要として韓国の情勢、⑧軍事的キー・ストーンとしての沖縄基地の重要性（－永久化）、⑨そこで沖縄の日本経済への従属化を目論んだ海洋博、⑩天皇の戦争責任を新たな天皇主義によって闇へ葬り、同化を強制せんとした皇太子訪沖、とスケジュールは組まれていたのである。⑪そして、高度成長経済の終焉、その延命策としての〈減量経営〉のシワ寄せが、半タコ－手配師制度の強化として転嫁され、下層労働者を直撃――と、非常に緊迫した〈時代〉であり、ここに彼が決起していった主体的意義があると考える。

東アジア反日武装戦線もそうした時代の中に己れの主体の形成を遂げたと言えるのではないか。

そこで我々にとって東アジア反日武装戦線は何を意味するのかを考えてみると、①国内経済の枠内での〈階級〉による主体形成を否定している、②被植民地人民の闘いへの実践的合流という形で主体形成を提起、③大衆運動の延長線上に武装闘争を接木してきた新左翼諸党派の武装路線を批判――以上三点に絞って評価できるのではないか。さまざまな問題を孕んでいたことは確かだが、過渡的な、しかし本格的な武装勢力としての可能性はしっかり評価されねばならない。

しかし、今日獄中のKF部隊（準）〔東アジア反日武装戦線KF部隊・準〕がいうプロレタリア革命の否定や過渡的権力としての反日共同体の主張は、下層労働者の解放をプロレタリア世界革命の中に措定する我々にとって認め難いものであるし、F6・25の思想であるとは考えられない。

但し彼らが主張する発展段階史観批判、生産力主義批判、工業文明批判は、今日革命後の社会主義建設において価値法則が克服されず、その導入によって変質している現実に照らして真剣に検討されねばならぬ課題であるし、また原始共産主義の復権として主張される自然と人間の共存の問題は共産主義論として我々自身の課題である。

もう一点、KFの問題点を挙げるなら、彼らの組織論が闘争を決意したものの志願制であるという点がある。これは帝国主義権力の只中に武装部隊を創出していくという困難を考えるなら充分うなずける。しかしそれは革命戦略の全体の中に位置づけられていなければ、どのような人民勢力を根拠とするのか、そしてそれをどのように組織するのかが曖昧になり、結局武装を決意したものだけの集団に終る。この点我々としては、F6・25においても、彼が提起した三領域の有機的結合と、どう関連するのか慎重に対処する必要があろう。

我々としては、F自身が毛沢東から引いた〈人民、ただ人民のみが歴史を動かす原動力である!〉(七五年冬・春季合併号『序章』に掲載)の原則を確認するところから出発する。それこそが、Fの全統労、72－73年の寄せ場での闘争からF6・25へと展開したものの正しい継承の仕方であると考えるからである。

〔半タコ山村闘争・獄中書簡14(一九八一・七・七)、『山谷　やられたらやりかえせ』(現代企画室、一九九六年一月)より〕

団結を強化し、更に前進するために

暴力手配師追放！釜ケ崎共闘会議事務局

○人民内部の矛盾を正しく解決しよう！

味方の内部、仲間うちでは、批判と反批判の相互批判は正しく行なおう。資本家やポリ公などの寄生虫に対するような口調で決して批判してはならない。基本的に仲間うちの問題は仲間うちで解決し、おだやかに話し合いで解決しょう。

連合赤軍事件は各方面に多大なショックを与え、総括も難多だが、しかし次のことでは一致している。

すなわち、武器は敵に向けなければなら

ないこと、決して味方に向けてはならないことだ。内ゲバは敵が喜ぶだけであり、俺たちは《味方を保存し、味方を拡大し、敵を包囲し、敵を殲滅する》原則に従って、斗おう。敵を喜ばすようなことは絶対にすまい。

○労仂者の武器とは団結であり、組織である。

自動車、日本刀、そして俺たちからピンハネして豊富な資金源を持つヤクザたちに

団結＝団結＝大団結

対して、俺たちは何故勝ったのだろうか？

それは、俺たちが団結したからだ。

アメリカ帝国主義の最新鋭の優秀な武器ナパーム弾の嵐にも負けず、貧弱な武器でもって斗い続け、しかもアメリカ経済をガタガタにしたヴェトナム人民の強さの秘密も団結以外の何ものでもない。

抑圧のあるところ反抗がある。道理は常に抑圧され虐げられている人民の側にあり道理のある人民が最後には必らず勝つ。

アメリカ帝国主義に道理はなく、ヴェトナム人民に道理があり、ヴェトナム人民は道理があるから団結することができ、しかも全世界の人民の支援が集まるのである。

○敵に反対されることはよいことである

敵に反対されることは良いことである。

俺たちをピンハネし、肥え太っている寄生虫たちに対して、俺たちが確実に打撃を与えているからこそ敵は恐怖し、いつまでも俺たちからピンハネし、いつまでも奴隷状態におしとどめこき使いために、豚どもは、ヤッキになって釜共斗に反対しているのだ。仲間の団結をそこない、不信感をマンエンさせるために敵は卑劣なデマを流す。

敵の攻撃によって大衆運動が破壊されても一時的なものである。ポリ公が流すデマを一切信用せず、仲間うちの結束を固め、寄生虫を退治しょう！

船本洲治年譜
1945-1975

一九四五年

三・二三 船本、偽「満洲」において「満洲国警察官」の五人兄姉の次男として生まれる。父親が八路軍に銃殺刑に処せられたのち、広島県呉市に引き揚げ、母親一人に育てられる。

一九六四年

四・ 船本、広島大学理学部物理学科に入学。通学していた時期は最初の半年に満たず(除籍処分)、時おり釜ヶ崎はじめ関西方面に出稼ぎに行っていた。

一九六八年

六・一七 **山谷解放委員会(梶大介)、都電通りデモから暴動へ発展(第九次山谷暴動)**

六・三〇　船本、鈴木国男らと三里塚闘争の帰途、山谷に立ち寄る
七・九　**山谷解放委、反弾圧・不当逮捕者即時釈放要求集会から暴動に発展（第一〇次山谷暴動）。**船本、暴動を現認
八・　広島でプロレタリア解放同盟結成
八下旬　再び上京し山谷へ、山谷解放委員会に介入
八・二三　**山谷＝ブラックパワー連帯集会**
一〇・一　**山谷自立合同労働組合（山自労）結成**
一〇・　船本、鈴木ら書記局員に
一一・五　船本、鈴木ら「一九六八年一〇月綱領」
一二・一　**対都庁闘争で船本ら三〇名逮捕**
一二・　**山自労、梶派と書記局派に分裂**
三・　船本ら書記局派として活動
「山谷解放闘争の総括と現局面」

一九六九年

二・八　**山自労再建集会**
二・一一　**梶大介糾弾闘争（山谷大飯店事件）**

船本ら三名逮捕

五・一　山谷メーデー

五・一〇　『裸賊』第三号発行

五・一一〜　山谷労働者総決起集会から山谷ゼネスト、対都庁行動へ

五・二三　全港湾建設支部西成分会結成

五・二九　山谷デモののち職安・都庁交渉、鈴木ら二名逮捕

六・一〇　『裸賊』第四号発行

六・一五　山谷でのデモののち安保粉砕統一集会へ

六・二五　山自労、全都統一労働組合に改名

六・二六　神田合同労組・朝日無線分会ストライキ支援

七・一六　山谷、全都統一労働組合（全統労）結成大会

七・二四〜　山谷夏まつり

七・三一　対都庁交渉、一方でこの頃から悪質業者に対する現場闘争が提起される

八・二五　『裸賊』第五号発行

八・　路線上の混迷からプロ解同－全統労崩壊

八・　東京日雇労働組合（東日労）結成

一一・二〇　『裸賊』第六号発行

一二・　山谷でドヤ代値上げ反対闘争（橘一善）

三・　船本、第一子誕生

一九七〇年

一・〜　船本、一時広島に滞留
七・　**山谷に「十月工房」設立**
　　　船本、この頃から東日労に介入
秋　船本、第二子誕生
一〇・　**あいりん労働福祉センター開設**
一二・二〇　沖縄コザ暴動
一二・　**第一回釜ヶ崎越冬闘争**

一九七一年

一二・　「自己批判と闘いの開始の意味をこめて」
一二・　**第二回釜ヶ崎越冬闘争**

一九七二年

一・一七　鈴木国男被逮捕（釜ヶ崎）、措置入院（東京）

一・　**S闘争支援共闘会議結成**（山谷、釜ヶ崎）

二・八　「全ての精神「異常」者ならびに「犯罪」者は、S闘争支援共闘会議に結集せよ！」

三・　**MST飯場闘争**（山谷）

五・一　**釜ヶ崎第三回メーデー。メーデーから夜暴動へ発展**

五・一三　「山谷・釜ヶ崎を軸とする都市人民戦争を闘いぬこう！」

五・一五　沖縄「返還」

五・二八　**鈴木組闘争**（釜ヶ崎）

五・二九〜六・二七　釜ヶ崎、センター制圧、暴力手配師粉砕

六・三　暴力手配師追放釜ヶ崎共闘会議（釜共闘）結成

六・　「釜ゆで地獄にフタをするものは何者か？」

六・　「根拠地づくりのために現場闘争を闘い抜こう」

六・二八　**鈴木組闘争に対する第一次弾圧**（釜ヶ崎）

七・　「釜ヶ崎労働者の闘いを見殺しにするな」

七・　「持久戦を闘いぬく組織体制を確立するために」

七・　「人民の力強い友になろう」
七・二　**坂口組闘争（釜ヶ崎）**
七・八　**鈴木組闘争に対する第二次弾圧（釜ヶ崎）**
　　船本指名手配
七・　**磯部鉄筋、日平金属、山盛トビ、新名建設闘争（山谷）**
八・　**『裸賊』第八号**
八・一　**悪質業者追放現場闘争委員会（現闘委）結成（山谷）**
八・一三〜　**第一回釜ヶ崎夏まつり、大日本正義団、暴力団横山組の襲撃を撃退**
八・下旬　**山谷夏まつり**
九・五　**東日労、夏季一時金要求掲げ対都庁交渉**
九・二二　**中村荷役闘争（山谷）**
九・下旬　現闘委事務所「山の会」設置
一〇・　「怨念と屈辱の生活の総体を熱いダイナマイトにかえて敵のドテッパラにぶちこめ！」
一〇・一〇〜　**対協力会闘争（釜ヶ崎）**
一〇・二二　「釜共闘を発展させるために」
一〇・二四　**栗田工業闘争（山谷）**
一〇・二七　**作本工務店就労闘争、大衆団交のスタイル確立（山谷）**
一〇・下旬　**現闘委メンバー二名、パレス裏で手配師集団に襲撃さる**

二・一〇　大広建設闘争（山谷）
二・一三　山谷で向井組闘争（山谷。現場闘争→センター制圧→大衆団交パターンの定着）
二・一五　関西建設闘争で三三名逮捕（釜ヶ崎）
秋・　「前線（＝戦場）と後方（＝補給）基地の関係について」
「味方の内部矛盾を正しく解決しよう」
「団結を強化し、更に前進するために」
二・二三　勤牢（ママ）感謝の日、センター前で野たれ死んだ仲間への追悼集会（釜ヶ崎）
ビラ「黙って野たれ死ぬな！」配布
三・四　現闘委に対する第一次弾圧
三・八　悪質業者団体「八日会」発足（山谷）
三・一〇　釜共闘、現闘委支援のため六〇名で山谷へ
ビラ「殺（ば）らしや参上」を撒く
三・一三　山谷・釜ヶ崎連帯集会（東京）
三・二五〜　第三回釜ヶ崎越冬闘争
「七二年夏、おれたちは何を獲得したか？　七二年冬、何を守らねばならないか？」
三・二六　いい、いあいりんセンター爆破
三・三〇〜　第一回山谷越冬闘争

一九七三年

一・七　現闘委に対する第二次弾圧
一・　「釜ヶ崎解放闘争の主要な課題」
二・一五　横山組追放闘争（釜ヶ崎）
二・二二　『反入管釜ヶ崎通信』発行、「鹿島建設は戦前・戦中タコ部屋だった！」
三・　「敵はある意図をもって釜ヶ崎を……」
三・二四　船本「差別分断・生活破壊と闘う全国労学交流集会」で発言
「自己のおかれた情況を武器にして、人民に奉仕しよう」
四・六　大阪市土木局糾弾闘争
四・九　東日労デモに日の丸青年行動隊が襲撃
四・一三　関西建設闘争に関連し指名手配され地下潜行、山谷周辺で「現闘委関東工作隊」として活動
五・一　事前弾圧をはねのけ、第四回釜ヶ崎メーデー開催
五・二　「朝鮮人・中国人は殺したってかまわない」
六・一　「『旅友』発刊に向けて」
六・二八～七・三　山岡建設－京都市開発局闘争（釜ヶ崎）
七・　「現闘委の任務を立派に遂行するために」

七・二〇　新井技建闘争（山谷）
八・二〇　「暴動は下層労働者の自己表現」
八中旬　山谷夏まつり
八・一五〜　第二回釜ヶ崎夏まつり
八・二二　白石工業闘争（山谷）
九・一　現闘委、極東組系手配師との対決から山谷暴動へ
一〇・五　新栄電設闘争（山谷）
一〇・　第一次オイルショック
一〇・　「政治は人々を崇高にし醜悪にもする」
一二・七〜一・八　第四回釜ヶ崎越冬闘争
一二・二九　第二回山谷越冬闘争（アイヌ・酒井衛との出会い）
一二・三一　現闘委、年末年始の業務停止に抗議して福祉センターを占拠
年末　船本、北海道方面へ

一九七四年

初頭　船本、東京を経て沖縄へ（那覇→コザ）、以後、沖縄を拠点に活動
一・四　特出し求人バス乗込み就労闘争（山谷）

一・九〜　バンコク、ジャカルタで反日デモ
一・二二　**塩浜収容所で決起、山谷対策室への団交要求（山谷）**
二・　「弱者救済国民春闘総決起集会」へ押しかけ、演壇占拠（山谷）
二・一三　**山谷越冬報告・反弾圧集会**
三・七　**センター爆破でデッチ上げ三名逮捕**　船本、全国指名手配
五・一　**第五回釜ヶ崎メーデー**
春　「釜ヶ崎の闘う仲間たちへ」
八・六　**塩島組闘争（寿）**
八・一三〜　**第三回釜ヶ崎夏まつり**
八・一五　文世光、朴正煕韓国大統領銃撃
八・二五　『やられたらやりかえせ』（田畑書店）刊行
八・三〇　東アジア反日武装戦線「狼」部隊による三菱重工爆破
（以降、「狼」、「大地の牙」、「さそり」の三部隊による間組、鹿島建設等への連続爆破）
一〇・　「山谷解放委に反論する」
秋　「人民、ただ人民のみが歴史を動かす原動力である！」
一一・六　**福祉センター闘争から第三回山谷越冬闘争へ**
一二・〜　**第五回釜ヶ崎越冬闘争**

一九七五年

二・二六　釜ヶ崎でテント村バリケード闘争
四・三〇　サイゴン陥落、ベトナム解放
五・一八　寿日雇労働組合（寿日労）結成
五・一九　東アジア反日武装戦線三部隊一斉逮捕
六・二五　船本、沖縄嘉手納基地第二ゲート前で焼身決起
「世界反革命勢力の後方を世界革命戦争の前線へ転化せよ」
七・六　釜ヶ崎で船本追悼人民葬
七・一七　皇太子（平成天皇）夫妻、沖縄ひめゆりの塔前で火炎瓶を投擲される
七・一九　沖縄国際海洋博覧会開催

一九七六年

二・一六　鈴木国男、拘留中の大阪拘置所で虐殺される

黙って野たれ死ぬな！

無念追悼

全釜ケ崎の働らく仲間たち！

今日は勤労感謝の日だ。日ごろ俺たちから〃血と汗〃をしぼりとり、ぶくぶくと肥え太っている資本家＝寄生虫が、一年に一度、労働者に感謝する日だ。これからも、いつまでも、永遠に労働者が反抗せず、家畜のようにおとなしく働らきますようにと……

ところで俺たちにとって勤労感謝とは一日のアブレを意味する。俺たちにとって勤労とは〃勤牢〃を意味する。俺たちが生涯にわたって吸血鬼どもによって血を吸われ続け、やがて肉体がガタガタのボロボロにされ、路上に放り出され野たれ死ぬことを意味する。

——現在、若くて元気のよい諸君は、いずれ年老いてみればわかる。誰も見向きもしなくなるだろう——

仕事現場で死んでいった仲間たち、ドヤのベッドでひっそりと死んでいった仲間たち！ 誰にも認められず、誰一人として悲しむ者とてなく、無念の涙を流して死んでいった無数の仲間たちよ！ 俺たちは君たちの死を無駄にしない。

俺たちは野たれ死ぬ前に豚どもと斗うぞ！ 斗うぞ！

解説
船本洲治とともに半世紀を生きて

中山幸雄

本書は、一九六八年から七五年までの船本洲治が書いた論文、チラシ、詩などの遺稿を収録したものである。八年弱という短期間であるが、彼が生活した地域、活動領域によって三期に区分されるだろう。すなわち、

(1)東京・山谷期(一九六八年九月〜七二年一月)
(2)大阪・釜ヶ崎期(一九七二年二月〜七三年四月)
(3)潜行期(一九七三年四月〜七五年六月)

この期間毎に順次解説を加えていこうと思うが、その前に、東京・山谷期以前は広島で生活していた船本が、なぜ、スラム街と呼ばれていた東京・山谷に行ったのか? 当時の時代背景をふり返りながら彼の行動の契機を探ることから始めてみよう。

一九六八年は、今からちょうど半世紀前、明治一〇〇年の祝祭年でさまざまな記念行事が企画され、あふれるほどの記念書籍が出版されていた。高度成長期の余熱で経済はそこそこ安定していたが、七〇年の日米安保条約改定、七二年の沖縄返還を控え、三里

塚空港建設反対闘争、なによりもベトナム戦争の激化でとくに大学生たちの政治的関心は高揚していて、大学紛争の幕明けの年であった。もとより広島もそうした雰囲気の渦中にあったが、そんな中で船本は、学生とはとても言い難い生活スタイルで私たち親しい友人の周囲を徘徊していた。学生運動に関心はあったようだが、その党派性に批判的で参加することはなく、ニヒリストを自称し、ポケットには常にボロボロになった文庫本の『中原中也詩集』を突っ込んで大酒を飲み、詩について語っていた。「秋だ、秋だ、もう飽きた、……中也も死んだし、百三も死んだ、オレもそろそろ死ぬだろう」といった工合の中也風の詩作を試みてもいた。

そんな船本が、同年六月、何故党派動員による三里塚現地闘争に参加したのか、そして、その帰途に山谷に立寄ったのか、まったく推測できないのである。後年、「ぼく左翼になったのは二十三の時」(本書五七頁参照)と発言しているが、この発言を額面通り受け取って、三里塚－山谷を訪れたのを契機に左翼になった、と理解しておこう。いずれにせよ、三里塚現地闘争への参加がきっかけとなって山谷に立寄り、それから二ヶ月後に再び山谷に行くのだが、今度は三里塚現地闘争と同様な動員によるものでも、期間限定的なものでもなく、自らの意志で、左翼として、広島での無頼で無為な生活をすべて棄てた上での旅立ちであった。

さて、山谷に行ったのは一九六八年六月が初めてであった船本は、事前に山谷に関してどれほどの認識を持っていたのだろうか。釜ヶ崎には行った経験があったようだ。時折、彼は突然姿を消して関西方面に出稼ぎに行き、まとまった金を持ち帰って友人たちに酒を振る舞っていた。労働の詳細を語ることはなかったが、「日立造船とか神戸製鋼とか大阪製鋼とか、あそこらへんの社外工で、飯場から行っとったわけです」(本書四六頁参照)が実情で、釜ヶ崎経由で飯場入りしたのは十分に推測でき、いつか私に面白い詩集があったと、釜ヶ崎労働者の同人誌を見せてくれたことがあった。従って、釜ヶ崎の就労形態、社外工の労働実態などは体験的に認識していたと思われるが、実情がまた異なる山谷について総合的に認識していたかは疑わしい。

「酒も飲まず、煙草も吸わず、ひたすら日雇仕事で稼いだ金を食物と本に注ぎ込んだ」(本書七七頁参照)鈴木国男と違い、船本は貸本屋の常連で、当時主流になりつつあった劇画を好んで読んでいた。『忍者武芸帳』が終り、『ガロ』に『カムイ伝』の連載が始まったのが一九六四年である。劇画といえどもしかし、白土三平は、基層民に農民のほか被差別部落民の存在を加えて歴史の原動力として提示し、権力に対抗する手段は、無残な敗北を繰り返しても一揆＝暴動でしかないことを強調する。講座派マルクス主義の生産力史観に対立的な問題提起は、船本や当時の若者にとってかなり刺激的であった。こうした『カムイ伝』の世界のイメージを山谷に重ね合わせたほどの認識に過ぎなかったのかも知れない。

ただ、鈴木が山谷に行く直前に起稿したチラシが残されているが、それには、暴動に対する高い評価とともに、山谷の労働者は決してルンペン・プロレタリアではなく、階級闘争の前衛であるといった原則的な概要が述べられている。これだけは船本と私たちの基本的な共通認識であったと思う。

＊

九月に広島から行った初期四名のメンバーが出揃い、梶大介の山谷解放委員会に介入して活動を開始することになる。当時の山谷の様相は、東京オリンピックの四年後であり、関連工事はなかったもののそのまま滞留していた労働者や二年後の大阪万国博の労働力需要も見込まれて、およそ二万人の単身労働者で満ちあふれていた。就労は、人波で歩行も困難な都電通りでの手配師との対面交渉か労働センターが主であった。おぼつかない記憶によれば、日当は最も安い上乗り（トラック助手）で一八〇〇円台、片付け等単純労働が二五〇〇円前後、根切り（掘方）で三〇〇〇円以上、ドヤ（簡易宿泊所）のベッドで二〇〇円。私はガソリンスタンドの地下タンクの根切りに顔付け（仲間の紹介）でよく行っていたが、三〇〇〇円の日当には助かった。

四年後の一九七二年に、友人の手になる名著『土方学入門――山谷への招待』という冊子が作られたが、それに生活物価が詳細に紹介されているので、参考までに記しておくと、上乗り二一〇〇円〜二五〇〇円、片付け三三〇〇円、ベッド二五〇円、ヒルめし代二五〇円、ライス（大七〇円、中五〇円、小四〇円）、みそ汁二〇円、タバコ八〇円、チューハイ七〇円、コーヒー、紅茶一三〇円、タビ（地下足袋）六〇〇〜八〇〇円、軍手四〇～五〇円などとなっている。六八年より多少物価高になっているが、一日働いて節約すれば、翌日アブレ（失業）ても何とか二日間の生活が維持できるほどの日当と生活物価であった（『やられたらやりかえせ』田畑書店、一九七四年参照）。

さて、山谷解放委員会の下に直ちに山谷自立合同労働組合（山自労、翌六九年六月に全都統一労働組合＝全統労山谷支部と改称）を結成し、船本と私たちは組合の書記局として具体的な活動をすることになった。山谷労働者と日常的に接する窓口は組合だから、公然として組合ニュースを撒き、都庁団交・集会を企画して丸の内の都庁に足を運ぶ、そんな日々に、しかし、待望の暴動は起きはしないのだ。

初めて暴動の渦中に身を置くことができたのは、山谷ではなく一九六八年の一〇・二一国際反戦デーのいわゆる新宿騒乱だった。船本は風月堂にたむろする既知の友人たちと果敢なゲリラ戦を展開したらしい。私は鈴木と組んでいた。彼の巨体の地下足袋で舗道の敷石を踏み割り、楯を並べて萎縮しているヤツ等にそれを至近から両手で投げつけていた姿を鮮明に覚えている。騒乱罪が適用される直前に都電で山谷に撤退したが、当時、新宿から山谷まで直通の都電があったのだ。

余談になったが、山谷では梶大介との対立に因って山自労は二ヶ月で分裂、今後の方針を巡って混迷が続くことになる。そうした中で船本が山谷で初めて発表した文章が「山谷解放闘争の総括と現局面」（『解放戦線』に掲載、本書六〇頁以下参照）である。先述の鈴木のチラシを多少敷衍して暴動を高く評価し、同時に発表した「十月綱領」に準拠して、

「山自労に結集した労働者の中から、心臓と頭脳を兼ね備えた労働者を戦時共産主義的生活共同体の中に組み入れ、徹底的な相互練磨を通して、山谷解放戦線・実力行動隊を山谷内部に形成すること」（本書六四頁参照）と、当面の方針を提起している。

今思えば、船本や私たちがこうした啓蒙的で非現実的な組織論・運動論に拘泥していたのは、第一に、暴動の内実を把え切れないまま暴動＝革命という端緒からのイメージが強力であったこと。第二に、新左翼に対する批判を抱きながらも、当時全国に拡大しつつあった学園占拠、地区制圧、解放区、コンミューンなどといった概念や行動に強く影響されていたこと。第三に、最も致命的なことは、経験不足から山谷の実情―労働、生活についての具体的な認識が欠如していたこと、であった。

船本は、一九六九年八月のプロレタリア解放同盟の崩壊を経て、七二年の初頭まで、冒頭にあげた三期の中では最も長く山谷で活動しているのだが、以後一〇篇の詩を『裸賊』に投稿している以外文章は何も執筆せず、沈黙のままである。山谷の中の狭いアパートに彼女と娘たちと住み、労働力再生産のための日雇い労働と山谷の通常の生活を送っていた。仕事帰りには現場を共にした仲間と酒を飲むのが常だったから、顔見知りも徐々に増えただろう。いつか息急き切って私のところへ逃げ込んで来たことがある。訳を尋ねると、親方に包丁を持って追われているという。船本に女房がいることを知って嫉妬したらしい。それほど同性にも信頼（？）されるところがあった。

船本が活気づいたのは、七〇年秋頃から新しい友人たちと接触できたからだろう。とくに同じく山谷で活動していた東京日雇労働組合（東日労）の造反分子、山岡強一らとの交流が始まったことが大きな契機だったに違いない。船本と彼らは、組合主義を総括して否定するところから共に出発し、彼のいう山谷の運動区分の第三期（左翼組合主義者共によって、餌をくれなければ暴動を起すぞ、というブルジョアジーに血の闘争を商品として売りつける）を超える新たな運動を目指した。

そのために、彼ら少数の友人たちに向けて書かれたのが、谷山・ガン署名の「自己批判と闘いの開始の意味をこめて」である。レジュメ風の短文ではあるが、山谷における活動の試行錯誤と日常の体験から得た重要な問題提起であると思われる。殊に、〈山谷叛乱〉＝暴動の評価の変化で、「暴動が現存秩序に対する反逆であること、居住区に於ける闘争形態として下層労働者の現状打破への革命的エネルギーの発散であること」（本書七一頁参照）としている点にあり、暴動を参画した下層労働者ひとりひとりに内在する革命的エネルギーの発散したものと把え、暴動総体を外在的な目的－解放区、都市叛乱などの戦術として発想していた三年前と、これは根本的に異なる。こうした認識を前提として、「山谷地区における戦略的環を〈山谷叛乱〉→〈山谷権力〉としなければならない。叛乱を拡大・深化し、権力として構築し、自らを権力として宣言すること」（本書七二頁参照）と主張する。

以上、二つの文章を残して一九七二年初頭、船本は活動の拠点を大阪・釜ヶ崎に移した。「闘いの開始」は山谷ではなく釜ヶ崎で本格的に始まることになる。

＊

一九六九年八月のプロレタリア解放同盟の崩壊は、私たちの政治的結束を緩めはしたが、友人としての強い関係は維持されており、鈴木国男もまた山谷で、そして指名手配されて潜行中の釜ヶ崎で、日雇い労働者として生活していた。その鈴木が七二年一月に大阪で逮捕され、東京の陽和病院に措置入院させられた。船本が、山谷の新しい友人たちと共に鈴木を病院から奪還した後、釜ヶ崎で書かれたのが「全ての精神「異常」者ならびに「犯罪」者は、S闘争支援共闘会議に結集せよ！」である。

S（鈴木）の「狂気」は下層社会に遍在する現象であると一般化し、その「狂気」を集団「発狂」に転化することが革命闘争であるという主旨であるが、論述の過程に二、三、気になることがある。一点は、山谷・釜ヶ崎の下層労働者を「流動的下層労働者」と定義し概念化したことで、以後の運動の中の重要なキーワードとなったことは評価しなければならないが、二点目は、その流動的下層労働者の特質を自らの存在の具体的分析を通じて述べるのではなく、「没階級概念であり秩序の象徴である「市民社会」とを対比することによってみてきた」（本書九二頁参照）ために、対比が過剰になれば流動的下層労働者以外からの反発や批判は免れ得ないことだ。流動的下層労働者＝非「市民」的労働者という発想は、恐らく永山則夫の『人民を忘れたカナリアたち』の影響であろうが、後年、船本が下層主義のレッテルを貼られたのもこうした傾向のなかに萌芽していたと思われる。三点目は、全体構成上多少違和感のある「(三)「家族」「女」「財産」」の章である。大筋は、下層労働者の居住区と「市民社会」の対比として述べられているのだが、船本自身の個人史の総括も交えて語っているのではと思えてならない。「「父」は愛しい者たちと別離しなければ共に生きることができない」(本書八六頁参照)と格好つけて述べるが、船本と妻子との別離に立合った私に弁明しているのかも知れないと思うと胸が痛む。

活動拠点を大阪・釜ヶ崎に移した後の船本は、水を得た魚のように活々した文章を残している。とくに、運動の画期となった一九七二年五月の鈴木組闘争、六月の暴力手配師追放釜ヶ崎共闘会議結成以降の文章は、目前の労働者に向けて書かれたものであるから、進展する闘争に即して具体的でわかり易く、かつ、様々な領域に及ぶ問題提起が含まれている。いちいち言及はしないが、概括すれば、山谷時代の総括に基づく〈暴動→地区権力〉という戦略課題を堅持した上で、その戦術として〈現場闘争〉を提起し、実践し、その経験を通して〈現場闘争〉を微細にわたって定式化した、といえるだろう。

大阪・釜ヶ崎以降、船本はかなり本を読んでいたことが文章の中に窺うことができる。彼の読書法は特異で、目前の現実を解釈するのに役立つと思われる部分をすばやく発見し、その部分を何度も繰り返し読み、ついには呪文のように自分に読み聞かせるうちに内容が身体化していくのである。従って、引用しても彼の本来の文体に溶け合ってその権威性は抹殺される。こうした表現方法による彼の文章の平明さと説得力は、この時期に十分に発揮されていると思われる。

＊

一九七三年四月、関西建設闘争の第二次弾圧で逮捕状が出た船本は、釜ヶ崎の現場を離れ、以降、長期の潜行生活を余儀なくされる。その潜行中に初めて書かれた文章が「朝鮮人・中国人は殺したってかまわない」で、『日本読書新聞』に寄稿された。眼前の釜ヶ崎の労働者に向けて書かれたものではなく、現場と距離を置いた冷静な眼で排外主義克服の重要な問題提起を行なっていることに注目したい。

釜ヶ崎の闘いが高揚するにつれて同時に、在日朝鮮人や中国人、被差別部落民が混在する釜ヶ崎の分断と差別構造の実態も認識されるようになり、そのような中で船本は、闘いのエネルギーがややもすれば排外主義に向ってしまう危険性を感じ取っていたのではないかと思う。同年二月に発行した「釜ヶ崎反入管通信」と題する船本自筆の釜ヶ崎で最後に書かれたチラシが残されているが（本書一八八頁参照）、内容は鹿島建設など大手建築業者（スーパーゼネコン）による戦中・敗戦直前の悪業を暴露しているに過ぎない。しかし、題字の下に小さく「万国の労働者は国境をつき破れ！」と記されたスローガンによって、プロレタリア国際主義の観点から啓蒙的な方法で排外主義の克服を模索していたことは明らかである。翌三月、京都で開かれた「3・24差別分断・生活破壊と闘う全国労学交流集会」における、「ずうっと、非常にいびつな、ゆがめられた形のね、分断とか差別いうのがあるということですね。で、ほとんどこういうことで、方針が立たないような状況になっている」（本書四五頁参照）という船本の発言は、当時の実情をよく物語っている。

先述の『日本読書新聞』に寄稿した文章は、逮捕状の出る直前、大阪市土木局職員による中国人労働者に対する差別発言をめぐる糾弾闘争の報告が主な内容であるが、注目すべきは、日雇い労働者に対する侮蔑的呼称である「労務者」という言葉に歴史的普遍性を持たせ、それをキーワードにして自分たちや在日朝鮮人・中国人の共通のルーツを帝国主義による労務供給体制への動員対象であり、あったと把えたことである。

このことは、労務者としての共通の歴史を踏まえ、「いびつな、ゆがめられた形の」現実の排外主義と闘うことを通してプロレタリア国際主義へと向う道筋を明示しており、「釜ヶ崎反入管通信」から窺える方向性が軌道修正され、深められたと言えるだろう。

さて、一九七三年四月以来、東京・山谷周辺で地下潜行を続ける船本は、現闘委関東工作隊を名乗って、山谷時代の友人たちを中心に闘争を展開していた悪質業者追放現場闘争委員会（現闘委）にメッセージを送り続ける。彼の持ち前の能力が発揮される場は、混沌とした闘いの現場であり、そこで彼の身体が感じ取ったことを適確な言葉で表現し、仲間を説得することだった。身の置き所を奪われ、労働の後に共に酒を飲む仲間もいない孤絶した中で、彼が出来得ることは昨年以来の闘いの問題点を整理し、潜行状態のままで彼が出来得る闘争スタイルを模索することだっただろう。

そのような状況下で、唯一、船本と連絡を取り合い、現場の動向を彼に伝えていたのは、現闘委の支援の一人として活動していた黒川芳正だった。二人はすでに七三年六月、パンフレット『旅友』を発行し、非公然組織の形成に向けて動き出そうとしていたと思われる。しかし、公然とした活動領域から非公然部分を分離して組織形成することは現実的に困難であり、やがて黒川は単独で非公然組織を形成し、翌年、「さそり部隊」として東アジア反日武装戦線に合流することになる。

この時期の船本の文章の特徴は、あらかじめ想定された戦略課題に向けて、それまでの闘争の経験を整理し、定式化していく演繹的方法が見られる。従って、かつての躍動感溢れる文体からやや遠いが、闘争現場が権力の弾圧によって容易に身動きできない膠着状態にあり、それを打開するために意図的に方針を提示しなければならない時期でもあったからだろう。

七三年八月の初め、私は船本と久しぶりに会った。直前に船本の逃亡を幇助した容疑で逮捕された私を労って、彼が手ずからナスビの塩揉みを作って酒を飲んだ。山谷の近況が話題になっただろうが詳細は記憶にない。山谷から遠く離れたアパートの一室のことである。これが船本との最後になるとは思い及ばなかった。その年の末、船本は東京を離れ北海道方面に旅立った。

「ぼくは逃げるために逃げていたのではなく逃げながら活動し、活動しながら逃げていたのであり」（本書二三八頁参照）と述べて、釜ヶ崎の仲間に彼の活動を報告している（「釜ヶ崎の闘う仲間たちへ」）なかに、北海道と沖縄の近況が触れられているので、この文章が書かれた一九七四年の春には、既に沖縄に移動していたと思われる。

一九七五年六月二五日、船本が焼身決起するまでの一年余に及ぶ沖縄での地下潜行の間、船本はどのような活動をなしえたのだろうか。しかも七四年三月には、「あいりん」センター爆破事件の主犯としてフレームアップされ、爆発物取締法違反容疑で全国指名手配されているなかである。

当時の沖縄は、一九七五年七月に開催される沖縄海洋博とその開会式出席のため訪沖する皇太子夫妻（平成天皇）に反対する諸潮流の運動で騒然としていた。本土からも新左翼諸党派が続々と上陸し、反対運動を展開しようとしており、船本もそのような活動家集団の中に身を潜める他、方法はなかっただろう。彼のなし得る活動は、こうした極めて限られた環境の中で出会う活動家に対して、今までに獲得した世界観を披歴し説得すること以外にない。しかし、相手は一貫して彼が批判し続けてきた思想性の持ち主が多く、活動は苦渋に満ちて時に誤解され、悪意に包囲されることも多々あったに違いないと思われる。

こうした環境の中で最も長文の「人民、ただ人民のみが歴史を動かす原動力である！」が書かれる。内容は、世界革命の戦略的観点から、それまでの彼の闘争経験から得られた主張をいっそう敷衍した上で繰り返し述べており、文体がそれまでと違ってやや特異なのは、船本自身が最後に注釈しているように、闘う仲間に向けて書かれたのではなく、「下層労働者大衆の闘争をブル新と連合して包囲している左のポーズをとった観念左翼、和解的左翼に対して逆包囲の陣型を構築する」（本書二八一頁参照）ために、むしろ彼の反対勢力に向けて書かれている。そのために結果として客観性を帯び、彼の綱領的文章として残ることになった。

手稿による船本最後の「遺書」については、本書に資料として採録した山岡強一の「F6・25の思想」（本書三三六頁参照）にその分析と評価を委ねたい。何故なら、山岡こそが、船本の6・25の事実を強い自己批判を以って受け止め、そして引き受けて行ったからである。

＊

船本が焼身決起して、船本が終ったわけではない。一九七五年以降も、船本の遺志を引き継いでいっそう困難で熾烈な闘いは続き、その過程で多くの私や私たちの友人が虐殺され、病死し、野たれ死んだ。鈴木国男、佐藤満夫、山岡強一、南さん、ゲーリー、泉くん、近くは船本を深く敬愛していたジョー、数え上げていたら私自身がその列にいない不安で鬱々となる。

船本の遺稿集をいま再刊するのは、およそ半世紀前の凝縮した時間を闘い抜いたひとりの人間を世に伝え残すためでも、歴史研究の素材に供するためでももちろんない。いまはもう流行らなくなった難解な左翼用語や下層労働者独特の世界にまつわる言葉は理解に苦しむだろうから、今を生きている若い世代の読者に何か過度な期待を抱くのは無理というものだ。まずは、今後もしばらく生き残るであろう私と私たちの根拠にするためである、と言っておこう。

いずれにしろ、私と私たちは、七〇年-八〇年代を共に生きた友人たち、あるいはその世代に対する一生の負債があり、「その負債を返さずに、こっそりと九〇年代に、二〇〇〇年代に来てしまうのはあまりにも虚しいのである」（金明仁『闘争の詩学』藤原書店、二〇一四年）。

金明仁は、光州民衆蜂起前後のもっとも苦難に満ちた時代を誠実に闘い抜いてきた。私のいまの心境を私より適確に代弁してくれる彼の文章を再び引用して、冗長な解説の結びにしたい。

私が現在なすべきことは、私が生きていた時代に根をおろすこと、その時代に根拠地を確保することである。それは何よりも、生涯で最も激しかった時期に最も根本化していた、世界と人間に対する観点を回復することである。もちろんこれはその時期の状態をそのまま復元することとは異なる。稚気と熱狂、飛躍と性急さ、誤りと失敗をまた繰り返したくはないからである。純情、初発の心の状態に戻ること、隣人の苦痛のために涙を流すことができ、つねに献身と自己犠牲を考え、つねに目前で歴史と直面することができたあの時期、一度くらいは生きる価値があった最後のロマン主義の時代、まさに私たちの時代に戻って碇をおろすこと……。

編集後記

船本洲治の焼身決起から四三年、そして、れんが書房新社版『黙って野たれ死ぬな――船本洲治遺稿集』（旧版）が刊行されてから三〇数年の歳月をへた。旧版は、おなじ年の暮れ山岡強一が完成させた映画『山谷　やられたらやりかえせ』と対をなし、その全国上映運動と伴走することで多くの読者を得ることができた。

さて、二〇一五年六月、広島において「船本洲治決起40年・生誕70年祭――船本とカマキョー・ゲントーの時代」が開催され、この集まりが、船本とその時代への評価をあらたにし、船本遺稿集の新版刊行に着手する起点となった。

本書と「れんが版」とのおおきな違いは、遺稿の配列をテーマ別から時系列としたことにある。また、旧版では、編者が「全国日雇労働組合協議会（日雇全協）編」となっていたが、本書では「船本洲治遺稿集刊行会編」と改めた。旧版刊行の当時、山谷の地で激烈にたたかわれた天皇主義右翼暴力団・皇誠会―金町戦という強力な磁場や、今日へとつづく運動体の縛りからいったん身をほどき、船本の生きてきた時代とかれの立場

（思想）を、いま現在を生きる私たちひとり一人が自由にくみとり、未来につなぐ時が訪れたと思われるからである。

そのほか旧版との異同であるが、「下層人民に依拠し、徹底した武装闘争を展開せよ！」など誤って船本の遺稿とされたものなど三篇を削除し、「山谷解放委に反論する」をあらたに収録した。また、旧版の「アル中にささげる」、「プロレタリアートの武器の政治を構築せよ」の二篇を船本の記した原題にもどした。

資料・解説にかんしては、旧版から今日再録の意味のあると思われるものを残し、あらたに原口剛、中山幸雄の解説、その他をおぎなった。

本書には、旧版同様、船本の遺稿のうち今日目にすることのできるもののほとんどを収録したが、内容・表現の重複するもの、収録する意味のうすいと思われるもの、一部欠落のあるものについては、本書に収録したものを底本として採用した。『やられたらやりかえせ』（田畑書店）に収められているもので、収録に際し手直しのほどこされたものについては、同書のほうを収録した。

また、初出ビラ等での略字等は正字に改め、明らかな誤字、年度など事実関係の誤りについては訂正をほどこした。とくに、旧版に数多く散見される誤植等については、複数の眼で見直しをはかった。今日からみて不適切な表現・表記にかんしては、原著者の意図をくんでそのままとした。

本書の刊行にあたり、寄せ場資料調査会、「山谷」制作上映委員会各位の協力を得た。

謝意を記したい。

　旧版の編集を主に担ったのは、船本とともに寄せ場の運動をになった山岡強一、風間竜次、中山幸雄ら旧現闘委・釜共闘の仲間たちであった。そのなかのひとり山岡さんは、旧版刊行直後の一九八六年一月一三日、右翼暴力団のはなった凶弾に斃れたが、今なおそのかけがえのない存在の重み、空白をうめることはできない。

　現下の厳しい出版状況のもとにあって、本書の刊行を快諾していただいた共和国代表の下平尾直氏に感謝する。

　最後に、本書は新版となっているが、船本遺稿集の完全版であるとの自負をもっているることをつけくわえる。

二〇一八年五月　光州人民抗争三八年目の新緑をあおぎみながら

船本洲治遺稿集刊行会

上山純二

船本洲治
FUNAMOTO Shuji

1945年、満洲国に生まれ、広島で育ち、
1975年、沖縄に焼身決起する。享年29。
広島大学理学部物理学科を除籍後、
東京の山谷や大阪の釜ヶ崎で寄せ場解放闘争に身を投じる。
その生と死は、いまも多くの人びとに影響を与え続けている。

共著に『やられたらやりかえせ』(田畑書店、1974)、
没後の著書に、本書の旧版
『黙って野たれ死ぬな——船本洲治遺稿集』(れんが書房新社、1985)
がある。

〔新版〕黙って野たれ死ぬな

二〇一八年六月二〇日初版第一刷印刷
二〇一八年六月二五日初版第一刷発行

著者……船本洲治 FUNAMOTO Shuji
編者……船本洲治遺稿集刊行会
発行者……下平尾直
発行所……株式会社 共和国 editorial republica co., ltd.
東京都東久留米市本町三-九-一-五〇三 郵便番号二〇三-〇〇五三
電話・ファクシミリ〇四二-四二〇-九九九七 郵便振替〇〇一二〇-八-三六〇一九六 http://www.ed-republica.com
印刷……精興社
ブックデザイン……宗利淳一
協力……岡本十三（DTP）＋原田藍子（入力）

本書の内容およびデザイン等へのご意見やご感想は、以下のメールアドレスまでお願いいたします。

naovalis@gmail.com

ISBN978-4-907986-46-9 C0036

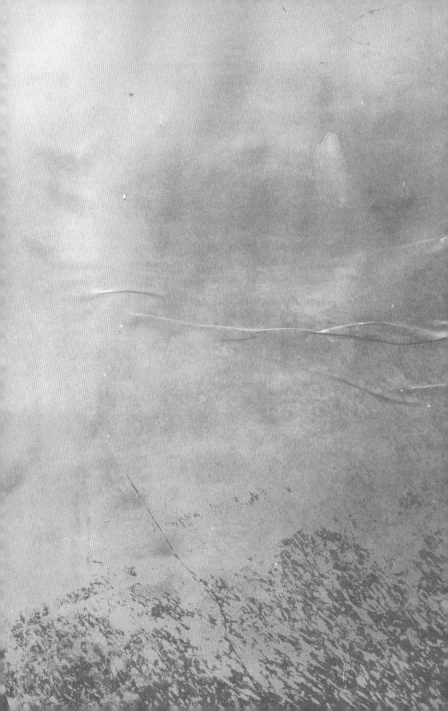